書き込み式　日本語能力試験 **N1** 対応

表現するための
語彙文法練習ノート〈上〉

― 語 / コロケーション / 慣用句 / 表現文型 ―

『日本語で考えたくなる科学の問い〔文化と社会篇〕』 準拠

編著　田中祐輔
　　　　TANAKA Yusuke

著　陳秀茵・牛窪隆太・森篤嗣・小口悠紀子・張玥
　　　CHEN Xiuyin　USHIKUBO Ryuta　MORI Atsushi　KOGUCHI Yukiko　ZHANG Yue

はじめに

　日本語能力試験（JLPT）は、世界で最も広く利用されている日本語を母語としない方々を対象にした日本語能力測定テストです。総合的な日本語コミュニケーション能力を測ることを目的とし、日本語の文字や語彙、文法に関する言語知識と、その言語知識を用いてコミュニケーション上の課題を遂行する読解力や聴解力に関する問題が出題されます。

　最も高いレベルであるN1に合格するためには、幅広く深みのあるテーマについて書かれた論説や評論などを的確に理解できる力、そして、様々なトピックに関する講義や会話、ニュースを正確に理解できる力が求められます。こうした力の育成には、アカデミックな場面に頻出する語彙や文型、表現に関する言語知識の習得と、その知識を実際に活用できるようになるためのトレーニングが不可欠です。

　本書では、N1レベルの日本語能力試験やアカデミックな場面で用いられやすい重要表現を「語・コロケーション・慣用句・表現文型」の観点から量的・質的調査を用いて計407項目に選定し、その用例や用法などに関する約15万字に上る詳しい解説と、運用練習するための計825の設問を設けました。さらに、本書と同シリーズの教材である『日本語で考えたくなる科学の問い〔文化と社会篇〕』（凡人社）では、本書に掲載された語彙・文型・表現がアカデミックな文章の中でどのように用いられるかを示し、本書と連動した効果的な学習ができるようにしました。

　本書の利用方法は二通りあります。まず、本書を一冊の独立した教材として使用することが可能です。掲載されている新出語彙と文型について、語彙解説と文法説明を読みながら理解を深め、さらに設問で実践力を養ってください。

　次に、本書と先ほど述べた『日本語で考えたくなる科学の問い〔文化と社会篇〕』とを併せて使用することも可能です。幅広く深みのあるテーマで書かれた文章を味わいながら、本書で学んだ語彙・文型・表現が文や文脈をいかに構成し、どのように使われているかを確認し理解を深めましょう。練習問題や解説を通して知識を定着させることで、学習効果を倍増させることができます。ぜひ併せてご活用ください。

　本書は、上記のように充実した内容を備えているだけでなく、紙面や構成にもたくさんの工夫が凝らされています。例えば、言葉を受動的に学ぶのではなく、能動的に学習できるように設定された「書き込み式」レイアウトもその一つです。他にも様々な側面から、読者のみなさんが日本語を捉え、考察し、運用するためのサポートが満載されています。日本語能力試験N1合格とアカデミック・ジャパニーズの力を伸ばす上で本書を存分にご活用いただき、豊富な言語知識と、その知識を運用することができる総合的な日本語コミュニケーション能力育成を実現していただければ幸いです。

田中 祐輔

もくじ

はじめに i
本書をお使いになる方へ v
 日本語能力試験 N1 合格とアカデミック・ジャパニーズ学習のための手厚いサポート
 アカデミック場面における高度な日本語の理解力と運用力を高めるために
 本書の特徴
 本書の構成
 各設問の出題意図
 本書の使い方
 凡例

※さらに学びを深めたい方へ
本書は一冊の独立した教材として利用することができますが、以下の書籍と併せて活用すると学習効果がより高まります。
本書の目次のLesson1～Lesson8までのタイトルは、下記書籍のLessonのタイトルと連動しています。さらに深く学ばれたい方は、ぜひ、併せてご活用ください。
凡人社刊『日本語で考えたくなる科学の問い[文化と社会篇]』
田中祐輔[編著] 川端祐一郎・牛窪隆太・陳秀茵・張玥・庵功雄・前田直子[著]

Lesson 1　グループに分かれた争いを人間はいかにしてやめられるのか？

Ⅰ．文字・語彙・コロケーション 2
近年／促進（する）／政策／汲む／上昇（する）／支持（する）／獲得（する）／指摘（する）／気取る／敵に回す／共感（する）／むさぼる／蔑む／〜系／なじる／多かれ少なかれ／バイアス／自体／進展（する）／確立（する）／理論／時点／仮説／所属（する）／親しみを覚える／最小／引き起こす／促す／画像／検証（する）／顕在的／表示（する）／配分（する）／総合（する）／被〜／作り出す／踏まえる／消滅（する）／解体（する）／ひょっとすると／解消（する）／繰り返す／もしくは／思いのほか／どのみち／設ける／前提／従来／御しやすい

Ⅱ．文型・文法 21
言うまでもなく彼は優秀だ／3月だとはいえまだ寒い／まったく勉強しなかったにもかかわらず合格した／否定を表す表現〈わけがない・はずがない〉／累加を表す接続詞〈しかも・さらに・それに〉

Ⅲ．類義表現 27
上級レベルの基幹となる文法：受け身／「のだ」／「てくれる」

Lesson 2　「多文化共生」は寛容な社会を作るのか？

Ⅰ．文字・語彙・コロケーション 30
概念／提唱（する）／蓄積（する）／充実（する）／行政／多数／高まる／多様／反応（する）／異〜／接触（する）／寛容／愛着（する）／希薄化／不快／募る／望ましい／創造（する）／揉め事／垣根／他方／想定（する）／誤る／規模／弱／〜弱／厳密／比率／拮抗（する）／言い換える／極めて／ずば抜けて／多〜／最大／制約（する）／要因／他者／活気に溢れる／進化（する）／適応（する）

Ⅱ．文型・文法 47
恩師からの依頼とあっては断れない／ご返信にはおよびません／仕事をやめてしまえばそれまでだ／混雑するのは祝日だけに限らない／一年を通して（を通じて）晴れる日が多い／逆接を表す表現〈ものの・ものを〉

Ⅲ．類義表現 53
上級レベルの基幹となる文法：「でしょう」と「と思います」の使い分け

Lesson 3　人はなぜ「うわさ話」が好きなのか？

Ⅰ．文字・語彙・コロケーション 56
題する／空間／定義（する）／前掲（する）／挙げる／公的／成熟（する）／共有（する）／中核的／秩序／
形成（する）／顔見知り／繰り広げる／世渡り／対話（する）／絆／強める／伝達（する）／有〜／
予想（する）／貶める／行為／誠実／抑制（する）／若干／織り込む／関わり／客観／極端／褒め称える／
規定（する）／認識（する）／思考（する）／普遍的／個別／数値／保持（する）／構築（する）／導く／
推測（する）／根拠／骨組み／捉える／由来（する）／土台／本質

Ⅱ．文型・文法 77
指導教員の先生**をはじめ**たくさんの方にお世話になった／マニュアル**をもとにして**働けばいい／
詐欺と知り**つつ**だまされた／大胆**というか**、無邪気**というか**、みんなを困惑させる／
並列を表す接続詞〈**かつ・ならびに・および**〉／比較選択を表す副詞〈**むしろ・かえって**〉

Ⅲ．類義表現 83
上級レベルの基幹となる文法：「ようにする」と「ようになる」の使い分け

Lesson 4　グループ討議はアイデアの生産性を高めるのか？

Ⅰ．文字・語彙・コロケーション 86
生み出す／柔軟／先進／世代／とめどなく／発言（する）／気兼ね（する）／結合（する）／効率／内部／
向上（する）／取り組み／半数／前述（する）／方式／ひねり出す／ないし／疑似的／成果／指標／
萎縮（する）／収斂（する）／手法／実践（する）／取り憑く／過〜／健全／協業（する）／際する／収益／
経費／主導（する）／大幅

Ⅱ．文型・文法 101
驚く**にはあたらない**／現場の声に耳を傾ける**ことなしに**企画を立てた／
家計を立てるため**といえども**仕事ばかりするのは許されない／
日本**はもちろん（はもとより）**中国や韓国、ベトナムなどでも／対象・関連を表す表現〈**について・に関して**〉

Ⅲ．類義表現 107
上級レベルの基幹となる文法：「は」と「が」の使い分け

Lesson 5　テクノロジーは思想や文化とは無関係に発展するのか？

Ⅰ．文字・語彙・コロケーション 110
急騰（する）／開発（する）／先駆け／特性／収集（する）／不要／巧妙／手順／組み合わせる／欺く／
保護（する）／乏しい／変動（する）／著しい／複合（する）／横暴／抗う／理念／初期／牛耳る／大衆／
起源／崇拝（する）／追求（する）／出現（する）／抑圧（する）／じきに／階級／優先（する）／
関与（する）／支援（する）／転じる／正規／報酬／伸び悩む／当初／不安に苛まれる／礼讃（する）／
経る／側面／課題／遂げる／発生（する）／養う／最新

Ⅱ．文型・文法 131
残念**なことに**失敗した／景気回復**にともなって**待遇が改善される／
添加を表す表現〈**ばかりか・どころか・うえに**〉／
事柄を始める局面を表す表現〈**にあたって・に際して・に先立って**〉／
反事実的な意味を表す表現〈**べきだった・はずだった**〉／
できないことを表す表現〈**わけにはいかない・がたい・かねる**〉

Ⅲ．類義表現 137
上級レベルの基幹となる文法：「し」と「て」の使い分け

Lesson 6　人工知能はどこまですごいのか？

Ⅰ．文字・語彙・コロケーション 140
次ぐ／変革 (する)／領域／動向／講座／認定 (する)／大量／投げかける／もてはやす／アプローチ (する)／
事前／廃れる／興る／繋がる／汎用的／あたかも／手短／判定 (する)／内面／プログラミング (する)／
機構／設定 (する)／手掛かり／提示 (する)／対処 (する)／当事／少数／程遠い／慢性的／不況／
突入 (する)／業務／補助 (する)／上回る／上述 (する)

Ⅱ．文型・文法 157
転職を機にイメージを変えた／表彰するに値する人物／予想・期待外れを表す表現〈わりに(は)・にしては〉／
補足を表す接続詞〈ちなみに・なお・ただし〉／極限を表す取り立て助詞〈すら・さえ・まで〉

Ⅲ．類義表現 163
上級レベルの基幹となる文法：「この」「こんな」「こういう」の使い分け

Lesson 7　スポーツで「地元チーム」が勝ちやすいのはなぜなのか？

Ⅰ．文字・語彙・コロケーション 166
開催 (する)／お世辞にも／実情／視〜／善戦 (する)／見合う／特有／往々にして／遠征 (する)／
参照 (する)／比例 (する)／言及 (する)／確定 (する)／一連／高揚 (する)／視点／鼓舞 (する)／実態／
惜しみない／構想／居住 (する)／深める／見なす／推進 (する)／優位／もつれ込む／記述 (する)／
内外／減少 (する)／ケチを付ける／醍醐味／とりわけ／担う

Ⅱ．文型・文法 182
飲みに行くのは今日に限ったことではない／タイトルからして売れなさそうだ／
人は外見や学歴で判断するものではない／今日来ないのではないか／
比較・対照を表す表現〈にひきかえ・に対して〉

Ⅲ．類義表現 187
上級レベルの基幹となる文法：「から」「ので」「ため」の使い分け

Lesson 8　芸術はどのようなメカニズムで人の心を動かすのか？

Ⅰ．文字・語彙・コロケーション 190
写し取る／独自／虚構／余地／キリがない／仕立て上げる／馴染み／詳細／写実的／デフォルメ／階層／
歪曲 (する)／密接 (する)／くびれる／実質／分泌 (する)／上記／原則／調和 (する)／コントラスト／
背景／分離 (する)／切り離す／輪郭／映像／類似 (する)／結びつける／モジュール／分担 (する)／
自覚 (する)／運用 (する)／美術／スケッチ (する)

Ⅱ．文型・文法 207
学生生活を送る上で注意してほしいこと／日本の経済活動は衰退しつつある／断念せざるをえない／
いつも使わない道で来たものだから遅くなった／世の中便利になったものだ／
とにかく日本語を使う機会を増やすことだ／限定を表す取り立て助詞〈だけ・しか・ばかり・こそ・だけしか〉

Ⅲ．類義表現 213
上級レベルの基幹となる文法：「と」「ば」「たら」「なら」の使い分け

参考文献 .... 215　　　著者紹介 224
語彙索引 217
文法索引 .... 223　　　【別冊】解答と解説

本書をお使いになる方へ

■ 日本語能力試験 N1 合格と アカデミック・ジャパニーズ学習の ための手厚いサポート

　日本語能力試験 N1 に合格するためには、語彙や表現文型などの高度な言語知識が求められます。そのため、既往の対策問題集の中には、旧日本語能力試験の出題基準となる語彙・文法項目の「量」に着目し、まずは言語知識の量を増やすという意図で編まれているものも少なくありません。しかしながら、その言語知識を実際に運用するトレーニングの場が持てず、覚えた文型や表現をいつどのように使えばよいのか理解できないままになっているという声もよく聞かれます。

　本書は、「量」のみではなく、「質」の面にも目を向け、学習項目を体系的に解説し読者の理解と運用力を伸ばすこと、さらに、日本語能力試験 N1 レベルの言語知識の定着からアカデミック・ジャパニーズ学習のサポートを行うことに焦点を当てています。漢字の音読みと訓読み、コロケーション、慣用句、アカデミックな場面で使うときの文脈など、語彙や表現文型をより広い視点で捉えた学習ができる構成で編集されています。言語知識を習得するだけでなく、ふんだんに「書き込む」ことでその運用力を高め、日本語能力試験 N1 合格やアカデミック・ジャパニーズの基盤となる力の育成に役立ててください。

■ アカデミック場面における 高度な日本語の理解力と運用力を 高めるために

　留学生が、日本留学試験（EJU）や大学・大学院の入学試験を受験したり、大学・大学院で専門について学ぶためには、レポートやアカデミックな文章を書く力、講義内容を理解したりプレゼンテーションしたりする力が求められます。そうしたアカデミックな場面で用いられる語や表現の中には、日常生活での使用頻度が低く使い方も限定されているものが数多くあり、意識的な学習と指導が必要とされています。

　本書では、特定の専門領域や文系・理系の枠組みに縛られることなく、より学際的に上級日本語を学ぶことができるように、アカデミック・ジャパニーズの重要語彙と重要文法を選定し、詳しい解説を施しました。本書を通してアカデミック場面における高度な日本語の理解力と運用力をぜひとも高めてください。

■ 本書の特徴

1. 本書の大きな特徴の一つに「書き込み式」であることが挙げられます。各ページの欄外には、書き込むことを想定したスペースが確保されています。受動的に問題を解くだけではなく、能動的に調べて書き込むことによって、知識を関連づけ、拡張していくことを目的としたものです。選択問題や穴埋め問題を解いた後に、もう一度類題に取り組むことによって、既習知識を体系的に整理することができます。問題の答えだけではなく、調べたことをどんどん書き込み、自分だけの練習ノートとして完成させることを通じて、自律的な学習を促すことを意図しています。

2. 学習項目については、専門家が科学的なデータに基づいて語彙・文法項目の選定を行い、設定しました。『日本語学術共通語彙データベース』より頻度の高い語を抽出した上で、教材制作委員会のネイティブ・ノンネイティブ教師が過去の教授経験に照らして「説明が必要である」と判断したものや、漢字圏・非漢字圏出身の学習者（日本語能力試験 N1 合格者）を対象とした調査で「説明があったほうがよい」と指摘されたものを中心に、語彙・文法項目の選定を行っています。

🏛 学術共通語彙

『日本語学術共通語彙リスト Ver. 1.01』に基づき、アカデミック・ジャパニーズの能力育成に極めて重要な語彙を選定したもの。

✍ 教師選定語彙

JLPT の N1 合格に必要な語彙、および、そのための学習に必要な語彙を教育実績のある日本語教師が教育経験に基づき選定したもの。

🎓 **学習者選定語彙**
既に日本語能力試験 N1 に合格している漢字圏学習者・非漢字圏学習者に調査を行い、学習経験に基づき解説が必要だと判断されたもの。

3. コロケーションや練習問題の例文は、母語話者の内省によってのみ作成するのではなく、大規模なデータベースに基づき、学術場面での使用を考慮したものをオリジナルで作成し掲載しています。具体的には、『現代日本語書き言葉均衡コーパス』(Balanced Corpus of Contemporary Written Japanese: BCCWJ)、コロケーション検索システム「NINJAL-LWP for BCCWJ」、『日本語学術共通語彙データベース』を用いて検索し、使用頻度が高い文脈やコロケーションをピックアップしています。そして、それに基づき日本語能力試験対策用に一つひとつ本書オリジナルの問題や例文を作成し解説を記しました。

4. 学術場面に重要な語彙と文型を、日本語能力試験の問題形式に合わせて出題しています。さらに、異なる問題形式で同じ語彙・文法項目を繰り返し出題しています。このことにより、学術的な文章に不慣れな方でも、無理なく言語知識の定着を図りながら、アカデミック・ジャパニーズの世界に踏み出すことが可能です。

5. 日本語能力試験の特色に応じて、理解に必要な言語知識のみでなく、アウトプットの際に必要となる用法上の注意点や類似表現なども掲載しています。また、練習問題についても、選択問題だけではなく、短文作成問題などを設け、運用力に繋げることを狙いとしています。

6. 教材制作委員会は、日本語教育学・日本語学・言語学・社会言語学など様々な分野の第一線で活躍している専門家で構成され、各専門分野の知見を活かした編集を行っています。

■ 本書の構成

本書は、次のような構成となっています。各セクションの概要を示します。

Ⅰ．文字・語彙・コロケーション
第一部　語彙と表現の解説・例文
第二部　語彙と表現の練習問題

Ⅱ．文型・文法
第一部　文法の意味・例文・使い方
第二部　表現文型の練習問題

Ⅲ．類義表現
類義表現の文法の解説と練習問題

■ 各設問の出題意図

Ⅰ．文字・語彙・コロケーション

問1 漢字の読みと表記に関する運用力を高めるための設問です。学術的文章に用いられることの多い語、日本語能力試験に出題されやすい語について出題されています。選択問題と書き込み式問題とがセットで出題され、同じ漢字の音読みと訓読み、および、その表記、異なる読み方を確認することができます。自身の持つ知識と関連づけて確認しましょう。

問2 複合動詞の知識と運用力を高めるための設問です。学術的文章に用いられる重要表現がどのような文脈で用いられるか、あるいは、どのような語と共に用いられるかについて理解を深めましょう。

問3 コロケーションの知識と運用力を高めるための設問です。コロケーションの形、および、意味用法への理解を深めましょう。

問4 同義語、類義語の意味の異同と使い方についての知識と運用力を高めるための設問です。言葉の意味を理解する上では、別の表現に置き換え、その違いを把握することが効果的です。書き込み式問題ではそれ以外の類義語も整理しながら、体系的に理解を深めましょう。

問5 学術的文章に使われる重要な表現を選定し出題しています。重要表現を適切に利用できるようになるための設問です。どのような文脈で用いられるかを確認しながら、理解を深めましょう。

Ⅱ．文型・文法

問1 前後の文脈から適切な文型を選び使用できるようになるための設問です。学術的文章に用いられることの多い表現、日本語能力試験に出題されやすい重要文型について、文全体の意味や前後の流れを捉えながら、文法知識を活用して下線内に入れるべき表現を選びましょう。

問2 表現文型の正しい使い方について問う設問です。学術的文章でよく用いられる、文と文とを繋ぐための表現、あるいは決まった構文の文型に注意し、それらの文型がどのような語と共起し、どのような文脈で用いられるかについて理解を深めましょう。書き込み式問題は選択肢で用いられた他の表現について、理解と運用力を深めるための設問です。指定された文型を用いながら、文の読み手が理解しやすいように文を作りましょう。

Ⅲ．類義表現

問1 一見、簡単そうな表現でも、類義表現の意味の異同や使い方をきちんと理解していなければ適切な運用はできません。説明を読んで練習しながら理解を深めましょう。

問2 文型の意味と用法を把握し運用できるようになるための設問です。ヒントとして記されている解説も活用しながら練習しましょう。

問3 学術的文章における用法について理解を深め、さらに類似表現のニュアンスの違いについての理解力を向上させるための設問です。

■ 本書の使い方

本書が準拠している『日本語で考えたくなる科学の問い〔文化と社会篇〕』（凡人社）では、アカデミックなテーマに基づき調べ、考え、伝える活動を行うことができます。しかし、それらの活動を行うためには、しっかりとした言語知識とその運用力が欠かせません。本書では、そのために必要な語彙、文法、表現を学ぶ上での充実したサポートを行っています。

例えば、大学などの「総合日本語」のような科目で本書をお使いいただく場合、『日本語で考えたくなる科学の問い〔文化と社会篇〕』の本文を読んだ後に、本書の該当 Lesson を自宅学習の課題として出し、授業の中で解説を行うことが可能です。このことで、調べ、考え、伝える活動を、着実な言語能力の育成と併せて行うことができます。また、日本語学校の進学クラスや日本語能力試験対策クラス、地域日本語教室での進学支援、あるいは、大学の「アカデミック・ジャパニーズ」科目などでは、『日本語で考えたくなる科学の問い〔文化と社会篇〕』の各 Lesson がテーマとしている学術的トピックについて調べる活動、考える活動、伝える活

動を行い、本書を自律学習用教材として自習用に使っていただくことも可能です。

　教室での使用に加え、独学での使用にも対応できるよう、本書では解説の執筆に力を入れました。解答だけでなく、なぜその答えになるのか、問題を解いていく上でのヒントや注意点を詳しく記し、解説を読めば、読者が独学で進められるように編集されています。日本語能力試験対策や、大学進学対策、日本語力のさらなる向上などを目的にした独学用教材として使用することができるようになっています。

　以下に、授業内でご利用いただく場合と、独学でご利用いただく場合とに分けて使い方を説明します。

❶ 授業内でご利用いただく場合

　本書で学習項目となっている語彙と文型は、『日本語で考えたくなる科学の問い〔文化と社会篇〕』の各 Lesson の本文で用いられている語彙と文型、コラムで扱われている文法項目と対応しています。例文や解説は、『日本語で考えたくなる科学の問い〔文化と社会篇〕』にも掲載されていますが、本書ではさらに例文と情報を追加し、また、文型について詳細な解説を新たに加えることで、一冊の独立した教材として教室で使用できるように編集しました。

　語彙については、読み方、複合語の意味、類義語、用法など、複数の観点から出題を行い、理解を多角的に確認し定着を促すことができるようになっています。文型についても、接続の形や意味だけではなく、他の文法項目との使い分けや用法上の注意点について詳しく取り上げ、丁寧に記述することで、お使いいただく先生方の授業準備や授業時の指導にご利用いただける内容としました。本書を授業の中で使用される場合は、あらかじめ解説を読むことなど自宅学習の課題を出していただいた上で、教室では用法の確認や例文づくりなどの活動を実施していただくと、効率的に授業を進めることができます。また、問題演習と答えの確認や、調べたことを余白に書き込む課題を出すことで、自律的な学習へ導くことが可能です。学期中に、それぞれの練習ノートを教室にて展示し、お互いに品評し合う活動（練習ノート品評会）を行うと、学習ストラテジーそのものを学ぶ機会を作ることもできます。

❷ 独学でご利用いただく場合

　本書では、学習項目となる語彙や文型の解説に力を入れました。各語の意味だけではなく、類義語との使い分けを可能な限り紹介し、また表現文型についても、用法上の注意点と類似表現との使い分けとを詳しく説明しています。そのため、独学で日本語を学習している方でも解説を読めば、十分理解できるようになっています。独学で使用する場合は、まず目次にまとめてある各課の語彙と文型を確認してください。意味と使い方がすでに問題なく理解できるという場合は、先に練習問題を解き、間違えた問題について解説を読むようにすると効率よく勉強できます。まだ意味や使い方がわからない語や文型が多いという場合は、先に解説を読んでみてください。十分理解できたと思ったら、問題を解いてください。答えを確認する際には、「解答編」の答えだけではなく、解説文もじっくり読むようにしてください。語彙や文型について、多角的な視点からさらに理解を深められるはずです。解説を読んで新たにわかったことや自分で調べたことは、ページの余白にどんどん書き込んでください。色ペンを使ったり、シールを貼ったりして、自分だけの練習ノートを完成させましょう。本書の語彙と文型は、『日本語で考えたくなる科学の問い〔文化と社会篇〕』の本文（Lesson1 から Lesson8）と対応しています。具体的にどのように文章の中で使われるかを知りたい方は『日本語で考えたくなる科学の問い〔文化と社会篇〕』の本文を読み、語彙や文法を文中の表現において確認すると、記憶を効果的に定着させることができます。

❸『日本語で考えたくなる科学の問い』本冊と連携してご利用いただく場合

『日本語で考えたくなる科学の問い〔文化と社会篇〕』は、学問への入り口となる"問い"について、論説文を読み、トピックについて調べ、自らの考えを表現し、対話する活動を通して、総合的な日本語コミュニケーション能力育成の実現を目指す教材です。ご担当の科目によっては、上掲書と本書とを組み合わせ、連携させてお使いいただくことも可能です。例えば、読解科目でお使いになる場合には、『日本語で考えたくなる科学の問い〔文化と社会篇〕』の本文を読解教材として授業の中でお使いいただき、文法を指導するための補助教材として本書をご利用いただくことができます。また、語彙や文型を指導する科目でお使いになる場合は、本書を授業用のメイン教材にしていただき、『日本語で考えたくなる科学の問い〔文化と社会篇〕』の発展活動を補助教材としてお使いいただくことで、学習した語彙や文型の知識を定着させるための学習活動を行うことも可能です。さらに、上掲書の読解活動に活用していただけるタスクシートも凡人社公式Webサイト（https://www.bonjinsha.com/wp/kagakunotoi）にて公開されています。その中の「アクティブラーニング用ワークシート」を使用することで、本文で得た知識と本書で学習した語彙や文型を用いた発表活動を行うこともできます。

❹ 書き込み式設問の活用法

本書では、お使いいただく皆さんが主体的に学び、理解を深めることができるよう書き込み式の設問が設けられています。それぞれの「書き込む」活動では以下の学習活動を行うことができます。

Ⅰ．文字・語彙・コロケーション

1 漢字の読み方や書き方について書き込む
2 指定された複合動詞を考えて書き込む
3 慣用的に使われる表現を書き込む
4 類義表現を調べて書き込む
5 類語を使った例文を考えて書き込む

Ⅱ．文型・文法

1 問題文や選択肢の語彙や表現の意味を調べて書き込む
2 指定された表現を使って例文を書き込む

Ⅲ．類義表現

1 2 3 解説を読んでその答えになる理由を書き込む

本書の特徴を活かし、語彙や文型、表現の着実な習得に役立ててください。そして、ぜひとも世界に一つの、自分だけの練習ノートを完成させてください。

それぞれの教育現場や学習目的に合わせた授業デザイン・学習デザインに本書をお役立ていただければ幸いです。

■ 凡例

品詞の表示方法	接続の表示例	例
[名詞]	[名詞] にもかかわらず ※※	初日にもかかわらず (Lesson 1)
[名詞(普)]	[名詞(普)] とはいえ ※	3月だとはいえ／3月だったとはいえ／ 3月であるとはいえ／3月であったとはいえ／ 3月ではないとはいえ／ 3月ではなかったとはいえ (Lesson 1)
[名詞(ーの)]	[名詞(ーの)] わりに(は)	値段のわりには (Lesson 6)
[ナ形]	[ナ形] とあって(は) ※※	便利とあって(は) (Lesson 2)
[ナ形(普)]	[ナ形(普)] とはいえ ※	孤独だとはいえ／孤独だったとはいえ／ 孤独であるとはいえ／孤独であったとはいえ／ 孤独ではないとはいえ／ 孤独ではなかったとはいえ (Lesson 1)
[ナ形(ーな)]	[ナ形(ーな)] わけがない	孤独なわけがない (Lesson 1)
[イ形(普)]	[イ形(普)] とはいえ ※	難しいとはいえ／難しかったとはいえ／ 難しくないとはいえ／難しくなかったとはいえ (Lesson 1)
[イ形(ーい)]	[イ形(ーい)] ことに	おもしろいことに (Lesson 5)
[イ形(~~ー い~~)]	いかにも [イ形(~~ー い~~)] そうだ	いかにもおもしろそうだ
[イ形(ーく)]	[イ形(ーく)] あるべきではない	恩着せがましくあるべきではない
[イ形(ーければ)]	[イ形(ーければ)] こそ	難しければこそ
[動詞(普)]	[動詞(普)] わけがない ※	するわけがない／したわけがない／ しないわけがない／しなかったわけがない (Lesson 1)
[動詞(ーる)]	[動詞(ーる)] 上で ※※※	相談する上で (Lesson 8)
[動詞(ーて)]	[動詞(ーて)] からというもの	相談してからというもの
[動詞(ーた)]	[動詞(ーた)] 上で	相談した上で (Lesson 8)
[動詞(ーない)]	[動詞(ーない)] ことには	行かないことには (Lesson 5)
[動詞(~~ーない~~)]	[動詞(~~ーない~~)] ざるをえない	行かざるをえない (Lesson 8)
[動詞(~~ーます~~)]	[動詞(~~ーます~~)] つつ	行きつつ (Lesson 3)
[動詞(ーば)]	[動詞(ーば)] それまでだ	失敗すればそれまでだ (Lesson 2)

※‥‥‥‥普通形は辞書形、タ形、ナイ形、過去否定形を指す。
　　　　名詞とナ形容詞の普通形は「だ」と「である」を含む。
※※‥‥‥名詞とナ形容詞の語幹
※※※‥‥動詞の辞書形

／‥‥‥‥‥「または」という意味
(　)‥‥‥‥「あってもなくてもいい」「省略できる」という意味

Lesson 1

I. 文字・語彙・コロケーション　II. 文型・文法　III. 類義表現

☑ チェックシート

☐ 01	近年	☐ 18	自体	☐ 35	被〜
☐ 02	促進(する)	☐ 19	進展(する)	☐ 36	作り出す
☐ 03	政策	☐ 20	確立(する)	☐ 37	踏まえる
☐ 04	汲む	☐ 21	理論	☐ 38	消滅(する)
☐ 05	上昇(する)	☐ 22	時点	☐ 39	解体(する)
☐ 06	支持(する)	☐ 23	仮説	☐ 40	ひょっとすると
☐ 07	獲得(する)	☐ 24	所属(する)	☐ 41	解消(する)
☐ 08	指摘(する)	☐ 25	親しみを覚える	☐ 42	繰り返す
☐ 09	気取る	☐ 26	最小	☐ 43	もしくは
☐ 10	敵に回す	☐ 27	引き起こす	☐ 44	思いのほか
☐ 11	共感(する)	☐ 28	促す	☐ 45	どのみち
☐ 12	むさぼる	☐ 29	画像	☐ 46	設ける
☐ 13	蔑む	☐ 30	検証(する)	☐ 47	前提
☐ 14	〜系	☐ 31	顕在的	☐ 48	従来
☐ 15	なじる	☐ 32	表示(する)	☐ 49	御しやすい
☐ 16	多かれ少なかれ	☐ 33	配分(する)		
☐ 17	バイアス	☐ 34	総合(する)		

01　近年 [きんねん]　アクセント1　名詞

ここ最近の数年間のこと。

※文頭で副詞的に使われることもある。
　例 近年、インターネットにおける誹謗中傷が社会問題化している。
※類義語の「昨今」は「近年」より短い期間を表す。改まった場面や文章などで使用されることが多い。
　例 昨今の経済状況を考えると、消費者が物を買わなくなっているというのも無理はない。

例文
- 今年の夏は、近年にない冷夏になるそうだ。
- 地球温暖化は、近年ますます加速していると言われている。

02　促進(する) [そくしん]　アクセント0　名詞(スル)

物事がうまく進むように促すこと。

※対義語は「抑制」。
　例 自分の感情を抑制することでストレスをためてしまう人が多い。

例文
- 両国の文化交流を促進するために、新しいプログラムが立ち上げられた。
- 来週の会議では、新商品の販売促進の方法について話し合う予定だ。

03 政策 [せいさく] アクセント 0 名詞

政府や政党が掲げている方針のこと。

※政治以外の分野では、「方針」が使われることが多い。個人の考えやこだわりについては「ポリシー（policy）」も使われる。
例陰で人の悪口を言うのは、私のポリシーに反する。

※選挙のときによく耳にする「マニフェスト」は、政党や候補者が有権者に対して掲げる公約のこと。
例選挙で盛んに掲げられるマニフェストだが、内容はもちろん、本当に実現できるかも大切だ。

例文
- 政府は、高齢者の税金を減額する政策を打ち出した。
- 新しく就任した市長は、50の政策を掲げその実現を市民に約束した。

04 汲む [くむ] アクセント 0 動詞

①器や手で水をすくう。
②お酒やお茶を器に入れる。
③その人の立場になって心の中を理解する。
④精神や思想の流れを受け継ぐ。（「流れを汲む」という形で使われることが多い）

※③の意味の類義語に「慮る」がある。読みは「おもんぱかる」。意味は今の状況や、相手の気持ちなどを深く考えること。
例上司のミスとわかっていたが、その立場や状況を慮って指摘することはしなかった。

例文
①井戸水を汲んで入れたコーヒーの味は最高だ。
②女性社員にだけお茶を汲ませたり、コピーを取らせたりする会社では、絶対に働きたくない。
③医師は家族の気持ちを汲んで、患者の病名を本人に知らせないことにした。
④この作家の小説はアメリカ文学の流れを汲んでいる。

05 上昇（する）[じょうしょう] アクセント 0 名詞（スル）

位置や程度が高くなること。

※対義語は「下降」「低下」。
例今週に入って、急に気温が低下した。

※「上昇志向」など、考え方などを表すときにも使われる。常に向上心を持って自分の立ち位置を高めていこうという考え方のこと。
例会社で出世を望むなら、常に上昇志向を持って努力することが大切だ。

例文
- 経済の回復と共に物価が上昇してきた。
- 東京スカイツリーのエレベーターは、わずか50秒で600メートルまで上昇する。

06 支持（する）［しじ］ アクセント1 名詞（スル）

①社会的な活動や、政治的な主張に賛成して後押しすること。
②相手や対象物を支えること。

※類義語に「支援」がある。「支援」は実際に金銭や労力を出して支える場合に使われる。
例 会社を設立するにあたって、両親から支援を受けた。

※新聞、テレビなどで日常的に見聞きする言葉に「支持率」「支持政党」などがある。
例 政府の支持率がたった一か月で30％を切るまでに急落してしまった。

例文　①彼女は高齢者からも若者からも支持されている役者だ。
　　　①彼の意見はまったく支持できないものだった。
　　　②消防士は、倒れてきた壁を両手で支持して、火災現場から住民を救出した。

07 獲得（する）［かくとく］ アクセント0 名詞（スル）

手に入れて、自分のものにすること。

※特に苦労したり努力したりして、手に入れるものに使う。
※類義語に「取得」がある。こちらは苦労して努力してという意味合いはなく、単に手に入れる、自分のものにするという意味。また、必要な手続きなどを経て、手に入れる資格などに使用される。
例 路上試験では緊張したが、無事合格して運転免許を取得した。

例文　・新しいウイルスソフトの開発に成功し、彼女は莫大な富と社会的名誉を獲得した。
　　　・父はクイズ番組で優勝し、300万円の賞金を獲得して帰ってきた。

08 指摘（する）［してき］ アクセント0 名詞（スル）

物事の重要な点や相手の間違いをはっきり指し示すこと。

※類義語の「批判」には、欠点などを「指摘」し、さらに、こうすべきだ、正すべきだ、という感情的なニュアンスが含まれる。
例 記事の内容が男女差別に当たるのではないかとの批判を受けて、出版社が謝罪した。

例文　・会議で配布する資料のミスを指摘され、慌てて作成し直した。
　　　・貧困や格差は世代を超えて連鎖することが指摘されている。

09 気取る［きどる］ アクセント0 動詞

①人前で上品ぶる。言動を着飾る。
②あるものになった気持ちで行動する。（マイナスの評価）

※類義語に「見栄を張る」という慣用句がある。必要以上によく見せようとして、上辺を飾ること。
例 見栄を張って、彼女に有名な人気ブランドのバッグをプレゼントしたら、貯金がからっぽになってしまった。

※似た意味の慣用句に「上辺を取り繕う」がある。物事の悪い部分を見せずにごまかすこと。
例 ビジネスでは、お客に対して上辺を取り繕って曖昧な回答をすると、必ず後で問題が起きる。

例文　①彼はいつも気取った話し方をするので、好きになれない。
　　　②彼女はアーティストを気取ってSNSで歌を発表しているが、決してプロのレベルではない。

10 敵に回す［てきにまわす］ アクセント － 慣用表現

相手を自分と敵対する関係にしてしまうこと。
※類義の慣用句に「向こうに回す」がある。相手にして張り合ったり、争ったりするという意味。
例 優勝候補のチームを向こうに回して、10点も差をつけて勝ったなんて本当に信じられないよ！

例文
- 彼女は、味方のうちは心強いが、敵に回すと怖い。
- その歌手は、SNSでのつぶやきによって、全世界のファンを敵に回してしまった。

11 共感（する）［きょうかん］ アクセント 0 名詞(スル)

他人の意見や考え、感情に対して、自分もそうだと感じること。
※「シンパシー（sympathy）を感じる」という形でも使われる。
※対義語は「反感」。相手に同意できず、不快な思いで逆らいたくなる感情のこと。「反感を持つ」「反感を買う」「反感を抱く」などと使用される。
例 部長は自分の考えを絶対に変えないので、反感を持つ部下も多い。

例文
- 同じ地域の出身者として、彼の意見にはまったく共感できなかった。
- 人の共感を呼ぶスピーチをするためには、何よりも人生経験が必要だと思う。

12 むさぼる アクセント 3 動詞

①欲張って、限度なく物を欲しがること。
②飽きずに続けること。
※漢字表記は「貪る」。「むさぼり食う」は欲張って、がつがつ食べるという意味。また、「むさぼるように本を読む」は飽きずに夢中で本を読むという意味。
※「むさぼり食う」様子を話し言葉では「がっつく」「がつがつする」などと言う。
例 いくらお腹が空いているからって、そんなにがっついたらみっともないよ。

例文
- ① よほど腹が減っていたのか、彼は料理が出されるやいなや、むさぼり食った。
- ① 強者が弱者から不当な利益をむさぼるのは、絶対に許せない。
- ② 妹は読書が好きで、子どもの頃からむさぼるように本を読んでいた。

13 蔑む［さげすむ］ アクセント 3 動詞

他の者の能力や人格などを、自分よりも価値の低いものと考えて軽蔑すること。
※類義語に「見下す」がある。「蔑む」は「見下す」よりも意味が強い。
例 本当に賢い人は、学歴で人を見下したりしないと私は思う。
※対義語は「敬う」。相手に、礼を尽くし大切にするという意味。
例 良好な人間関係を築くために一番大切なことは、相手を敬う気持ちを持つことだと思う。

例文
- 彼女は自分が一番偉いと思っているので、他の人を蔑むようなことを平気で言う。
- 「俺が悪かった。そんな蔑んだ目で見ないでくれ」と作品の主人公はパートナーに土下座して謝った。

14 〜系［けい］　アクセント －　接尾辞

名詞の後について、ある関係があって一つのまとまりになるものを表す。

※「太陽系の惑星」「神経系の医者」「外資系の企業」など一般的な言葉の他に、「ビジュアル系のバンド」「ギャル系のメイク」など、俗語を造語するときにも使われる。

※「系統」「系譜」「系列」「系図」のように「系」が前につくと、順を追って続く繋がりを持つまとまりを表す語を作る。

例文
- 日本の学校教育では、高校から文科系と理科系にコースが分かれることが多いそうだ。
- 東海道新幹線はN700系の新型車両であるN700Sの運行を開始した。

15 なじる　アクセント 2　動詞

相手の間違いや欠点を何度も取り上げて非難すること。

※類義語に「詰問する」がある。「詰問する」は、相手を責めるように厳しく質問すること。
　例 容疑者は昨日どこで誰と会っていたのかと警察官に詰問されて、何も言えなくなってしまった。

※語源：「なじる」の漢字は「詰る」。「詰」のつくりの部分「吉」は、めでたい意味と共に、きつくしめるという意味や、強い、激しいなどの意味があるとされる。言偏がつくことで、「詰」は「強く、きつい言葉で相手を非難する」の意味を表すとされる。

例文
- 母は今でも、30年前に結婚式を挙げなかったことについて父をなじる。
- 3年前のたった一度の失敗を上司になじられ続けて、彼はとうとう会社をやめてしまった。
- 今日の試合は私のオウンゴールで負けたのだから、チームメイトになじられるのはしかたがない。

16 多かれ少なかれ［おおかれすくなかれ］　アクセント 7　副詞

（程度に違いがあっても）同じようにという意味。

※同じような意味を持つ慣用句に「いずれにしても」がある。どちらの場合を選んでも同じ結果であるという意味。
　例 A大学の大学院に行くか、B大学の大学院に行くか。いずれにしてもお金がかかる。

例文
- ミュージシャンであれば、多かれ少なかれ、あの偉大な作曲家から影響を受けているはずだ。
- 誰しも子どもの頃に、多かれ少なかれ、「生と死」について一度は考えたことがあるだろう。

17 バイアス 　アクセント0　名詞

①人があるものに対して持っている見方や態度のこと。
②布を伸びやすくするために、斜め（バイアス）に切る切り方のこと。
③布を斜めに切って作った洋裁用のバイアステープの略。

※英語の bias が由来。人文科学の学術用語として使われる場合は、調査者が持っている先入観や思い込みのことを指す。
　例 アンケートを作成する際はバイアスを排除する必要がある。
※①の意味での同義語に「先入観」がある。
　例 女性だから、男性だからという性別への先入観は、頭ではわかっていてもなかなかなくすことができないため注意が必要だ。

例文　①「女性はピンクが好きである」というのは、バイアスがかかった考え方だ。
　　　②バイアスカットは、1920年代に発明された方法である。
　　　③母が手作りしてくれたブラウスは、襟がきれいな色のバイアスで縁取りされていてとても素敵だった。

18 自体 ［じたい］　アクセント1　名詞

もともとの本体、そのもの。

※類義語に「自身」がある。「自身」が人物について使われるのに対して、「自体」は物事について使われる。
　例 彼自身、自分が悪いことはわかっているはずだ。
※同音異義語「事態」は、物事の、状態や状況、またその成り行きなどの意味がある。よい状況より、よくない状況のほうに使用されることが多い。
　例 二人のたゆまぬ努力によって、最悪の事態は免れ、結婚にこぎ着けた。

例文　・発想自体は悪くないが、実現にはかなりの費用を要するだろう。
　　　・設計自体はすばらしいが、機能性の面で生活には不向きだ。

19 進展（する）［しんてん］　アクセント0　名詞（スル）

状況や事態が進んで新しく展開すること。

※類義語に「発展」がある。「発展」が、成長したり技術や水準が高くなるという意味であるのに対し、「進展」は新しい展開があるという意味。
　例 国が発展し、生活が豊かになった。
※対義語は「停滞」。意味は物事が進まず、滞ること。
　例 （天気予報）台風13号は沖縄付近の海上で停滞、この後、進路を東寄りに変えるでしょう。

例文　・プロジェクトに何も進展がない場合は、計画が中止になる可能性がある。
　　　・駅前の開発が急に進展して、この辺りは飛躍的に便利になった。

20 確立（する）[かくりつ]　アクセント 0　名詞(スル)

物事（組織や計画、考えなど）を動かないようにしっかりと立てること。
※類義語に「形成」がある。「確立」が物事の内容を不動のものとするという意味があるのに対して、「形成」は、まとまった形にすること、形作ること、という意味になる。「人格を形成する」「人間形成」などという使われ方もする。

例文
- 社会で生きていくためには、まずは自己を確立する必要がある。
- 長年の経験を経て、彼は画家として自身のスタイルを確立させた。

21 理論[りろん]　アクセント 1　名詞

科学の研究や学問において、個々の事象の説明などをする際の統一的な知識の体系。
※類義語に「論理」がある。「論理」は議論や考え、推理などを展開する順序や事物間の関連などのこと。英語で「理論」は theory、「論理」は logic。
※対義語は「実践」。意味は理論を実行すること。
例 理論と実践は、しばしば車の両輪に例えられる。

例文
- 理論上は可能なことでも、実際には難しいということは多々ある。
- アインシュタインは相対性理論を発表した有名な物理学者だ。

22 時点[じてん]　アクセント 1 (0)　名詞

時間の流れを線で表したときに、その上にある一点。
※類義語に「瞬間」「地点」などがある。「時点」が、時間の流れの上のある一点を示すのに対し、「瞬間」は、何かがあった、そのときのほんの短い時間という意味。また、線上にある時間が「時点」であるのに対して、「地点」は、地図上にある場所を意味する。
例 勝利が決まった瞬間、今までの苦労がすべて喜びに変わった気がした。
例 明日は全国の 200 を超える地点で、最低気温が 0℃を下回る冬日となる予報です。

例文
- 昨日の時点では、この実験は必ず失敗すると誰もが考えていた。
- 事故の原因は、現時点（＝今の時点）では、明らかにされていない。

23 仮説[かせつ]　アクセント 0　名詞

現象を説明することを目的として仮に立てる説のこと。
※対義語として「定説」「実験」などがある。「仮説」が、仮に立てた、まだ証明されていない説なのに対して、「定説」は、すでに証明され正しいとされている説という意味。「実験」は、「仮説」を証明するために実際に行うこと。
例 A 氏の発見は、今までの定説を覆すものとして各所で話題となっている。
例 実験で得られた結果や観察事項は、速やかかつ正確に記録することが大切だ。

例文
- レポートを書くときには、仮説を立てた上で、実証や検証を行うことが求められる。
- 仮説を実験や観察などで検証することによって、法則や理論が作られる。
- 膨大なデータを解析し得られた結果から、新たな仮説を打ち立てた。

24 所属（する）[しょぞく] アクセント0 名詞（スル）

団体や組織に一員として加わっていること。

※人がある団体や組織に参加している「状態」について表すときに使われる。

※人や動物、物などの「分類」について表すときには「属する」が使われる。
　例 ライオンはネコ科に属している。

※類義語に「付属」がある。「付属」は、主となるものに付き、従うものという意味があり、よく目にする「〜大学付属高校」などの表記は、その大学に付設された高校という意味になる。

例文
- 学生時代、テニスサークルに所属していた。
- 経済学部に所属する方に大切なお知らせがありますので、掲示板を確認してください。

25 親しみを覚える[したしみをおぼえる] アクセント－ 慣用表現

人や物に対して親しい気持ちを持つこと。

※「親しみを覚える」と同じ意味合いを持つ「親しみがわく」という慣用表現も同じような使い方ができる。
　例 県の特産物をモチーフにして、かわいらしく親しみがわくマスコットキャラクターが完成した。

例文
- 故郷の話を聞いて、私は彼女に親しみを覚えるようになった。
- 狭くて不便な部屋でも、3年住んでいる間に親しみを覚え、今では自分の家だと感じられるようになった。

26 最小[さいしょう] アクセント0 名詞

ある範囲の中で一番小さいこと。

※対義語は「最大」。
　例 このデパートの売り場面積は、アジア最大だそうだ。

※最近よく見聞きする「ミニマムライフ」（＝無駄を省いた生活スタイル）、「ミニマムチャージ」（＝最低利用料金）、「ミニマムサイズ」（＝最小のサイズ）、などの「ミニマム」は英語のminimum に由来する「最小」という意味を持つ語。

例文
- 物質を構成する最小単位は素粒子と呼ばれるものである。
- 香川県の面積は、47都道府県の中で最小である。

27 引き起こす[ひきおこす] アクセント4 動詞

①倒れているものを手や道具で引いて立てる。
②新しい問題や事件などを起こす。

※②の意味の類義語に「誘発」がある。別の原因によって、また他の事柄が生じることで、「引き起こす」とほぼ同じ意味を持つ。
　例 雪崩は、落石や強風、地震などの自然現象によって誘発される他、登山者や野生動物の歩行などによって引き起こされる場合もある。

例文
①母親は、転んで泣いている子どもを引き起こし、強く抱きしめた。
②小さなミスによって重大な問題が引き起こされた。

28 促す ［うながす］　アクセント3　動詞

①物事を早くするように急がせる。また、進んで物事をするようにしむける。
②物事の進み具合を早くする。
※類義語の「推進」は、事業やプロジェクトなど物事を前に推し進めること。
　例 町の活性化推進の第一歩として、駅前の環境整備を始めることとなった。
※対義語は「妨げる」。物事の進行を止めること、邪魔するという意味。
　例 道路工事の騒音のせいで集中力が妨げられて、ちっとも勉強がはかどらない。
※①の意味の同義語は「催促」。また、②の意味では「促進」。
　例 代金の支払い期日を過ぎてしまい、催促状が送られてきた。
　例 県内で採れた農作物の消費を促進するため、生産者団体と連携しフェアを開催した。

例文　①家にばかりいないで少し散歩でもしてきたらと、母に促されて外に出た。
　　　②夏場の半身浴は、疲労回復を促す効果がある。

29 画像 ［がぞう］　アクセント0　名詞

①絵や写真で示した像。
②テレビやパソコンのスクリーンに映る像。また、そのデータ。
※類義語の「映像」は、「画像」の②と共通する意味のほか、光の反射や屈折などにより、形となって映し出された像のこと、また、頭の中に描かれるイメージなどの意味もある。
　例 犯人確保の決め手は、事件の一部始終を記録した防犯カメラの映像だった。

例文　①この本に掲載されている画像を使う場合には、許可を取る必要がある。
　　　②レポートに画像ファイルを掲載するとデータが重くなるので、送信の際には注意が必要だ。

30 検証（する）［けんしょう］　アクセント0　名詞（スル）

①物事を調べて、正しさを証明すること。
②哲学で、事実と比べて文章や命題の真偽を確かめること。
③裁判官が現場の状況を直接観察して、証拠を調べること。
※類義語に「実証」がある。「検証」も「実証」も、「証明する」という意味を持つが、「検証」が、実際に調べて仮説などを証明することであるのに対し、「実証」は、事実や証拠によって証明する、という違いがある。
　例 その治療法が医学的に有効であることが実証された。

例文　①仮説を検証するために、実験を実施した。
　　　②実証主義者たちは、命題は検証が可能なものでなければならないと考えた。
　　　③その裁判では、証拠を確認するために、何度も現場検証が行われた。

31 顕在的 [けんざいてき]　アクセント0　ナ形容詞

物事がはっきりとわかるように存在していること。

　　※対義語は「潜在（的）」。内に潜んで、外からは見えない状態で存在すること。
　　　例 意識には顕在意識と潜在意識があると言われている。
　　※類義語に「明示的」がある。「顕在的」が、はっきりわかるように存在することを表すのに対して、「明示的」は、はっきり示すという意味の違いがある。
　　　例 体育館使用のルールについては、明示的に記載がされていないので、個人では判断できない。

　例文　・消費者のニーズには、顕在的なものだけではなく、消費者自身も気づいていない潜在的なニーズがある。
　　　　・多くの医療現場では、近年、顕在的になってきた人手不足の問題に、早急な対策を迫られている。

32 表示（する）[ひょうじ]　アクセント0　名詞(スル)

①はっきり外に示すこと。
②情報として示すこと。

　　※類義語に同音語の「標示」がある。「表」にはあらわすという意味があり、「標」にはしるしという意味がある。「表示」は、外に示すことを表し、「標示」は、何か目印を付けて示すことを表す。例えば、「道路標示板」「路面標示」など。

　例文　①相手にはっきりと意思表示をしないと何も伝わらない。
　　　　②画面にパスワードを表示したくないときは、あらかじめ、設定を変える必要がある。

33 配分（する）[はいぶん]　アクセント0　名詞(スル)

割合を考えて、物や資金を配り分けること。

　　※類義語に「配布」「分配」などがある。「配分」が割合など考えて分けて配るのに対して、「配布」は、広く行き渡るように配るという意味になる。また、「分配」は、全体を分けて配るという意味。
　　　例 アルバイトで一日中チラシの配布をした。
　　　例 1,000枚のマスクを用意し、一人2枚ずつ分配した。

　例文　・会社の利益は、社員に平等に配分されるべきだ。
　　　　・マラソンでは、42.195kmを走る上でのペース配分が重要だ。

34 総合（する）[そうごう]　アクセント0　名詞(スル)

①別々に存在する様々なものを一つにまとめること。
②認識論で、直観的な情報や分析的な思考によって得られた様々な性質を統一的にまとめること。また、論理学で、原理から帰結に到達すること。

　　※類義語に「統合」がある。「統合」は、二つ以上のものを一つに合わせるという意味。
　　　例 来年から二つの部署は統合されることになった。
　　※対義語は「分析」。物事の内容や構成などを明らかにするために、細かい要素に分けていくこと。
　　　例 交通事故の防止と被害軽減のため、実際に起こった事故を分析し、研究する機関が存在する。

　例文　①それぞれの競技での得点を総合して、優勝チームを決定した。
　　　　②判断は分析的判断としてなされるべきであり、総合での判断は経験的な意味しか持たない。

35 被〜 [ひ] アクセント ー 接頭辞

漢語の頭につけて、行為や動作を受けること（〜されること）を意味する。

※「被験者」（＝実験を受ける人）、「被害者」（＝被害を受ける人）、「被修飾語」（＝修飾される語）。

※「被」という漢字には、かぶせる、おおう、身につける、などの意味がある。「被覆」「被服」など。

例文
- マスコミは、被害者の家族の気持ちをよく考えて事件を報道しなければならない。
- 日本では、日本国籍を有し、一定の年齢に達した者に被選挙権が与えられる。

36 作り出す [つくりだす] アクセント 4 (0) 動詞

①何もないところから形のあるものにする。
②考えて新しいものを作る。
③作り始める。

※類義語に「創造」がある。これまでにない、何か新しいものを生み出すこと。
例「あらゆる創造活動はまず何よりも破壊である」とは、著名な画家、パブロ・ピカソの言葉である。

例文
①IT技術の発展は便利な社会を作り出したが、人間関係のあり方を変えてしまった。
②芸術家が新しい作品を作り出すには、技術ではなく、アイデアや直感が大切だそうだ。
③小さい娘が「私にもできる！」と言って、晩ご飯を作り出したが、危なっかしくてとても見ていられない。

37 踏まえる [ふまえる] アクセント 3 動詞

①足で踏んで動かないように抑える。
②何かを決めるときの前提や根拠にする。

※学術発表や論文などでは、「（資料やデータなど）を踏まえると、〜と考えられる」という形で、考察の根拠を示す際に用いられることが多い。
※類義語に「基づく」がある。それをよりどころにするという意味。
例この時代小説は、史実に基づいて書かれている。

例文
①その銅像は2本の足で大地をしっかりと踏まえている。
②教授の指摘を踏まえて、論文を修正した。

38 消滅（する）[しょうめつ] アクセント 0 名詞(スル)

存在していたものが消えてなくなること。

※「自然消滅」は、自然に消えるという意味。
例小学校の友人たちとの関係は、卒業後に自然消滅した。

※「消滅」と同義の四字熟語に「雲散霧消」がある。雲や霧のように消えてなくなってしまうという意味。
例パソコンの操作を誤ったせいで、何時間もかかって作った資料が雲散霧消となってしまった。

例文
- その村は、ダム建設によって20年前に消滅した。
- 日本の言語や方言の中には、様々な理由で消滅の危機にあるものも少なくない。

39 解体（する）［かいたい］　アクセント 0　名詞（スル）

①組み立ててあるもの（建物や体）をばらばらにして壊すこと。
②まとまっている組織をばらばらにして壊すこと。

※類義語に「分解」がある。「分解」（部分にわける）と異なり、「解体」は壊すという目的がある。
※対義語は「合体」。複数のものを合わせて一つのまとまりにすること。
　例　二つの政党が合体し、新党を結成した。

例文　①駅前に建つ古いビルは、来週中に解体される予定だ。
　　　②デパートで「まぐろの解体ショー」があったので、思わずたくさん買ってしまった。

40 ひょっとすると　アクセント －　副詞

その可能性があるという意味。「もしかすると」と同じ。

※「かもしれない」と共に、話し言葉的に使われることが多い。
※副詞「ひょっと」と動詞「する」が複合したもの。「ひょっとすると」の他に「ひょっとして」「ひょっとしたら」などの形もある。

例文　・今夜はとても冷えるから、ひょっとすると雪になるかもしれない。
　　　・相手の反応がないのを見て、彼女は「ひょっとすると、私のこと、覚えていませんか？」と聞いた。

41 解消（する）［かいしょう］　アクセント 0　名詞（スル）

今まであった物事を消してなくすこと。

※問題、特別な関係、約束、ストレス、不満の気持ちに対して使われることが多い。
※対義語は「滞留」。物事が滞って順調に進まないこと。
　例　毎年冬になると、降雪による貨物の滞留が心配される。

例文　・システムの改善が進み、申し込み手続きの問題は解消された。
　　　・彼女は彼との婚約を解消し、一人で海外に旅立ってしまった。

42 繰り返す［くりかえす］　アクセント 3（0）　動詞

何度も同じことをすること。

※「繰り返し繰り返し」の形で「副詞」として使われることもある。
　例　彼には、繰り返し繰り返し、何度も注意しているが、まったく行動が改善されない。
※類義語に「反復」がある。何度も同じことをするという意味を持つ。「反復」は自分の意思ですることに使用されるが、「繰り返す」は自分の意思に関係のないことにも使用される。失敗など自分の意思でないことには、「失敗を反復する」とは言わず「失敗を繰り返す」と「繰り返す」が使用される。
　例　得意技にみがきをかけるには、反復して練習を重ねるほかに方法はない。

例文　・彼は、去年から同じ失敗を繰り返していて、まったく進歩していない。
　　　・同じ参考書を繰り返し解くことで、苦手な分野を克服した。

43 もしくは ［アクセント1］ ［接続詞］

「AもしくはB」の形で、AかBのどちらか一つという意味。名詞（句）や文をつなぐ形で使われる。

※「または」と同じ意味だが、法令用語として同じものを並列するときは、「もしくは」ではなく「または」が使われる。
※類義語に「それとも」がある。「もしくは」同様、選択をするときに使用されるが、「それとも」は、何か提案したり、質問するなど、疑問文で使用されることが多い。少し柔らかい話し言葉的な表現。
例デザートは、甘いものがいいかな？ それとも果物にしようか？

例文
・メール、もしくは、電話で連絡してください。
・今度の週末は美術館、もしくは、博物館に行きたいと考えている。

44 思いのほか ［おもいのほか］ ［アクセント0（3）］ ［副詞］

考えていたことと違うという意味。

※類義語に「意外に（意外と）」がある。「意外に」に比べ「思いのほか」はより書き言葉的な表現。また、「存外」という類義語がある。「ぞんがい」と読み「そんがい」とは読まないので注意が必要。「存外」は、「思いのほか」と同様の意味を持つが、思っていたよりずっとという程度の大きさを感じさせる言葉。硬い表現になるので、書き言葉で使用されることが多い。
例さっきのテストは、意外に簡単だった。
例この事業の遂行には、存外の困難があり苦労の連続だった。

例文
・一人暮らしの準備に、思いのほか、お金がかかってしまった。
・試験前に勉強しなかったが、思いのほか、よい点数が取れた。

45 どのみち ［アクセント0］ ［副詞］

どの場合を選んだとしても同じ結果になるという気持ち。

※話し言葉として「どっちみち」がある。
例結婚するなら、どっちみち家族には報告しなきゃならない。
※「どのみち」と言い換えのできる表現に「いずれにしても」「いずれにせよ」がある。改まった場面で使用する場合は「いずれにしましても」と丁寧な形にする。
例いずれにしましても、この件につきましては弊社で対応させていただきます。

例文
・卒業したら、どのみち働くことになるのだから、仕事については早めに考えたほうがいい。
・今の状況では、どのみちこの会社の倒産も決まったようなものだ。

46 設ける ［もうける］ ［アクセント3］ ［動詞］

①ある目的のために、特別な機会をつくる。
②ある目的のために、組織や施設をつくる。
③ある目的のために、基準やルールをつくる。
※③の意味の同義語に「設定」がある。「〜の基準を設定する」「目標を設定する」など。

例文
①発表者は「貴重な発表の機会を設けていただき感謝申し上げます」と礼を述べた。
②社内の労働環境を改善するために、働き方検討委員会が設けられた。
③社員の評価は、評価の基準を設けて行う必要がある。

47　前提 ［ぜんてい］　アクセント 0　名詞

①あることが成り立つ前にある条件のこと。
②論理学で、推論するときに結論を出すための根拠となる命題のこと。

　※文章では「前提として」という形がよく使用される。「前提として」の類義語に「踏まえて」がある。どちらも、「〜のことを根拠や条件として」という意味を持つ。
　　例これまでのいきさつを踏まえて、結論を出すつもりだ。

　例文　①インターネットでは、匿名を前提として情報が提供されている場合もあり、情報の真偽には特に注意する必要がある。
　　　　①あの二人は、結婚を前提に付き合っているそうだ。
　　　　②推論の正しさとは、前提から結論を導き出す過程の正しさのことである。

48　従来 ［じゅうらい］　アクセント 1　名詞

これまで、前から今まで。

　※文頭で副詞的に使われることもある。
　　例従来、我が社の海外取引は、アジアの企業とのみ行ってきた。
　※対義語は「今後」。今から後、これから先という意味。
　　例今後ともご指導のほど、どうぞよろしくお願いいたします。

　例文　・彼は従来の研究を飛躍的に発展させる新たな理論を打ち立てた。
　　　　・入学式は、従来通り、大講堂で開催される。

49　御しやすい ［ぎょしやすい］　アクセント 4　イ形容詞

自分の思い通りにしやすい、簡単に操ることができるという意味。

　※対義語は「御しがたい」。「御する」は、もともと馬や馬車を上手にコントロールするという意味。そこから転じて、自分の思い通りに動かしやすいという意味になった。
　※類義語は「扱いやすい」。簡単に取り扱うことができるという意味。
　　例以前の機種に比べると、小型でずいぶん扱いやすくなった。

　例文　・私にとっては、会社の新プロジェクトは専門分野なので御しやすいが、他の社員にとっては大変なようだ。
　　　　・あの会社が発展した理由の一つには、御しやすい社員のみでなく、御しがたい社員にも活躍の場を与えたことが挙げられる。

問題

① 漢字の読み方をひらがなで、ひらがなを漢字で書きましょう。

❶ 促す：

　進む：

❷ 配る：

　ふりわける：

❹ せっちする：

❺ 獲る：

　得る：

② 次の語を含む複合動詞を考えて例文を作りましょう。

❶ 引き〜：

❷ 〜出す：

❸ 気〜：

問1 下線部の読み方として最も適切なものを、A〜Dの中から一つ選びなさい。

❶ 地方経済の成長を促進するためには、自治体への財政支援(ざいせいしえん)が必要不可欠だ。

　　A そくしん　　B すいしん　　C そくじん　　D そうじん

❷ 発表時間は３分しかないため、くれぐれも時間配分に気をつけてください。

　　A はいそう　　B はいぶん　　C はいそく　　D はいぷん

❸ 新たに公表された金融政策は、物価の安定をもたらすことが期待されている。

　　A せいじ　　B せいぜい　　C せいさく　　D せんさく

❹ 一度専門家の意見を聞く機会を設けてはいかがでしょうか。

　　A せけ　　B もうけ　　C せっけ　　D もけ

❺ 長年にわたる努力のすえ、悲願(ひがん)だった金メダルを獲得した。

　　A かくえ　　B かくとく　　C とりえ　　D えとく

問2 下線部に入る言葉として最も適切なものを、A〜Dの中から一つ選びなさい。

❶ 小さなミスでも大事故を_____原因となり得る。

　　A 引き渡す　　　　　　B 引き起こす
　　C 引きこもる　　　　　D 引き継ぐ

❷ 利益を_____商品を作り上げるには、十分な調査と準備が必要だ。

　　A 生み出す　　B 踏み出す　　C 投げ出す　　D 割り出す

❸ 人とのよい関係を築くには_____本当の自分を見せることも大事だ。

　　A 気取らないで　　　　B 気づかないで
　　C 気にならないで　　　D 気負わないで

❹ 大きな決断をする際は、事前にチーム内で何度も＿＿＿＿必要がある。
　　A 言い合う　　　　　　B 出し合う
　　C 見つめ合う　　　　　D 話し合う

❺ 人は何度も間違いを＿＿＿＿生き物だが、その都度反省することで成長する。
　　A 差し替える　　　　　B 差し障る
　　C 繰り上げる　　　　　D 繰り返す

❹ 〜合う：

❺ 繰り〜：

|問3| ＿＿＿から最も適切な言葉を選び、下線部に正しい形で書きなさい。

❶ 私も子どもの頃、体が弱かったので、過去に大きな病気をしたという彼の経験に＿＿＿＿を覚える。

❷ 発表内容ではなく資料の誤植について＿＿＿＿を受けて、恥ずかしかった。

❸ イギリスの物理学者であったドルトンは、すべての物質は原子からできているという＿＿＿＿を立てた。

❹ 7月になっても＿＿＿＿がなければ、事業は中止になる可能性が高い。

❺ 治療方法が＿＿＿＿された現在でも、インフルエンザの死亡者数は少なくない。

　　　確立　　共感　　仮説　　指摘　　進展

③ 説明を読んで（　）の中に言葉を書き込みましょう。

✎ （　　　）を覚える：体験を通して、その物事のおもしろみがわかるようになる。

✎ （　　　）を受ける：対象についてある感想やイメージを持つ。

✎ （　　　）を立てる：物事を行うにあたって、方法や手順などをあらかじめ考える。

✎（　　　）を覚える：
周りのものとの関係が合わず、しっくりこないと感じる。

❻ 長年の闘病生活を描いた作品は、同じ病気を持つ多くの患者の_____。

❼ 初対面だったが、同じ故郷の方言を話す彼女に_____。

❽ 他の全員を_____でも、彼の味方をすることにした。

❾ 一枚の写真が環境問題に対する世界の関心に_____こともある。

❿ 長く外国に住むと、言語、文化や食べ物などから、その国の人にまで_____やすくなる。

```
敵に回す    親しみを覚える    好意を抱く
      共感を呼ぶ    火をつける
```

④ 類義表現を調べましょう。

❶ 過去から今のある時点まで：
[従来　　　　　]

❷ よくない点や不満な点などを詰問する：
[なじる　　　　]

❸ 他人を自分より能力・価値の低いものと見なす：
[蔑む　　　　　]

❹ どのような経過を経ても結局は必ずそうなる：
[どのみち　　　]

問4 下線部に最も意味が近い言葉を、A〜Dの中から一つ選びなさい。

❶ 新たに開発された米の品種は、<u>従来</u>のものよりも害虫に強い。
　A これから　　B 昔　　C 今後　　D 今まで

❷ 相手を<u>なじる</u>ような口調になってしまったことを後悔している。
　A 慰める　　B 責める　　C 褒める　　D 怒らせる

❸ 入院中の遅れを取り戻すために退院後は<u>むさぼる</u>ように勉強した。
　A 喜ぶことなく　　　　B 続けることなく
　C 楽しむことなく　　　D 飽きることなく

❹ 上京したばかりの頃の父は田舎者と<u>蔑まれて</u>辛い思いをした。
　A 無視されて　　　　　B 非難されて
　C 見上げられて　　　　D 見下されて

❺ お先にどうぞ。<u>どのみち</u>帰っても一人ですから、私はもう少しここで仕事します。
　A もしくは　　　　　　B もちろん
　C むしろ　　　　　　　D いずれにしても

問5 見出しの表現を使用した文として最も適切なものを、A～Dの中から一つ選びなさい。

❶ 多かれ少なかれ
　A 都会に住む人は、多かれ少なかれ交通渋滞の影響を受けるものだ。
　B この店で二人で食事するには、多かれ少なかれ一万円の予算は必要だ。
　C 多かれ少なかれ時間に遅れても大丈夫なので、来週の会合には、ぜひご参加ください。
　D 今の兄の給料では、もし買えたとしても、多かれ少なかれ中古の軽自動車ぐらいだろう。

❷ 所属する
　A 僕は高校生のとき、サッカーチームに所属していた。
　B パンダはネコ科に所属している。
　C その会社は一流の人材を所属している。
　D この建物は私の祖父が所属している。

❸ 表示
　A 地震が起きたときは、先生の表示に従って避難してください。
　B 試験会場に入る際には、受験票を表示する必要がある。
　C 食堂の案内板にはアルバイト情報の紙が表示されている。
　D 成分が表示されていない薬は、飲まないほうがよい。

❹ 消滅
　A 国連の報告書によると、動植物の25%の種が消滅の危機にさらされているという。
　B 国会で審議されていた法案は、様々な問題が見つかり消滅となった。
　C 1か月かけて仕上げた論文のファイルを誤って消滅してしまった。
　D 中心的人物が退職してしまったことにより、その事業企画は自然消滅した。

---

5 挙げられた語の中から一つ選んで、例文を作りましょう。

❶ せいぜい・少なくとも・多少：

❷ 所有する・属する・有する：

❸ 掲示・提示・指示：

❹ 廃案・絶滅・消去：

❺ さもないと・

それとも・あるいは：

❺ もしくは

A 早く起きなさい、もしくは遅刻するわよ。

B もしくは、彼が既にそのことを知っている可能性もある。

C 代金は銀行振り込み、もしくはクレジットカードでお支払いください。

D 行く？　もしくは行かない？

⑥ わからない表現があればメモしましょう。

問６ 次の文を読んで、❶〜❺に入るものを □ の中から選んで、正しい形で入れなさい。

我々の生きている世界では、国家や宗派（しゅうは）の間の対立が絶（た）えない。これらのグループを❶＿＿＿＿＿＿しまえば、ひょっとすると対立も同時に❷＿＿＿＿＿＿かもしれない。しかし、それを繰り返しても「境界のない」❸＿＿＿＿＿＿「争（あらそ）いのない」世界を作ることはできるのかと言えば、恐らくそうではないだろう。人間には「グループ化本能（ほんのう）」があるわけで、むしろ見たこともないような新たなグループ間対立が❹＿＿＿＿＿＿、しかもそれが❺＿＿＿＿＿＿強いものになるのではないだろうか。

（出典：『日本語で考えたくなる科学の問い〔文化と社会篇〕』（凡人社）Lesson1 本文）

| 思いのほか　　生み出す　　解消する |
| もしくは　　解体する |

| Ⅰ. 文字・語彙・コロケーション | **Ⅱ. 文型・文法** | Ⅲ. 類義表現 |

01　までもない

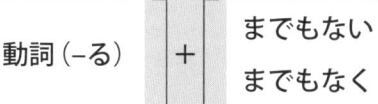

- **意味**　①「当然〜だ」という意味、②用法①から派生して「(「重要性」など) は明らかだ」という意味、③「〜しなくてもわかっているとは思うが」という意味を表す。

- **例文**
  ①彼は極めて優秀なので、志望校に合格したことは言うまでもない。（＝合格したのは当然だ）
  ②登山における危険性を認識することの大切さは繰り返すまでもない。（＝大切であることは明らかだ）
  ③票数を数えるまでもなく、選挙の結果は明らかだった。（＝数えなくてもわかっていると思うが）

- **使い方**　事態に対して「大したことではない」と強く断言するような評価を伴って、「わざわざ〜する必要はない」という意味を表す。「〜までもない」に前接する動詞は「言うまでもない」というように、「言う」が多いが、その他の発言に関する動詞（「述べる」「非難する」など）や、確認するための動作に関する動詞（「確かめる」「聞く」など）も用いられる。

- **ポイント**　やや硬い表現で主に書き言葉で用いられる。用法①のように「〜当然だ」と置き換えられるような例が典型的。用法②は「〜当然だ」に置き換えるとやや不自然になる例で、「〜は当然だ」の「〜は」の部分に「重要性」や「大切さ」などの名詞が多い。用法③は前置き表現として使われる場合で、「〜しなくてもわかっているとは思うが」という意味で使われる。「言うまでもなく、彼は優秀だ」のように「言うまでもなく」だけで「言わなくてもわかっているとは思うが」という前置き表現として使うことができる。

- **類義表現**　「には及ばない」「ことはない」「にはあたらない」

02　とはいえ

どう使う？　名詞（普）/ナ形（普）／イ形（普）/動詞（普）　＋　とはいえ

- **意味**　「A とはいえ B」という形で、① A という事実や心情に対して、B としてその事実に反した話し手の判断や評価を付け加える。② A という事実や心情に対して、B は当然だと理解しつつも、それでも度を超えているという態度を表明する。

- **例文**
  ①彼がリーダーだとはいえ、何でも一人で決めてしまっていいというわけではない。
  ①正直に言ってレポートの出来映えには満足していない。とはいえ、提出せずに済ませるわけにはいかない。

Lesson 1　21

②いくら年末年始だからとはいえ、この混雑は異常だ。
②3月だとはいえ、まだ寒いね。

使い方　「AとはいえB」という形で、Aの事実や心情を受けて、Bでその意味や価値観に合わない話し手の判断や評価を述べるときに使う。使い方によっては、相手に対しての批判になる場合があるため、面と向かって使うと対人関係が悪くなる可能性があるので注意が必要。ただし、「3月だとはいえ、まだ寒いね」のように、事実に対して自分の主観的な意見や感覚を述べる場合はこの限りではない。

ポイント　やや硬い表現であり、主に書き言葉で用いられる。用法①はAが事実の場合と心情の場合がある。Aの文をいったん終結させ、「とはいえ」を接続詞のように冒頭で使うこともある。用法②は「いくら〜とはいえ」の形で使われることが多い。

類義表現　「AにもかかわらずB」「AとはいうもののB」「AといえどもB」「AといってもB」「AたところでB」

03　にもかかわらず

どう使う？　名詞／名詞（普）／ナ形（-である）／イ形（普）／動詞（普）　＋　にもかかわらず

意味　「AにもかかわらずB」は、Aという行為や状態から期待される結果が達成されず、Bという状態になるという意味。

例文
・猛烈なトレーニングに励んでいたにもかかわらず、1勝もできずに敗退した。
・彼はまったく勉強しなかったにもかかわらず合格した。
・（報告会）繁忙期での実施だったにもかかわらず、100名以上の関係者が集まってくださり、貴重なお話を伺うことができました。
・4月になれば、例年このあたりは桜が満開になる。にもかかわらず、今年はまったく咲いていない。

使い方　「にもかかわらず」は動詞、イ形容詞のほか、名詞とナ形容詞の普通形にも接続することができる。なお、名詞とナ形容詞の普通形の場合は、三つ目と四つ目の例文のように「だった」「である／であった」に接続することができるが、「だ」に接続することはできない。「AにもかかわらずB」は、Aという行為や状態から見て、Bが期待外れであるときに使う。Bの結果は、Aの行為や状態の影響をまったく受けなかったということを表現することになるので、「Aは無駄だった」という意図を表すことにもなる。安易に相手の努力を無駄だと断じることは、相手の心情を害することもあるため、対人関係においては使い方に注意する必要がある。また、「にもかかわらず」を単独で逆接の接続詞として使うことがある。

ポイント　やや硬い表現ではあるが、基本的には話し言葉で用いられる。Aという行為や状態から期待される結果が達成されないことから、話し手の残念な気持ちを表す。Bで表される状態は基本的に望ましくない事態である。したがって、「彼はまったく勉強しなかったにもかかわらず合格した」のように、明らかにBが望ましい事態の場合では「にもかかわらず」を使うことによって、期待していないという話し手の意図を表すことになってしまい、皮肉と受け取られることがある。

類義表現　「AのにB」「AとはいえB」「AとはいうもののB」「AあげくB」「AもかまわずB」

04　否定を表す表現〈わけがない・はずがない〉

どう使う？

名詞（−の・普）／ナ形（−な・普）
イ形（普）／動詞（普）
　＋　わけがない／はずがない

共通点　話し手が何らかの根拠に基づいて、当該の事態の成立があり得ないということを確信している場合に用いる。「わけがない」と「はずがない」は多くの場合は入れ替え可能である。

例文
- 彼がこんな馬鹿なことをする {わけがない／はずがない}。
- 今は8月なので、雪が降る {わけがない／はずがない}。
- その本を読んだことがないなら、当然ながら知っている {わけがない／はずがない}。
- あんなうそが本当である／であった／だった {わけがない／はずがない}。

使い方　「わけがない」は事態が成立する理由・事情がないことを表し、「はずがない」は事態が成立する道理がないことを表す。いずれも事態成立の可能性を強く否定する。話し言葉では「わけがない」は「わけない」、「はずがない」は「はずない」という形で使うこともある。また、「わけがない」と「はずがない」は動詞とイ形容詞と共に用いられることが多い。四つ目の例文のようにナ形容詞や名詞にも接続できるが、「だ」に直接接続することはできず、「という」を加える必要がある（例：彼が犯人だというわけがない／というはずがない）。

使い分け
◇「わけがない」が体験や知識を根拠とするのに対し、「はずがない」は常識や社会通念を根拠とすることが多い。したがって、根拠なく直感的に事柄を否定する場合は「わけがない」のほうがやや自然である（しかし、「はずがない」も使えないというほどでもない）。

　例　いきなりそんなことを聞かれても、わかる {○わけがない／？はずがない}。

◇予測が外れたことを述べる場合は、「はずがない」だけが使え、「わけがない」は使えない。

　例　今日の会議には山田さんは来る {×わけがない／○はずがない} のに来ていた。

◇話し手が動作の主体の場合は「わけがない」のほうが自然である。「はずがない」がまったく使えないわけではないが、自分のことを他人の事として述べているような印象を与える。

　例　(梅干しがあれば) いくらでもご飯を食べられちゃうんですよ。いくらでもって言ったって、化け物じゃないから4合も5合も食べる {○わけがない／？はずがない} けどね。

類義表現　「あり得ない」「可能性はない」

05　累加を表す接続詞〈しかも・さらに・それに〉

どう使う？　A　しかも／さらに／それに　B

共通点　累加の接続詞「しかも／さらに／それに」は、複数のものや事柄を繋ぎ、付加的に並べるときに使う。「添加の接続詞」と呼ぶこともある。

例文
- 彼女はとても勉強ができる。{しかも／さらに／それに} 運動神経も抜群だ。

・レモン果汁はあらゆる料理を爽やかにする。{しかも／さらに／それに} ビタミンCを豊富に含んでいる。

使い方 累加の接続詞「しかも／さらに／それに」は、話し手にとって最初に述べた事柄の後に、付加的に事柄を並べて述べるときに使う。「AそれにB」は最初に述べたことAのほうが情報として重要であるのに対し、「AしかもB」と「AさらにB」は後に付け加えることBのほうを強調したいときに用いることが多い。

使い分け
◇「AしかもB」と「AさらにB」は、後に付け加えることのほうを強調したいときに用いることが多いため、「叱られるだけでなく、宿題まで出された」のようにBが重要であると判断される場合は「しかも」か「さらに」が自然である。

　例 テストの結果が悪く先生に叱られた。{○しかも／○さらに／？それに} 宿題も追加された。

◇「AしかもB」は、AとBが同じものや事柄について述べていて、AについてBでさらに詳しく説明をしているときに使うことができる。「AさらにB」と「AそれにB」には、この用法はない。

　例 彼は娘のために本を読んでくれた。{○しかも／×さらに／×それに} それは娘のお気に入りの本だった。

◇助詞を使わずに名詞だけを並べる場合には、「さらに」と「それに」は使うことができるが、「しかも」は使うことはできない。

　例 スーパーでまずキャベツにニンジン、{×しかも／○さらに／○それに} ジャガイモを買った。

◇「さらに」は時間的に連続して起こる二つの出来事を繋ぐことができる。この用法は「そして」や「それから」にはあるが、「しかも」や「それに」にはない。

　例 彼からの質問への回答が終わったかと思いきや、{×しかも／○さらに／×それに} 彼はもう一つ質問をした。

類義表現 「AうえにB」「AあげくB」「Aに加えてB」

問　題

問1 下線部に入る言葉として最も適切なものをA〜Dの中から一つ選びなさい。

❶ 学生にとって勉学（べんがく）が本分（ほんぶん）であることは言う_____ことだ。
　　A わけがない　　　　　　B までもない
　　C かもしれない　　　　　D に達しない

❷ 健康のため_____、毎日同じものを食べ続けると飽きる。
　　A とはいえ　　　　　　　B とともに
　　C だからこそ　　　　　　D にもかかわらず

❸ 日本に来て5年経ち、やっと納豆（なっとう）が食べられる_____。
　　A ようにした　　　　　　B ことにした
　　C ようになった　　　　　D ことになった

❹ 彼はアメリカで10年生活したが、簡単な会話_____できない。
　　A すら　　B まで　　C こそ　　D だけ

❺ 実験の結果は、仮説の_____はならなかったが、おもしろいデータが得られた。
　　A わりに　　B かわりに　　C とおりに　　D ついでに

問2 下線部に入る表現として最も適切なものをA〜Dの中から選びなさい。

❶ 議長を務める部長から風邪で出社できないという連絡があった。つまり、_____。
　　A 今日の会議は中止というものだ
　　B 今日の会議は中止ということだ
　　C 今日の会議は中止というはずだ
   D 今日の会議は中止というようになる

---

1 問題文や選択肢の中で、知らなかった語や表現をメモしましょう。

❶

❷

❸

❹

❺

2 次の表現を使って文を作りましょう。

❶ ものだ：

ことだ：

はずだ：

ようになる：

❷ 一方で：

に対して：

ところが：

❸ わけではない：

❹ のだ：

ことになる：

わけだ：

❺ ですら：

なら：

❷ ネットでの売上が伸びている。＿＿＿＿＿＿＿＿＿＿＿＿＿＿＿。
　A 一方で、店での販売数は減っている
　B しかも、店での販売数は減っている
　C それに対して、店での販売数は増えている
　D ところが、店での販売数は増えている

❸ このレストランはいつも人が並んでいるが、＿＿＿＿＿＿＿＿＿＿＿＿＿＿＿。
　A おいしいかもしれない
　B そうすると、おいしいわけがない
　C 特に、おいしいはずがない
　D だからといって、おいしいわけではない

❹ A：最近、いろいろなことが重なってストレスが溜まっちゃって。
　B：実は、＿＿＿＿＿＿＿＿＿＿＿＿＿よね。
　A 私も学校のことでいろいろ悩んでいるんだ
　B 私も学校のことでいろいろ悩んでいることになる
　C 私も学校のことでいろいろ悩んでいるわけだ
　D 私も学校のことでいろいろ悩んでいることだ

❺ 神様ですらわからないことだから、＿＿＿＿＿＿＿＿＿＿＿＿＿＿＿。
　A 私たち凡人にはわかるはずがない
　B 有能な人ならわかるはずだ
　C 一般人でもわかるかもしれない
　D 誰でもわかることだ

| Ⅰ. 文字・語彙・コロケーション | Ⅱ. 文型・文法 | **Ⅲ. 類義表現** |

皆さんは「上級の文法」と言うと、どのようなものを思い浮かべますか。「にもかかわらず」や「わけにはいかない」「かたわら」など、日本語能力試験N1やN2の受験対策で扱われる文法項目を想像する人が多いかもしれません。しかし、「上級」で求められる文法というのは、そうしたものとはだいぶ異なるものと言われています。特に、上級学習者に多い誤用を分析すると、実は「のだ」「てくれる」「受け身」「使役」「ている」といった、いわゆる「初級」の文法項目が多いことがわかっています。つまり、初級の文法項目の着実な理解なしに、上級レベルの日本語能力は成り立たないわけです。下記の練習を通して、基礎力の強化に取り組みましょう。

◉ 受け身

問1 次の文が日本語として適切な文になるように書き換えなさい。

❶ 昨日、満員電車の中で私の足が踏まれた。

_____

❷ 私の頭は知らない人に叩かれた。

_____

❸ そのコーヒーにはミルクが入れられているよ。

_____

1 解説を読んで、問1の答えの理由を説明しましょう。

❶
❷
❸

💡 日本語には「もの」を主語とすることが避けられる傾向にあります。例えば、受け身文では、「私」（持ち主）の身体部位や所有物について表現する場合は、「私は〜を○○れる／られる」という形式で表すことが多いです。これらの形式は「持ち主の受け身」（＝動作の対象が受け手の体の一部やその所有物である受け身文）と呼ばれています。また、受け身文（例：コーヒーにミルクを入れられた）は、自動詞文（例：コーヒーにミルクが入っている）と同様に、今コーヒーにミルクが入っているという状態を表すことができるため、上級学習者でも混同しやすく誤用が起きやすいと言われています。例えば、自動詞を使うべきところで受け身文を使ってしまうと、被害を受けたというニュアンスを帯び、不自然になってしまいます。受け身文は他者の行為によって何らかの影響を受けるときに使われやすく、自動詞文は偶然の出来事や、他者の行為による結果の残存をニュートラルに表す場合に使われます。注意しましょう。

2 解説を読んで問2の答えの理由を説明しましょう。

❶ ....

❷ ....

❸ ....

問2 ※の指示に従い、正しい文になるように、下線部を書き換えなさい。

❶ 花子は私に彼女の辞書を<u>使わせた</u>。

→ _____
　　　　※辞書を忘れたので花子が助けてくれたという意図で述べる。

❷ 田中さんは去年<u>卒業しましたか</u>。

→ _____
　　　　※田中さんが卒業したことがわかっていてそれが去年であるかを聞く。

❸ 輸出の増加にともなって、今後経済は回復すると<u>予想する</u>。

→ _____
　　　　※特定の主語がなく一般的にそう思われていることを述べる。

● アカデミック・ライティングの場合 ……………………………

3 解説を読んで問3の答えの理由を説明しましょう。

❶ ....

❷ ....

❸ ....

問3 下線部に入るものをAとBの中から選びなさい。

❶ 授業後アンケートでは全員が「理解できた」と＿＿＿＿＿＿。

　　A 回答してもらった　　　　B 回答した

❷ 実験で集めたデータは分析した素材の特殊性を＿＿＿＿＿＿。

　　A 示してくれている　　　　B 示している

❸ 先行研究は日本での発展を整理しているが、なぜその習慣が日本に伝わったのかについては＿＿＿＿＿＿。

　　A 示していない　　　　　　B 示してくれていない

💡　アカデミック・ライティングでは、書き手への恩恵を表す「てくれる」は一般的には使用されません。客観性が求められる文章では、書き手の立場や主観的な思いを表すことは避けたほうがいいからです。このことからもわかるように、上級レベルの日本語能力として求められる要素の一つに、初級で習った項目のいくつかの用法を正確に理解し、時と場合に応じて、適切に使用できることが挙げられます。つまり、アカデミック・ライティングなどの高度な日本語力が求められる場面でも、ただ単に難解な表現を使うことばかりが求められるのではなく、初級で学習した基本的な項目を正確に理解し正しく使えるようになることも重要なのです。

Lesson 2

I. 文字・語彙・コロケーション　II. 文型・文法　III. 類義表現

☑チェックシート

☐ 01	概念	☐ 14	希薄化	☐ 27	比率
☐ 02	提唱（する）	☐ 15	不快	☐ 28	拮抗（する）
☐ 03	蓄積（する）	☐ 16	募る	☐ 29	言い換える
☐ 04	充実（する）	☐ 17	望ましい	☐ 30	極めて
☐ 05	行政	☐ 18	創造（する）	☐ 31	ずば抜けて
☐ 06	多数	☐ 19	揉め事	☐ 32	多〜
☐ 07	高まる	☐ 20	垣根	☐ 33	最大
☐ 08	多様	☐ 21	他方	☐ 34	制約（する）
☐ 09	反応（する）	☐ 22	想定（する）	☐ 35	要因
☐ 10	異〜	☐ 23	誤る	☐ 36	他者
☐ 11	接触（する）	☐ 24	規模	☐ 37	活気に溢れる
☐ 12	寛容	☐ 25	弱／〜弱	☐ 38	進化（する）
☐ 13	愛着（する）	☐ 26	厳密	☐ 39	適応（する）

01　概念［がいねん］　アクセント1　名詞

具体的な事物から共通する性質を取り出して作られた一般的な意味。

※類義語に「観念」がある。「概念」が客観的であるのに対して、「観念」は個人が主観的に持つ考えのこと。
　例 彼は経済観念がまったくないので、給料が入ったらすぐに全部使ってしまう。

※語源：ドイツ語 Begriff の訳語として作られた和製漢語。日本の西洋哲学者である西周によって訳されたとされている。

例文
・新しいものを作るためには、古い概念を捨てて自由に考える必要がある。
・「自由」という概念は、日本では明治時代に広く使われるようになったと言われている。

02　提唱（する）［ていしょう］　アクセント0　名詞（スル）

物事に対して、意見、主張などを広く呼びかけること。

※類義語に「提言」がある。「提言」は「提唱」より狭い場や集団に使用される。
　例 政策に組み込まれた提言の内容はとても厳しいものだった。

※また、「提案」も「提言」と同じく意見を出すという意味だが、「提言」のように硬いニュアンスはなく、会議の場や友人などに対する意見について広く一般的に使われる。
　例 来月サークルで日帰り旅行に行くことをメンバーに提案した。

例文
・政府は、働き方改革の実現に向けてテレワークなどの在宅ワークを提唱している。
・「子どもの人権条約」は、子どもが持つ四つの権利を提唱している。

03　蓄積（する）［ちくせき］　アクセント 0　名詞（スル）

たくさん蓄えてためること。蓄え。

※類義語に「貯蓄」がある。「貯蓄」は主に金銭（財産）をためることに使われる。
例 彼は 20 代だが、すでに老後のための貯蓄を始めているそうだ。

例文
- 頭痛がひどくて病院で受診したら、医師に疲労の蓄積が原因ではないかと診断された。
- 本を読んで知識を蓄積するだけではなく、実際に経験することも重要だ。

04　充実（する）［じゅうじつ］　アクセント 0　名詞（スル）

必要な内容が豊かにあって、満足できること。

※類義語に「十分」がある。「十分」が「不足がない」という意味で、数値で表せるものに多く使われるのに対して、「充実」は、精神的に満足していることを表して使われる。また、「不足がなくて満足している」という意味で「十分」のかわりに「充分」を使うこともある。
例 テストの結果は 70 点だったが、60 点の合格ラインには十分届いているのでまったく問題がない。
例 ピアノ発表会での娘の演奏は、他の演奏者には及ばないものであったが、楽しんで弾いていたので、それで充分だ。

例文
- 交換留学でスイスで過ごした 1 年間は、今までの人生で最も充実した時間だった。
- 会社員の姉は、今の生活には、まったく充実感がないと文句ばかり言っている。

05　行政［ぎょうせい］　アクセント 0　名詞

①法に基づいて国を治めること。
②国家や地方公共団体が、法律に基づいて行う仕事のこと。

※国家が持つ権力として、「行政（法律に沿って政策を実行すること）」「立法（法律をつくること）」「司法（法律違反を罰すること）」の三つがあり、それぞれを別々の機関が担っている。このように「行政権」（政府・内閣）、「立法権」（国会）、「司法権」（裁判所）を別の機関が担っていることを「三権分立」と呼ぶ。

例文
①この町は、行政上は東区と西区の二つに分けられている。
②地震被害への対応が迅速に行われたことについて、マスコミは行政の功績であると報道した。

06 多数　[たすう]　アクセント2　名詞(副詞)

①人や物の数が多いこと。
②範囲の中で、大きい部分を占めること。「大多数」の形で多く使われる。

※対義語に「少数」がある。
　例 東南アジアを旅行したとき、少数民族の村を訪れた。
※多くの種類というときに使われる表現に「多様」がある。

例文
①東京国際マラソンには、毎年、申し込みが多数あるため、参加者は抽選で選ばれる。
①多数の大学生が署名運動に参加し、人種差別に抗議した。
②ゲームイベントに出展した企業の大多数は、海外からだった。

07 高まる　[たかまる]　アクセント3　動詞

水準が高くなったり、程度が強くなったりすること。

※抽象的なものが高くなるときに使われることが多い。「身長が高まる」とは言えない。
※「関心が高まる」「批判が高まる」「鼓動が高まる」「期待が高まる」などの形でよく使われる。また、他動詞は「高める」。
　例 体の免疫力を高めることで感染症を予防できると聞き、夜更かしをやめ、規則正しい生活を心がけるようにしている。

例文
・先日の大きな地震の後、余震に対する緊張が高まっている。
・このヒップホップグループは、最近若い人の間で人気が高まっている。

08 多様　[たよう]　アクセント0　ナ形容詞

いろいろな種類があり、それぞれ違いがあること。

※「多種多様」という形でも使われる。
　例 この食堂では世界の多種多様の料理を楽しむことができる。
※対義語は「一様」。皆が揃って同じような様子。
　例 試験会場では、皆一様に参考書を取り出して、最後の復習をしていた。

例文
・社会には多様な価値観が存在するため、互いを理解しようとすることが重要だ。
・東京では世界中から集まった多種多様な人々が生活している。

09 反応（する）[はんのう] アクセント0 名詞(スル)

①人や物事が、ある働きかけによって起きる変化や動き。また、その働きかけや変化に対してこちらに伝わってくる手応え。
②刺激されることで発生する生体の活動。
③物質がお互いに作用しあって別の物質を生じる化学変化のこと。

※「はんのう」という発音は連声と呼ばれる。「連声」とは二つの語が繋がって生じる音韻上の変化。日本語では多くア・ヤ・ワ行の音を頭音節に持つ語が、m・nまたはtを末尾に持つ語の後に繋がるとき、その頭音がマ・ナ行またはタ行の音に転ずるものを言う。「因縁（いんえん）」を「いんねん」、「三位（さんい）」を「さんみ」、「観音（かんおん）」を「かんのん」、「反応（はんおう）」を「はんのう」など。

※語源：もともとは、内通や裏切りの意味で使われていた。明治以降、英語 reaction の訳語として使われるようになったものとされる。

例文　①夜の防犯対策として、人や車の音などに反応して明かりがつくライトを庭に取り付けた。
②倒れている人に声をかけたが、何も反応がないため救急車を呼んだ。
③理科の授業で、リトマス紙が酸やアルカリに反応して色が変わるという実験をした。

10 異〜[い] アクセント− 接頭辞

①違うこと。別であること。
②変わっていること。

※漢語の頭について「違うこと」を表す。反対の意味を持つ接頭辞は「同」。「同意」（＝同じ意見）、「同居」（＝一緒に住む）、「同年輩」（＝同じくらいの年格好）。

例文　①異文化間コミュニケーションでは、相手の文化を理解することが重要である。
②近所のスーパーで食品に異物が入っていたことがニュースで報道されていた。

11 接触（する）[せっしょく] アクセント0 名詞(スル)

①近づいて触ること。
②他の人と交渉を持ったり、連絡を取ったりすること。ある目的のために人に知られないように近づくこと。

※類義語に外来語の「コンタクト」がある。相手に直接連絡を取るという意味。
例 上司から、相手企業に直接コンタクトを取るように指示されたが、なかなかうまくいかない。

※また、「接する」は、人の応対をするという意味で使われる。
例 人と接するのが好きなので、将来はサービス業で働きたい。

例文　①近所の交差点で自転車とバイクが接触する事故が起きた。
②何度も足を運んでやっと担当者と接触する機会を得ることができた。

12 寛容［かんよう］ アクセント0 ナ形容詞

心が広く、他人を許して受け入れること。また、他人の過失などを責めたりとがめたりしないこと。

※類義語である「寛大」は、心が広く、思いやりのある様子。
　例 私の祖父は寛大な心の持ち主で、家族の誰に対しても思いやりを持って接してくれる。

※また、心が広く小さなことを気にしないという意味では「大らか」が使われることもある。
　例 父は大らかな人なので、小さなことでは腹を立てない。

※対義語である「厳格」は、厳しくて、道徳に反することや怠慢などを許さない様子。
　例 厳格な父には、私が学校に行きたくない理由が理解できなかった。

例文
・私は彼の寛容な人柄にひかれて結婚を決めた。
・部下に対しては、常に寛容な気持ちを持って接するように心がけている。

13 愛着（する）［あいちゃく］ アクセント0 名詞（スル）

自分と関わりのある人やものに心がひかれ、手放すことができない気持ち。

※やや古い言い方だが、「あいじゃく」とも言う。

※「〜に愛着を持つ」「〜に愛着がある」の形で多く使われる。

※類義語に「執着」がある。「執着」は、その物事に心が深くとらわれ離れることができなくなること。「愛着」はよい意味で使われるが、「執着」はどちらかというと悪い意味で使われる。
　例 彼は自分の考えや、やり方に執着してしまうので、なかなか周りのアドバイスを受け入れることができない。

例文
・亡くなった夫の遺品を整理しようと思い、一つひとつ手に取ってみるが、そのすべてに愛着を感じて、なかなか整理が進まない。
・尊敬する恩師からいただいたこの万年筆にはとても愛着がある。

14 希薄化［きはくか］ アクセント0 名詞

自分と周りとの関わりがだんだん少なくなっていくこと。

※「希薄」の対義語に「濃厚」「濃密」がある。「濃厚」は、味や匂いなどの程度が濃いこと。それに対して「濃密」は、密度が高いこと。
　例 このバターは味が濃厚でとてもおいしい。
　例 この洗顔器を使うと、誰でも簡単に濃密な泡を作ることができる。

例文
・周囲の人々との関係が希薄化することは、災害など人の助けが必要なときに孤立してしまうことに繋がる。
・会社に入ったら結婚して家庭を持つという社会通念は、現代では希薄化しつつある。

15 不快 [ふかい] アクセント 0 ナ形容詞

①嫌な気持ちや気分になること。快くないこと。
②病気であることの、遠回しな表現。

※「不快感」は不快を感じている状態を表す語。
例 彼は、彼女のわがままな言動に不快感をかくすことができなかった。
※類義語である「不愉快」は、「不快」と同様に嫌な気分になることを表すが、「不快」が心の状態のみでなく体の状態にも使用するのに対して、「不愉快」は心の状態にのみ使用される。
例 友達にお気に入りの服をけなされて、一日中不愉快だった。

例文 ①待ち合わせに遅刻して来た友達の言い訳を聞いているうちに、不快な気分になってきた。
②久しぶりに見かけた近所のおばあさんに声をかけたら、ここのところ不快でずっと家で休んでいたと言っていた。

16 募る [つのる] アクセント 2 動詞

①【自動詞】勢いなどが次第に激しさを増していくこと。ひどくなること。
②【他動詞】広く呼びかけて、物事に必要な金銭、人などを集めること。

※動詞(-ます)について複合動詞を作る。「いっそう激しく～する」という意味。「降り募る」「思い募る」「言い募る」など。
例 激しく降り募る雪で、窓の外は真っ白だった。
例 口げんかが進むにつれ、彼はますます興奮して言い募った。

例文 ①彼は別れた恋人に対する思いを募らせて、10キロもやせてしまった。
①冬に入ってから、日に日に寒さが募るばかりだ。
②被災者への支援を呼びかけて寄付を募っているが、思うような金額が集まらない。
②学生課の掲示板にアルバイトを募る貼り紙を見つけた。

17 望ましい [のぞましい] アクセント 4 イ形容詞

そうあってほしい。願うところ。好ましい。

※類義表現に「好ましい」がある。「望ましい」がそうあってほしいと強く思われるという意味であるのに対して、「好ましい」は、そのほうが都合がよい、感じがよいという意味。
例 ラウンジでは、好ましいクラシック音楽が流れていた。
例 目上の人に対してその話し方は、あまり好ましくない。

例文 ・医師は、健康診断の結果を見て、一日に20分程度のウォーキングをすることが望ましいと言っていた。
・(求人広告の文) 外国語を二つ以上使えることが望ましい。

18 創造（する）［そうぞう］　アクセント 0　名詞(スル)

①自分の考えや技術を使って新しいものをつくること。
②神が宇宙や人間をつくること。
　※同音語に「想像」がある。「想像」は頭の中でイメージすること。
　　例 まだ学生の私には、10年後、20年後に社会人としてどんな生活をしているかなんてまったく想像もできない。
　※語源：英語 creation の訳語として作られたものとされる。

　例文　①ゲームキャラクターを創造するときには、細かい設定を決めておくことが重要だそうだ。
　　　　②世界の宗教の中には、この世界は神によって創造されたと考えるものがある。

19 揉め事［もめごと］　アクセント 0　名詞

個人間の小さな争いごと。ごたごた。
　※ちょっとした争いごとを表す類義語に「いざこざ」「ごたごた」がある。「いざこざ」も「ごたごた」もほぼ同じ意味だが、「ごたごた」は、整然としていないという意味があり、「ごたごたする」の形でも使われる。
　　例 会社内の人事をめぐっていざこざがあった。（≒会社内の人事をめぐってごたごたしている。）
　　例 先週、引っ越したばかりで部屋の中がごたごたしている。（×いざこざ）
　※また、「トラブル」は物事がうまく運ばないことを表すが、機械や装置などの不調という意味でも使われる。
　　例 電車が遅れたのは、車両の安全装置のトラブルが原因だったらしい。

　例文　・部活の仲間の揉め事に巻き込まれてしまい、学校に行くのが嫌になってしまった。
　　　　・我が家は兄弟が多く、子どもの頃は揉め事が絶えない毎日だった。

20 垣根［かきね］　アクセント 2 (0)　名詞

①家の周りや敷地を囲う仕切りのこと。一般には木など植えたりして造られる。
②比喩的に、その間をへだてるもの。
　※植木の垣根のことを「生垣」とも言う。
　　例 今年も庭の生垣の手入れは、近所の植木屋さんに頼んだ。
　※語源：動詞「構く」の名詞の形で、繋ぎ渡す部分という意味とされる。

　例文　・隣の家の垣根にはムクゲの木が植えられていて、毎年夏になると美しい花を咲かせている。
　　　　・A高校とB高校は3年後の統合に向けて、体育祭や文化祭などの学校行事でも垣根を越えた交流を始めた。

21 他方 [たほう]　アクセント 2　名詞

①他の方面。二つのものの、もう一方。
②(副詞的に) 別の方面から見ると。

※類義語である「一方」は、二つのうちの一つを表す。また「一方」と「他方」を組み合わせて使うことも多い。
例 二つのうちのどちらか一方を選ぶように言われた。
例 彼の子どもは二人兄弟で、一方はやさしいが、他方は乱暴な性格だった。

※また、ペアになっているもののうち一つを「片方」という。話し言葉では「かたっぽ」と発音されることがある。
例 この靴下の片方が見つからない。

例文　①彼は学校では部活ばかりに集中しているように見えるが、他方では塾に通って勉強にも力を入れている。
②昨夜からの大雨は少しおさまってきたようだが、他方、近くの川の水位はどんどん上がってきているようで心配だ。

22 想定(する) [そうてい]　アクセント 0　名詞(スル)

ある条件や状況を、もしこうだったらと考えてみること。

※類義語に「予想」がある。「予想」は、将来や未来のことなどをあらかじめ考えること。
例 今晩の大雨で予想される雨量は 300 ミリを超えるだろうと、気象庁から発表があった。

※また、「想定内」「想定外」の形でもよく使われる。
例 予算が少し足りなくなることは想定内なので、心配しなくても大丈夫だ。

例文　・この地域では毎年9月1日に、大地震による津波の発生を想定した避難訓練を行っている。
・自分が入社した会社が1年で倒産するなんて、まったく想定していなかった。(＝まったく想定外だった)

23 誤る [あやまる]　アクセント 3　動詞

①間違った判断、行動をする。正しい道から外れる。進むべき方向を間違う。
②(「誤って〜」の形で副詞的に) 不注意で、うっかり間違えて。

※類義語に「間違える」がある。
例 ファックスの送り先を間違えてしまったことに気がついて、慌てて連絡を入れた。

※同音語に「謝る」がある。同じように「あやまる」と読むが「間違いなどをわびる」という意味で使われる。
例 そんなひどいことをしておいて謝って済むなら、警察は要らないだろう。

※語源：「謝る」「誤る」は同じように生活上の「アヤマリ」(間違い) が語源であるとされている。

例文　①機械に弱いので、何回教わっても誤った使い方をしてしまう。
②甘いクッキーを焼いたつもりなのになぜか塩味がする。誤って砂糖のかわりに塩を入れてしまったようだ。

24 規模 [きぼ] アクセント1 名詞

物事の構造や仕組み、内容などの大きさ。

※類義語に「スケール」がある。「スケール」は大きさの度合いや度量のこと。「規模」は物事に対して使用するが、「スケール」は「スケールの大きい人」などのように人に対しても使用できる。
※語源：英語 scale の訳語として使われるようになったものとされる。

例文
- マンションのような集合住宅では、10年から15年ごとに規模の大きな修繕工事が行われる。
- 環境問題は一国の問題ではなく、地球規模で考えなければ意味がない。

25 弱／〜弱 [じゃく] アクセント1 名詞(接尾辞)

① (名詞) 弱いこと。弱いもの。
② (接尾辞) 数を表す名詞について、端数を切り上げるときに使う。
※対義語は「強」。

例文
① 高校時代は、家族が寝静まった深夜に、音量を弱にしたラジオを聞きながら勉強したものだ。
② 我が校には毎年500名弱の留学生が海外からやってくる。

26 厳密 [げんみつ] アクセント0 ナ形容詞

間違いなどのないように、細かいところまで厳しく目を配り、隙のない様子。

※対義語は「杜撰」。物事のやり方がいいかげんで、手落ちが多いこと。
例 大手の家電メーカーだからと安心して購入したが、アフターサービスの対応が杜撰で、がっかりしてしまった。
※類義語に「厳格」がある。「厳密」が細かく厳しいことを表すのに対して、「厳格」は規則やルールの正しさに厳しいという意味。
例 父が厳格な人だったので、高校生のときまで門限は夜6時だった。

例文
- 明日は成人式だが、私の誕生日は来月なので、厳密に言えばまだ成人ではない。
- 教室清掃の点検がA先生の日は、いつもより厳密にチェックされるので、緊張してしまう。

27 比率 [ひりつ] アクセント0 名詞

二つ以上のものの数量を比べたときの割合。

※類義語に「割合」がある。「割合」に比べて「比率」はより正確な数値を表す。
例 入学者の男女の割合はほとんど同じだそうだが、正確な比率はまだわかっていない。
※語源：明治時代に英語 ratio の訳語として使われるようになったもの。それ以前は和語である「歩合」が使われていたとされる。

例文
- この会社では、保険料を会社と社員が6:4の比率で負担する。
- 女性の社会進出が進んでいるものの、管理職の男女比率は、まだまだ平等とは言えない。

28 拮抗（する）［きっこう］　アクセント0　名詞(スル)

力や勢力が同じものが互いに競り合うこと。

※「拮抗」は本来「けっこう」と読むが、慣用的に「きっこう」と読まれ、定着したもの。

例文
- 次のオリンピックの開催地について、A国とB国とで予想が拮抗している。
- 決勝戦は、両チームの実力が拮抗し、なかなか決着がつかなかった。

29 言い換える［いいかえる］　アクセント4　動詞

同じことを他の言い方で表すこと。

※名詞は「言い換え」。文章の中で「言い換えると」「言い換えれば」などの形でも使われる。また、類義語に「言い直す」がある。「言い直す」は、一度言ってしまったこと（間違えなど）を修正するという意味合いがある。
　例相手の名前を間違えそうになり、慌てて言い直した。

※「言い表す」は言葉で表現するという意味。
　例この気持ちは言葉で言い表すことができない。

例文
- 彼女は誰に対してもよい顔をする。言い換えると「八方美人」ということだ。
- ボランティア教室の子どもと話すときは、難しい言葉はやさしい言葉に言い換えて話すようにしている。

30 極めて［きわめて］　アクセント2　副詞

程度が最も高い。

※動詞「極める」が副詞化したもの。「すごく」の書き言葉。
※語源：極限を意味する「きわ（きは）」が動詞化し「きはむ」となったものとされる。

例文
- その問題の解決は、極めて難しい。
- 首相は記者会見で「今回の事件は極めて遺憾なことです」と述べた。

31 ずば抜けて［ずばぬけて］　アクセント－　慣用表現

動詞「ずば抜ける」が慣用表現として定着したもの。普通より（よい意味で）かけ離れてという意味。

※類義語に慣用表現の「群を抜く」がある。多くの物事の中で、ひときわ優れているという意味。
　例掲示板に貼り出された成績優秀者の中でも、彼の成績は群を抜いてすばらしいものだった。

※また、「段違いに」は、二つの差の程度が非常に大きいという意味。
　例彼のレポートは2回目の提出で段違いによくなった。

例文
- 彼は小さい頃からそろばんを習ってきたので、暗算がずば抜けて得意だ。
- 彼女はクラスの中でも、ずば抜けて字がきれいだ。

32 多〜［た］　アクセント －　接頭辞

名詞の頭について、数や数量が多いことを表す。

※「多目的ルーム（＝様々な目的に使える部屋）」「多国籍料理のレストラン」「多民族の国家」など。
反対の意味を持つ接頭辞は「少」。「少額の金」「少人数のクラス」「少数民族の村」など。

例文
- このデパートには多機能トイレがあるので、車椅子の人も安心して買い物が楽しめる。
- 多民族国家では、複数の公用語が定められていることが多い。

33 最大［さいだい］　アクセント 0　名詞

ある範囲の中で、数量や価値が一番大きいこと。

※対義語は「最小」。
例 新発売されるカメラは、世界最小だそうだ。

例文
- 日本の仁徳天皇陵古墳はエジプトのピラミッドと共に、世界最大級の墓に数えられる。
- エジプトのカイロはアフリカ最大の都市として知られている。

34 制約（する）［せいやく］　アクセント 0　名詞（スル）

条件によって自由に活動できなくなること。

※類義語に「制限」がある。「制限」が、範囲や限界を決めることであるのに対して、「制約」は制限があることで自由が奪われるという意味がある。
例 この道路の制限速度は時速60キロだ。

※また、「制止」は相手の発言や行動をさせないように止めること。
例 母親は、道に飛び出そうとする子どもを手で制止した。
例 その男は係員の制止を振り切って、コンサートのステージに上がった。

例文
- インターネットの速度は、使っているパソコンの性能や通信環境の制約を受ける。
- このプロジェクトが成功するかどうかは、時間の制約との戦いだ。
- オリンピック選手は、その国の気候や時差など様々な制約のもとで同じ結果を出さなければならない。

35 要因［よういん］　アクセント 0　名詞

物事や事件などの主な原因。また、物事の成立に必要な要素。

※類義語に「原因」がある。「原因」は、物事を引き起こす元になるもので、よい意味では使われない。
例 火災の原因は、まだ明らかになっていない。

※また、「要素」は物事の具体的な内容や条件という意味。
例 歌手として成功するためには、歌のうまさだけではなく、ステージでのパフォーマンスも重要な要素になる。
例 タンパク質を構成する要素として、アミノ酸がある。

例文
- 日本のゲーム機の売り上げが回復した要因に、海外における再ブームの到来がある。
- 経済が回復した要因の一つに、政府が税金を安くしたことがある。

36 他者［たしゃ］ アクセント1 名詞

自分以外の人。
　※対義語は「自己」。類義語の「他人」は、自分と関係がない知らない人という意味。また、「赤の他人」はまったく知らないことを強調した表現。
　　例 温泉に行って、他人と一緒に同じお風呂に入るのは、ちょっと苦手だ。
　例文 ・人間は一人ではなく、他者との関係の中で生きていくものだ。
　　　・子どもは家族以外の他者と話すことによって、少しずつ社会化されていく。

---

37 活気に溢れる［かっきにあふれる］ アクセント－ 慣用表現

大勢の人の気力や活力が充実していること。
　※人の集団（サークル、街、社会）について使われることが多い。「活気」は、活動的で生き生きとした勢いのこと。また、「活気に満ちている」という表現で使われることもある。
　例文 ・合唱祭の全校優勝を目指して、クラス一丸となり行っている練習は活気に溢れている。
　　　・休日の銀座は、歩行者天国で様々なイベントが行われるなど、街全体が活気に溢れる。

---

38 進化（する）［しんか］ アクセント1 名詞（スル）

①物事が少しずつ変化し、より複雑な別のものへと変わること。
②生物の形や機能が時間をかけて変化し、違う種類のものに変わること。
　※対義語は「退化」。類義語に「進歩」がある。「進歩」が「よりよい形や状態」に変わることであるのに対して、「進化」は「別の物」に変わることを意味する。
　　例 何度言っても同じ失敗をするなんて、うちの子は全然進歩がない。
　※語源：英語 evolution の訳語として明治時代に使われるようになったものとされる。
　例文 ①長い歴史の中で、猿人はヒトへと進化してきたと考えられている。
　　　①社会の情報通信ネットワークが進化したことで、私たちの生活は大きく変化した。
　　　②ダーウィンの「進化論」では、生物は環境に合わせて進化するとされた。

---

39 適応（する）［てきおう］ アクセント0 名詞（スル）

①ある状況での条件や要求によく合うこと。
②人間や生物が、外部の環境に合うように、意識や行動を変えていくこと。
　※類義語に「順応」がある。「適応」が、意識的に変えていくという意味であるのに対し、「順応」は自然に変わることを意味する。
　　例 何も考えずに周囲の環境に順応し慣れてしまうことは、決していいこととは言えない。
　※また、「適応力」は適応する力という意味。
　　例 海外で働く上では、異文化適応力が必要になる。
　例文 ①厳しい気象条件に適応できるロボットの開発には、まだしばらく時間がかかるだろう。
　　　②教育現場では、学校の集団生活に適応できない子どもの数が増えているそうだ。

問 題

1 漢字の読み方をひらがなで、ひらがなを漢字で書きましょう。

❶ 着る：

❷ 行う：
　政：

❸ ぼしゅう：

❹ 厳しい：
　密接：

❺ 活気：

2 次の語を含む複合動詞を考えて例文を作りましょう。

❶ 取り～：

❷ 言い～：

❸ 出～：

|問1| 下線部の読み方として最も適切なものを、A〜Dの中から一つ選びなさい。

❶ 着なくなった服でも、愛着があるものはなかなか捨てられない。
　　A あいつき　　　　　　B あいちゃく
　　C あいぎ　　　　　　　D あいしゃく

❷ 地域に在住する外国人の方々のために、外国語対応ができる行政の相談窓口が設けられている。
　　A ぎょうせい　　　　　B こうせい
　　C いきぜい　　　　　　D おこないぜい

❸ プロジェクトへの寄付金を募るだけで、5年もかかった。
　　A ぼる　　B おうる　　C つのる　　D とおる

❹ 厳密に言うと、彼はうそをついているわけではない。
　　A せつみつ　　　　　　B げんみつ
　　C そうみつ　　　　　　D じゅうみつ

❺ 都市生活は活気に溢れるが、問題もたくさんある。
　　A いつれる　　B やぶれる　　C ぼうれる　　D あふれる

|問2| 下線部に入る言葉として最も適切なものを、A〜Dの中から一つ選びなさい。

❶ 休日になると、いつも母に庭の雑草を＿＿＿＿作業をさせられる。
　　A 取り扱う　　　　　　B 取り合わす
　　C 取り外す　　　　　　D 取り除く

❷ 面接の前に、自分の短所を長所に＿＿＿＿練習をしたほうがいい。
　　A 言い換える　　　　　B 言い分ける
　　C 言い付かる　　　　　D 言い返す

❸ 留学先では、いろいろな人に＿＿＿＿機会があるのでいい経験になる。
　　A 出遅れる　　　　　　B 出会う
　　C 出回る　　　　　　　D 出しゃばる

42　Lesson 2

❹ 彼は才能があり誰よりも努力するので、金メダルリストに＿＿＿＿＿＿。
　　A 耐え得る　　　　　　B 起こり得る
　　C 成り得る　　　　　　D 生まれ得る

❺ 高額所得者からより多くの税金を＿＿＿＿＿＿べきだという声もある。
　　A 取り立てる　　　　　B 作り立てる
　　C 盛り立てる　　　　　D あおり立てる

❹ 〜得る：

❺ 〜立てる：

| 問3 | ＿＿＿から最も適切な言葉を選び、下線部に正しい形で書きなさい。

❶ 2年前、不安と期待が＿＿＿＿＿＿中、一人で日本へ旅立った。

❷ 神戸でそんな大きな地震が起きるとは、誰も＿＿＿＿＿＿いなかった。

❸ インターネット上には多くの情報が＿＿＿＿＿＿が、すべての情報の内容の正確性や妥当性が検証されているわけではない。

❹ ダーウィンが自然選択説を＿＿＿＿＿＿あと、その説が広く認められるまでには時間がかかった。

❺ 近所の踏切で電車と車が＿＿＿＿＿＿事故があった。

　　　蓄積する　　想定する　　接触する
　　　　　提唱する　　入り混じる

❻ プレゼンターの表情は、自信に＿＿＿＿＿＿いた。

❼ どのような状況に置かれても最後までやり抜く彼は、人の尊敬を＿＿＿＿＿＿。

❽ 専門家に反対する立場を＿＿＿＿＿＿には、慎重さと勇気が要る。

❾ 働かずに富を＿＿＿＿＿＿方法なんて存在しないだろう。

❿ 様々な偏見を＿＿＿＿＿＿には、社会全体の努力が必要だ。

　　　得る　　取る　　集める　　取り除く　　溢れる

③ 説明を読んで（　）の中に言葉を書き込みましょう。

✎ 期待が（　　　）：
予想した通りに進まないこと。

✎ 接触を（　　　）：
他の人と交渉をまったく持たないこと。

✎ 活気に（　　　）：
生き生きとした気分、生気がいっぱいになる。

✎ 人気を（　　　）：
世間から評価され、人気になる。

✎ 措置を（　　　）：
解決をつけるために取り計らうこと。

4 類義表現を調べましょう。

❶ 程度がはなはだしいこと：
[極めて　　　　　]

❷ 勢力がほぼ同等のもの同士が、互いに張り合うこと：
[拮抗する　　　　]

❸ 抜群に優れている様子：
[ずば抜けて　　　]

❹ 言い合ったり殴り合ったりする状況のこと：
[揉め事　　　　　]

❺ 少なくなったり、効果などがあまり出なくなること：
[希薄化する　　　]

5 挙げられた語の中から一つ選んで、例文を作りましょう。

❶ 精密・過密・緻密：

| 問4 | 下線部に最も意味が近い言葉を、A～Dの中から一つ選びなさい。

❶ 極めて自然な日本語で話しかけられたので、てっきりネイティブ・スピーカーかと思った。
　　A 非常に　　　　　　　B 最も
　　C 少なからず　　　　　D 基本的に

❷ 両チームの力が拮抗しているため、延長戦が延々と続いている。
　　A 完全に異なる　　　　B 比べられない
　　C 備われない　　　　　D 匹敵する

❸ どこの国にもずば抜けて優秀な人がいるものだと、他の留学生を見て強く感じた。
　　A 普通に　　B まあまあ　　C 最高に　　D 際立って

❹ 新社長に変わってから、社内では揉め事が絶えない。
　　A 暴力　　　B 事件　　　C 争い　　　D 競争

❺ 個人の価値観が多様化すると、社会に対する関心が希薄化する傾向があるという。
　　A 望む　　　　　　　　B 持つ
　　C 弱まる　　　　　　　D 強まる

| 問5 | 見出しの表現を使用した文として最も適切なものを、A～Dの中から一つ選びなさい。

❶ 厳密
　　A 厳密機械は、外的環境に強い影響を受ける。
　　B 厳密な頭脳を持っていても、常に正確な判断ができるとは限らない。
　　C 発掘作業に入る前には、厳密な事前調査が必要だ。
　　D 人口が厳密な地域では、交通や住宅なども混み合っている。

❷ 望ましい

　A 家族は、できれば同じ家で生活することが<u>望ましい</u>。

　B 深夜にたくさん食べることは、健康上<u>望ましく</u>ない。

　C 次に会うのはいつにしましょうか。<u>望ましい</u>日をおっしゃってください。

　D 父は会社を退職して<u>望ましい</u>海外旅行に出かけた。

❸ 言い換える

　A 聞こえなかったようなので、大きな声で<u>言い換えた</u>。

　B 一般の人に説明するには、専門用語を簡単な言葉で<u>言い換えた</u>ほうがいい。

　C この悲しい気持ちはとても言葉で<u>言い換える</u>ことができない。

　D 文章の大意（たいい）を100文字以内で<u>言い換える</u>という課題（かだい）が出された。

❹ 異

　A 彼は<u>異</u>場所にいたので、今回の事件と関係がないことがわかった。

　B <u>異</u>国にいる人にとって、家族に会えない正月は、特に寂しく感じる。

　C 同じ大学だけではなく、<u>異</u>校の学生と協働（きょうどう）することも大事だ。

　D <u>異</u>視点で考えてみると、簡単に問題が解決できることがある。

❺ 要因

　A 警察は、先週起きた火災の出火<u>要因</u>を調べている。

　B 昔は、車の点検が十分でないことに<u>要因</u>する事故が多発（たはつ）していた。

　C 無断欠勤の<u>要因</u>を聞かれて、彼はだまってしまった。

　D 今回のプロジェクトは、人員（じんいん）不足が失敗の決定的<u>要因</u>となった。

---

❷ 念願の・好ましい・都合がいい：

❸ 言い表す・言い直す・要約する：

❹ 違う・異なる・他：

❺ 起因・原因・理由：

6 わからない表現があればメモしましょう。

問6 次の文を読んで、❶〜❺に入るものを□□□の中から選んで、正しい形で入れなさい。

　人種や民族を異にする人同士が出会う際の反応について、社会学者や心理学者の間では従来、二つの理論が存在した。一つは、人は異質なグループに属する者との❶＿＿＿＿＿＿を繰り返すことで偏見が取り除かれて❷＿＿＿＿＿＿になり、自分のグループへの愛着も❸＿＿＿＿＿＿という説で、「コンタクト理論」と呼ばれる。もう一つは、人は異質な者と接触すると、むしろ不快感や偏見を❹＿＿＿＿＿＿不寛容になり、その反動で自分の属するグループに対する忠誠心が❺＿＿＿＿＿＿という説で、「コンフリクト理論」と呼ばれる。

(出典：『日本語で考えたくなる科学の問い〔文化と社会篇〕』（凡人社）Lesson2 本文)

| 高まる　　希薄化する　　接触　　寛容　　募る |

Ⅰ. 文字・語彙・コロケーション　　Ⅱ. 文型・文法　　Ⅲ. 類義表現

01　とあって（は）

どう使う？　名詞／ナ形／イ形（普）／動詞（普）　＋　とあって（は）

意味
①「AとあってB」は「Aという状況や事情があるのでB」という意味を表す。Aの内容を特別な事情や理由として、Bでは話し手が経験に基づいて事態に対して判断したり意思を表明したりする。
②「AとあってはB」は「〜ということなら／〜という状況なら」という意味を表す。他でもなくAであればBが当然起こるという話し手の判断を表す。

例文
①連休の初日とあって、どこに行っても混んでいる。
①ボーナスが出たとあってか、ATMに行列ができている。
②恩師からの依頼とあっては、断れない。
②担当者が遅刻常連の彼とあっては、イベントの開始が不安だ。

使い方
①「AとあってB」の形で、話し手にも聞き手にも共有された常識や体験、認識や説明などから、解説をしなくても、それ自体ではっきりしていると話し手が判断するときに使う。談話の切り出しとして、恒例のイベント（連休、有名人の講演会など）に言及する際に、前置き的表現としても用いられ、書き言葉の報道文や小説などで使われる。
②Aなら当然Bが起こるということを述べるときに使われる。Bでは確信、推測、必然的な行動や予想を表す内容が多い。

ポイント
①は「Aから／のでB」、②は「AならB」とほとんど同じ意味だが、「とあって」はAとBの間に「当然こうなる」「納得できる」という必然性が存在することを表す。例えば、一つ目の例文の「連休の初日」と「どこも混んでいる」は、二者の間には納得できる関係があるというニュアンスを含む。

類義表現　「AだけあってB」「AとあればB」

02　にはおよばない（には及ばない）

どう使う？　名詞／動詞（-る）　＋　にはおよばない（には及ばない）

意味
①「しなくてもいい」「そこまでする必要はない」という意味を表し、②語彙「及ぶ」の元の意味に由来し、「〜に勝るレベルではない」「〜ほど優れていない」という意味を表すこともできる。この場合、漢字表記を使うことが多い。

例文
①健康診断では特に異常が見られなかったため、心配にはおよばない。
①（ビジネスメールで）ご確認いただければ、ご返信にはおよびません。
②近代文学の知識といえば、同じクラスで誰も彼には及ばない。

Lesson 2

②母の味には及ばないが、妹の手料理もだんだん上手になってきた。

使い方　二つ目の例文のように、「お礼」「ご返信」「ご心配」などと共に使い、相手への配慮を表し、ビジネスメールなどで用いられることが多い。また、相手の提案や申し出に対して、「そこまでしなくてもいい」と丁寧に断る場合にも使える。

ポイント　「にはおよばない」は「にはあたらない」と意味が近いが、ニュアンスが少し異なる。「にはおよばない」は「ある基準に達していないため、する必要がない」ということを表すのに対して、「にはあたらない」は「大した価値がないからする必要がない」ことを表す。

　例　日本では電車が時間通りに運行されるのは当然で、賞賛にはあたらないと考えられている。

類義表現　「にはあたらない」「までもない」

03　〜ばそれまでだ

どう使う?　動詞（-ば） ＋ それまでだ

意味　「もし〜したら、それですべてが終わりだ／台無しになる」という意味を表す。「これまでの努力や成果は、そのたった一つのことのために無駄になってしまう」というニュアンスを含む。

例文
・よくある話と言ってしまえばそれまでだが、それだけでは済まされない感がある。
・仕事をやめてしまえばそれまでだが、その前にストレス発散の方法を考えてもいいのではないか。
・どんなにいいパソコンを持っていても、使いこなせなければそれまでだ。

使い方　聞き手に対して、「〜したらすべてが終わり」だから、そうならないように何かをしたほうがいいと、アドバイス、忠告や励ましをするときに使われる。三つ目の例文のように、動詞（-ば）形だけでなく、「動詞（-ない）＋なければ」と共に使うことができる。一つ目の例文のように、「〜と言ってしまえばそれまでだ」が慣用的な表現としてよく使用される。

ポイント　「〜てしまえばそれまでだが」のように、前置きとして使われる場合が多い。その後には「今何かしておくほうがいい」といったような表現が続く。また、三つ目の例文のように、「使いこなせなければいいパソコンを持っていても無意味だ」という諦めの気持ちを表すこともできる。

04　に限らない（に限らず）

どう使う?　名詞 ＋ に限らない（に限らず）

意味　「〜だけでなく、ほかにも〜」という意味で、あることだけに限定しないで、他の物事も視野に入れるという意味を表す。「に限らない」は文末で用いられ、「に限らず」は文中で使われる。

例文
・日本では結婚式に限らずおめでたい席に招かれた場合、祝儀は不可欠だと考える人が多い。
・新幹線が混雑するのは、祝日だけに限らない。

使い方　「に限らない（に限らず）」はイベントや場所に関する様々な名詞を前接することが多い。「に限らず」の後ろには「も」「でも」「にも」や「様々な」「たくさん」などの表現や、添加の意味を表す内容が続く。

また、二つ目の例文のように、「名詞+だけ+に限らない」という形で使われることが多い。

ポイント 「内外」、「男女」といった不定称の代名詞では限定の対象が特定できないため、「に限らない（に限らず）」は使えない。その場合は、「を問わず」を使う。

　例　このポストは男女｛×に限らず／○を問わず｝、条件を満たす人なら応募することができる。

類義表現 「AによらずB」「Aを問わずB」「に限ったことではない」

05　を通して／を通じて

どう使う？　名詞　+　を通して／を通じて

意味　①「～を手段として」「～を経由して」「～を介在して」という意味で、人や物事を媒介として何かを行うことを表す。②「～の期間中ずっと」とある一定の期間中途切れることなく何かが続くという意味を表す。また、「の」を後続して名詞を修飾することができる。

例文
①インターンシップを｛通して／通じて｝、仕事や企業、業界への理解を深める。（＝インターンシップを手段として）
①知り合いを｛通して／通じて｝、彼がアメリカに移住したことを知った。（＝知り合いを経由して）
①日差しが窓ガラスを｛通して／通じて｝部屋いっぱいに降り注いでいる。（＝窓ガラスを介在して）
②準備期間を｛通して／通じて｝十分な議論が、プロジェクトを成功させた。
②沖縄は、一年を｛通して／通じて｝、晴れる日が多い。

使い方　用法①は、人や物事を表す名詞を仲立ちとして何かの知識や情報を得たり、何かが伝わったりすることを述べるときに使われる。用法②について、「～期間中ずっと」という用法では、「準備期間中ずっと議論した」のように継続的に行われることと、「一年中晴れる日が多い」のように断続的に行われる頻度が高い（あるいは低い）ことを表すことができる。また、どちらも書き言葉的な表現だが、小説や新聞では「を通じて」のほうが多く使われる。なお、「～を介在して」を表す場合は「を通して」のほうがよく使われる。

ポイント　「～を介在して」を表す場合、名詞修飾の「を通しての／を通じての」は一般的には使わない。例えば、「和紙を｛×通しての／×通じての｝光」とは言わない。また、「を通して／を通じて」が伝えるのは知識、情報や連絡であり、交通手段や場所には使えない。例えば、次のような例では「を経由して」「を通って」のほうが自然。

　例　この飛行機は東京から北京｛×を通して／×を通じて／○を経由して／○を通って｝ヨーロッパに行く。

類義表現　①「AによってB」、②「AにわたってB」

06　逆接を表す表現〈ものの・ものを〉

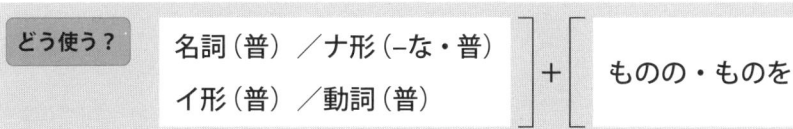

| 共通点 | 「一般的に~だが、しかし~」「~のは確かだが、しかし~」「それはそうだが、しかし~」のように、示された事柄から予想・期待されることと現実が異なるという逆接の意味を表す。

| 例文 |
・都合が悪いならそう伝えればいい {○ものの／○ものを}、曖昧な返事をするから、二度手間になってしまったんだよ。
・退院していったん復職した {○ものの／×ものを}、2か月後に手術による痛みが激しくなり再入院した。
・お腹が空いたときは何でもおいしいとはいう {○ものの／×ものを}、お客に白ご飯だけ出すというわけにはいかないだろう。

| 使い方 | 何か問題が起きて物事がスムーズに進まないことを言うときに使われる。「ものの」は一般的に考えられることと実際が違うということを述べるときに使われる。「ものを」は「~すれば問題がなかったのに」という不満・非難のニュアンスを込める場合が多く、消極的な表現（例：「手間がかかる」「よくない事態が起きてしまった」など）を伴うことが多い。また、親しい関係を持つ相手には、「~してくれれば／たら~ものを」という形で、「遠慮しなくてよかったのに」という軽い非難の気持ちが込められる。また、「ものの」も「ものを」も名詞、ナ形容詞、イ形容詞、動詞（普）に接続することができるが、「だ」に直接接続することはできない（※「だった」は接続可能）。この場合、「という」を加える必要がある（例：もう秋だというものの）。

| 使い分け |
◇「ものを」は概ね「ものの」に置き換えられるが、「ものの」は「ものを」に置き換えられない場合がほとんどである。

◇「ものの」は後ろの文で一般的に予測・予想される結果に反することが起きたことを述べる。次のような例では、「もう秋だから涼しくなるはずだが」というニュアンスを含む。この場合は、「ものを」は使えない。

　例 もう秋だという {○ものの／×ものを}、涼しくならない。

◇「ものを」は「A ものを B」の B に「言う」「返事する」など発言系の動詞がないと使いにくいという制約がある。それに対して、「ものの」にはこの制約がない。

　例 コンサートのチケットを予約した {○ものの／×ものを}、雨が降っているので行くかどうか迷っている。

　例 知らないと言えばよい {○ものの／○ものを}、どうして知っていると言うか理解できない。

◇「ものの」は「ようなものの」「というものの」の形で慣用的に用いることがある。また、「というものの」は文の冒頭で単独で使うことができる。

　例 だんだん漢字が好きになってきた。とはいうものの、日々漢字の暗記に苦労している。

◇「ものを」は後文を省略することができる。特に、不満や非難の気持ちを表すときは後文を言わないことが多い。

　例 もっと早く連絡してくれれば、こんなに大変なことにならなかったものを……。

◇「ものの」と「ものを」は「のに」と意味が似ているが、ニュアンスが少し異なる。「ものの」は予想・予測される結果と異なるということを強調するニュアンスが強く、「ものを」は「のに」より硬い文章でも用いられ、非難のニュアンスがより強い。

| 類義表現 | 「A といえども B」「A とはいえ B」「A ながら B」

問題

問1 下線部に入る言葉として最も適切なものをA〜Dの中から一つ選びなさい。

❶ コストを下げて国際競争力を強化するためには、リストラは_____と言っている大企業がある。
　A きまわりない　　　　B とは限らない
　C たまらない　　　　　D やむをえない

❷ すべての物事に道理がある_____、世の中は様々な道理が衝突したり重なり合ったりしながら動いているということになる。
　A とあいまって　　　　B とすれば
　C とあって　　　　　　D ともなると

❸ 地球温暖化対策に向けて、我が社では化石燃料の代わりに環境にやさしい自然エネルギーを利用する_____。
　A こととした　　　　　B ばかりだった
　C ところだった　　　　D 始末だった

❹ 冬の間も室内に熱帯原産の観葉植物を置く家庭は少なくないが、日照不足で葉の色艶が失われ_____になるそうだ。
　A すら　　B ぎみ　　C がち　　D げ

❺ 明日、東北地方の広い範囲_____、大雨が降るでしょう。
　A にわたって　　　　　B をめぐって
　C に沿って　　　　　　D を通して

問2 下線部に入る表現として最も適切なものをA〜Dの中から選びなさい。

❶ 努力を続けていけばいつかは目標が達成できるのだから、_____。
　A どんな苦労も無駄にはおよばない
　B どんな苦労も無駄にはならない
　C どんな苦労も無駄に限らない
　D どんな苦労も無駄にたえない

---

1 問題文や選択肢の中で、知らなかった語や表現をメモしましょう。

❶
❷
❸
❹
❺

2 次の表現を使って文を作りましょう。

❶ にはならない：

にたえない：

❷ べくもない：	❷ あの朝、寝坊していなければ、＿＿＿＿＿＿＿＿＿＿＿＿＿＿＿。
	A 交通事故に巻き込まれていたべくもなかった
ところだった：	B 交通事故に巻き込まれていたところだった
	C 交通事故に巻き込まれていたほかなかった
それまでだ：	D 交通事故に巻き込まれていればそれまでだ
❸ ことでしょうか：	❸ この間いただいた見積もり書ですが、＿＿＿＿＿＿＿＿＿＿＿＿＿＿＿。
	A 値段を少し下げていただけないことでしょうか
まい：	B 値段を少し下げていただけまいと思われます
	C 値段を少し下げていただければよかったものを
ものを：	D 値段を少し下げていただけないものでしょうか
ものでしょうか：	❹ 斎藤：最近、中国語を習っているんです。
	鈴木：中国語は＿＿＿＿＿＿＿＿＿＿＿＿＿＿＿。
	斎藤：私もそう思ったんですが、案外簡単なんですよ。
❹ ではないか：	A 発音が難しいではないですか
	B 発音が難しいのではないですか
のではないか：	C 発音が難しくないではないですか
	D 発音が難しくないのではないですか
❺ といったら：	❺ 斎藤：就職、決まったんだって？
	鈴木：＿＿＿＿＿＿＿＿＿＿＿＿＿＿＿、小さい会社ですよ。
	A 決まったといったら
といっても：	B 決まったといえば
	C 決まったといっても
	D 決まったというには
といえば：	
というには：	

52　Lesson 2

| Ⅰ．文字・語彙・コロケーション | Ⅱ．文型・文法 | **Ⅲ．類義表現** |

> 例1）「先生：田中君がどこにいるか知らない？」
> 　　　「学生A：教室でしょう。」
> 例2）（奨学金の推薦状を依頼するために先生に送ったメールに）
> 　　　「締切は来週の金曜日です。水曜日までにいただければいいでしょう。」
>
> 　上の二つの例文では、発言を受けた側が「イライラする」「カチンと来る」場合があると言われています。例1のケースでは、Aさんは田中君がどこにいるか確信を持って答えられないため、推量の「でしょう」を使ったわけですが、発言を受けた先生側は、カチンと来る場合があるのです。その理由は、推量の「でしょう」で言い切ることができるのは、専門家が強く主張する際など一部の場合に限られているからです。例えば、気象予報士などの専門家が「明日は雨でしょう」と述べる場合は、聞き手がカチンと来ることはありません。ところが、それを専門性を十分に持たない人物が使うと、偉そうに聞こえてしまう場合があるのです。それでは、こうした場合には「でしょう」のかわりにどのような文法項目を使うことができるのでしょうか。「でしょう」の適切な使用とそれ以外に用いることができる表現について、練習を通して考えましょう。

◉「でしょう」と「と思います」

問1 ｛　｝から適切なものを選びなさい。

❶ A：田中君が今どこにいるか知らない？
　 B：あ、先輩。たぶん、教室｛でしょう・だと思います｝。

❷ A：すみません、この近くに郵便局はありますか。
　 B：ありますよ。（遠くを指しながら）あそこ、コンビニがある
　　　｛でしょう・と思います｝。その裏にあります。

❸ A：（帰ってきた夫に）お疲れ様。
　　　寒かった｛でしょう・と思う｝。お風呂をわかそうか。
　 B：ありがとう。

① 解説を読んで、問1の答えの理由を説明しましょう。

❶ ....
....

❷ ....
....

❸ ....
....

> 💡　「でしょう」は確認を表すことができます。例えば、「（外出して帰ってきた人に）外はとても暑かったでしょう」と使うことができます。しかし、「と思います」には、そのように相手に確認をする用法はありません。そのため、「（外出して帰ってきた人に）外はとても暑かったと思います」としてしまうと、とても不自然な表現になります。この場合は、「外はとても暑かったでしょう」というように、「でしょう」を用いる必要があります。

Lesson 2　53

② 解説を読んで問2の答えの理由を説明しましょう。

❶ ………………

❷ ………………

❸ ………………

問2 ※の指示に従い、下線部を「でしょう」または「と思います」を用いて書き換えなさい。

❶ 日本語は<u>難しいです</u>。

→ _____

　　※「あなたもそう思いませんか」という意図で述べる。

❷ （あなたが）<u>疲れた</u>。ゆっくり休んでね。

→ _____

　　※相手が疲れたことに配慮して述べる。

❸ 昨日は<u>徹夜したよね</u>。目の下にくまがあるから。

→ _____

　　※相手が徹夜したことを類推して述べる。

● 「でしょう」とその他 ……………………………………

問3 下線部の意味はA、Bのどちらの意味に近いか答えなさい。

❶ 前者と後者の関連性は、案外強いと<u>言えるのではないでしょうか</u>。
　　A 言えないでしょう　　　　B 言えると思います

❷ 最近、多様性への理解も<u>高まってきているのではないかと思います</u>。
　　A 高まっているでしょう　　B 高まっていないと思います

❸ 世の中にあるグループを解体しても、争いが<u>なくなることはないでしょう</u>。
　　A なくなると思います　　　B なくならないと思います

③ 解説を読んで問3の答えの理由を説明しましょう。

❶ ………………

❷ ………………

❸ ………………

> 💡 「(の)ではないでしょうか」は、「でしょう」ほど自信を持っては言えないが、「たぶん、〜だと思う」という考えを示す場合に使用されます。他にも「(の)ではないかと思います」「(の)ではないだろうかと思います」も同じように使用することができます。

Lesson 3

I. 文字・語彙・コロケーション　II. 文型・文法　III. 類義表現

☑ チェックシート

☐ 01	題する	☐ 17	強める	☐ 33	思考(する)
☐ 02	空間	☐ 18	伝達(する)	☐ 34	普遍的
☐ 03	定義(する)	☐ 19	有〜	☐ 35	個別
☐ 04	前掲(する)	☐ 20	予想(する)	☐ 36	数値
☐ 05	挙げる	☐ 21	貶める	☐ 37	保持(する)
☐ 06	公的	☐ 22	行為	☐ 38	構築(する)
☐ 07	成熟(する)	☐ 23	誠実	☐ 39	導く
☐ 08	共有(する)	☐ 24	抑制(する)	☐ 40	推測(する)
☐ 09	中核的	☐ 25	若干	☐ 41	根拠
☐ 10	秩序	☐ 26	織り込む	☐ 42	骨組み
☐ 11	形成(する)	☐ 27	関わり	☐ 43	捉える
☐ 12	顔見知り	☐ 28	客観	☐ 44	由来(する)
☐ 13	繰り広げる	☐ 29	極端	☐ 45	土台
☐ 14	世渡り	☐ 30	褒め称える	☐ 46	本質
☐ 15	対話(する)	☐ 31	規定(する)		
☐ 16	絆	☐ 32	認識(する)		

01　題する［だいする］　アクセント3　動詞

作品などに題(タイトル)をつけること。

※「〜と題する(題した)…」の形で、書物などの名前を説明するときに使われることが多い。
※類義語に「銘打つ」がある。「題する」が作品のタイトルであるのに対し、「銘打つ」は商品などに特別な名前をつけるという意味。
　例　この店では、「産地直送」と銘打った新鮮な野菜が販売されている。

例文
・彼は「世界平和と日本語」と題する論文で、最優秀論文賞を受賞した。
・姉はアメリカ留学から帰ってくると、自分の体験をまとめ、『アメリカの大学生は今』と題したエッセイを発表した。

02　空間［くうかん］　アクセント0　名詞

①物も何もない、空いているところ。
②四方八方、上下の限りない広がり。

※外来語の「スペース」が使われることもある。
　例 ピアノはリビングの窓ぎわのスペースに置くつもりだ。
※語源：明治時代に英語 space の訳語として使われるようになったもの。ラテン語の spatium（余地）が語源とされている。

例文　①私の部屋はとても狭いので、上下の空間を生かせるような家具が欲しいと思っている。
　　　②両親が暮らしていた古い家を思い切ってリフォームしたら、思いのほか住み心地のよい生活空間になった。

03　定義（する）［ていぎ］　アクセント1(3)　名詞(スル)

意味や内容を言葉で正確に限定すること。
※語源：明治時代に英語 definition の訳語として作られたものとされている。

例文　・言葉の定義を辞書で調べたが、説明が難しくてわからなかった。
　　　・レポートでは、抽象的な概念は意味を定義してから使わなければならない。

04　前掲（する）［ぜんけい］　アクセント0　名詞(スル)

文章の中で、その箇所より前に書き記されていること。また、その記述。
※対義語に「後掲」がある。その箇所より後に書き記すこと。
※「前掲書」はレポートや論文などですでに記述された文献を再度記述する場合に代名詞的に使用される。

例文　・前掲の図表について説明を追加する。
　　　・（論文の記述）結果は前掲した通りであるが、今回の分析で明らかになったことを次に示す。

05 挙げる [あげる]　アクセント0　動詞

①手を高いところに動かす。
②警察が犯人を捕まえる。
③力などを全部出す。
④行事や式を行う。
⑤例を出す。

※高さを表現する場合には「上げる」が使われるのに対して、「挙げる」は物事を起こす意味で使われる。「ポイントを上げる」が点数が増えるという意味であるのに対し、「ポイントを挙げる」は、重要な点を示すという意味になる。
※語源：文語「あぐ」（上ぐ／挙ぐ／揚ぐ）が変化したものとされる。

例文　①日本の小学校では、発言するときは手を挙げるように指導される。
　　　②警察はその事件の犯人を挙げるために、必死の捜査を続けている。
　　　③オリンピックは、国を挙げて代表選手を応援する一大イベントだ。
　　　④教会で結婚式を挙げたいと考えているカップルは多い。
　　　⑤言葉がわからないときは、例を挙げてもらうようにしている。

06 公的 [こうてき]　アクセント0　ナ形容詞

公共に関わりがあり、その性質を持つという意味。

※対義語は「私的」。公共ではなく、個人に関わるという意味。
　例 例え親であっても、私の私的な生活には立ち入ってほしくない。
※また、「私的」の類義語である「個人的」は集団の中にあってその人個人を意味する。
　例 会社の会議で、個人的な感想を述べることは控えるべきだろう。
※類義語に「公式」「正式」がある。「公的」が公共に関わる（個人のものではない）という意味であるのに対し、「公式」は公に認められたものという意味を表す。また「正式」は、方法や手続きが正しいという意味。
　例 大人気ドラマの公式ホームページが開設された。
　例 彼女には、来週、正式にプロポーズするつもりだ。（＝婚約指輪やプロポーズの言葉などを準備してきちんとするという意味）

例文　・先日の大雨による大規模な災害には、復旧のために一刻も早い公的な支援が必要だ。
　　　・私が暮らす地域では、感染症拡大防止のために、公的な場所でのマスクの着用が義務付けられている。

07　成熟（する）［せいじゅく］　アクセント 0　名詞(スル)

①果物や穀物が十分に成長し、よく熟すること。
②人が心身共に十分に成長すること。
③何か物事をするのに、最もいい時期を迎えること。
　※対義語は「未熟」。また、類義語に「円熟」がある。「円熟」は人格や技芸、知識などに対して用いられることが多く、その精神や技量などが十分に進歩して充実したものになるという意味。
　例 仕事で失敗するたびに、自分の未熟さに気付かされる。
　例 彼の作品は、年齢を重ねて円熟したと言われている。

例文
① さくらんぼ狩りに出かけ、成熟した実を見つけてほおばると、甘ずっぱい香りが口いっぱいに広がった。
② 成人式を終えた後、神社に行って、早く成熟した大人になれるように祈願した。
③ 新商品に対する認知や需要はまだ高まっていないが、機運が成熟するのを待ちたい。

08　共有（する）［きょうゆう］　アクセント 0　名詞(スル)

一つの物を二人以上で一緒に持つこと。
　※対義語は「専有」。
　例 マンションの専有部分については、住んでいる自分たちでメンテナンスしなければならない。
　※外来語の「シェア」が使われることも多い。「シェア」はビジネス場面では、「占有率」の意味でも使われる。
　例 友人と一軒家をシェアして生活している。
　例 我が社の製品はその分野で70%のシェアを占めている。

例文
・大学時代に時間を共有した仲間は、私にとって一生の宝だ。
・インターネット上にアップすれば、世界中の人と情報を共有することができる。

09　中核的［ちゅうかくてき］　アクセント 0　ナ形容詞

名詞の「中核」に接尾語「的」を付けることでナ形容詞にしたもの。物事の中心となる重要な部分という意味。
　※類義語に「中心的」がある。「中核」も「中心」も真ん中にある重要な部分という意味では同じだが、物理的な場所という意味では「中心」を使う。
　例 この町の中心には大きな美術館がある。（×中核）

例文
・彼女は中核的な存在としてこのプロジェクトを進めている。
・市役所の交流センターは、この地域の国際交流において中核的な役割を果たしている。

10 秩序 [ちつじょ] アクセント 1 (2)　名詞

①物事を行うときの正しい順序や決まり。
②社会の安定を保つために必要な順序や決まり。

※①の意味では「秩序を立てて考える」「秩序正しい」の形で多く使われる。また、②の意味では「秩序を維持する」「秩序を乱す」「秩序を回復する」の形でも多く使われる。
※類義語に「順序」がある。「秩序」が社会的に正しいものであるのに対し、「順序」は正しい並び方という意味。また、「順番」は並び方の中でのそれぞれの位置のこと。
例 すぐに結婚したいと言っても、物事には順序があるのだから、まずは相手を探す必要があるだろう。
例 彼女は複雑な仕事でも順序よく進めることができる。
例 番号が1番の人から順番に並んでください。

例文　①軍人だった祖父は本当に厳しい人で、毎日、秩序正しい生活をしていた。
　　　②社会の秩序を守るためには、ルールや規則だけではなく、相手への思いやりも大切だ。

11 形成(する) [けいせい] アクセント 0　名詞(スル)

ある一つの形を作り上げること。
※語源：明治時代に英語 form の訳語として作られたものとされる。
※類義語に「生成」がある。「形成」がある形にすることであるのに対し、「生成」はなかったものを生じさせるという意味。
例 研究所では、実験によって新たな薬品を生成している。

例文　・幼少期の体験は人間形成において重要な役割を果たすと考えられている。
　　　・人間は古来より、家族を単位とした社会を形成してきた。

12 顔見知り [かおみしり] アクセント 0　名詞

互いに顔は知っていて会えば挨拶くらいはするが、特に親しいというわけではないこと。また、そういう間柄の人。

※似た形の表現に「人見知り」がある。「人見知り」は、見慣れない人に恥ずかしそうにしたり嫌ったり、子どもが見慣れない人を見て泣いたりするさまを表し、意味がまったく異なるので、注意が必要。
例 まだ小さい妹は人見知りが激しく、知らない人に話しかけられると泣いてしまう。
※類義語に「顔馴染み」がある。「顔馴染み」は、お互いによく知っている関係について使う。
例 駅前のカフェに通っているうちに、店長と顔馴染みになった。

例文　・地元のスーパーに買い物に行くと、顔見知りが多くて、いちいち挨拶するのが面倒になることがある。
　　　・最近、顔見知りになった彼女と、もう少し親しくなれるきっかけはないものかと考えている。

13 繰り広げる [くりひろげる]　アクセント 5 (0)　動詞

①まとまっているものや巻いてあるものなどを順に広げて見せること。
②ある事柄、場面などを次から次へと展開すること。

※「繰り広げられる」と受け身の形になることも多い。また、類義語に「展開」がある。「展開」には、次の段階に進むという意味合いがある。
　例 未解決だったあの事件は、ある事故がきっかけで、思いもよらない展開を見せて解決した。

例文　①資料館の特別展示室では平安時代の絵巻物を繰り広げて展示している。
　　　②オリンピックの水泳200メートル自由形の決勝では、トップ二人の選手が抜きつ抜かれつのデッドヒートを繰り広げて会場を盛り上げた。
　　　②ワイドショーでは、連日のように専門家によって新型ウイルスに関する議論が繰り広げられている。

14 世渡り [よわたり]　アクセント 2　名詞

現実の社会で生活してゆくこと。

※「世渡り上手」は、世間において上手に人間関係を作ったりしながら生活を充実させていくこと。
　例 うちの妹は世渡り上手で、何回会社を辞めても、すぐにいい仕事を見つけてくる。
※類義語に「付き合い」がある。「世渡り」が社会での人間関係であるのに対し、「付き合い」は個人の関係性に使われる。
　例 彼は本当に付き合いが悪い人で、何度誘っても今日は忙しいと言って断られる。

例文　・自分の好きなことだけをしながら世渡りしていく方法がないものかといつも考えている。
　　　・彼は同僚から世渡りが下手だと言われているが、まじめな性格でいい人だと私は思う。

15 対話（する） [たいわ]　アクセント 0　名詞(スル)

①二人の人が相対して話をすること。
②物事に対して気持ちが通じ合うように向き合うこと。

※類義語に「対談」がある。「対談」は、ある特定の事柄や問題などについて二人で話し合うこと。
　例 復興支援をテーマに与党と野党の代表が対談した。
※また「会話」は、二人または複数の人が集まって話をすること。
　例 我が家の夕飯の時間はいつも会話が弾んで、一日のうちで一番楽しい時間だ。

例文　①娘と母親の対話を聞きながら、父親である私の口出しは必要ないと思った。
　　　②雑木林をウォーキングしていると、風の音や鳥の鳴き声などが聞こえ、まるで自然と対話しているような気分になる。

16 絆 [きずな] アクセント 0 名詞

家族や友人など、人と人との間にある支え合いや助け合いなど、断つことのできない結びつき。

※語源：馬などの動物をつなぎとめておく綱の意味。綱である「くびづな」が変化したものとされる。また、現代仮名遣いでは「きづな」というように「づ」も許容されている。

例文
- 寝起きを共にする合宿は、チームの絆を深める方法の一つだ。
- 震災は辛い経験だったが、家族や周りの人との絆を感じながら立ち直ることができた。

17 強める [つよめる] アクセント 3 動詞

勢いや力の程度を強くすること。

※対義語は「弱める」。
例 この部屋は寒いくらいに冷えているので、冷房を少し弱めた。

※語源：「ツ・ト（突・鋭利）＋ヨ（能）＋シ」で、突き方の強さが語源であるとされている。

例文
- 彼は自分の意見に反対する人々に向かって、語気を強めて説明を始めた。
- 早朝に起きた山火事は、昼頃にはさらにその火の勢いを強めて、広がっていった。

18 伝達（する）[でんたつ] アクセント 0 名詞（スル）

意思・指示・連絡事項・情報・命令などを相手に口頭や文書などで伝えること。

※類義語である「連絡」は、ある事柄や事実を単に相手に伝えること。
例 震災のときには、電話やメールなど家族への連絡ができなくなり、とても不安だった。

例文
- 待合室で待っている人たちに、高速バスが到着したことが放送で伝達された。
- 少しわかりにくい内容なので、伝達は書面でするようにと指示があった。

19 有〜 [ゆう] アクセント － 接頭辞

漢語などの頭に付いて、何かがあるという意味を表す。

※対義語は「無」。「無」は何かがないという意味。
例 5月5日は子どもの日なので、地域の子どもは遊園地や動物園に無料で入れる。

例文
- 彼は今年の新入社員の中では有能な人材の一人だ。
- この三日間の特別講義は、私にとってとても有意義な内容だった。

20 予想（する）［よそう］ アクセント 0 名詞(スル)

物事の今後の推移や結果などを事前に想像すること。また、その内容。

※類義語に「予測」がある。「予測」は得られた情報などなんらかのよりどころに基づいて推測すること。
例 今年の花火大会は、主催者側の予測をはるかに上回る人出で大混乱になった。

※語源：明治時代に英語 expectation の訳語として作られたものとされる。

※また、類義語の「期待」は、よいだろうという予想のこと。「予想を裏切る結果」が、思っていたのとは違ってよい結果だったという意味であるのに対し、「期待を裏切る結果」は残念な結果であったことを示す。
例 新作映画は期待はずれで、途中で思わず寝てしまった。

例文
・今年の夏の高校野球は、大方の予想に反して無名の初出場校が優勝した。
・三連休の初日とはいえ、ここまで道路が渋滞するなんて予想もできなかった。

21 貶める［おとしめる］ アクセント 4 動詞

①自分より劣ると見なして、ばかにしたり見下したりすること。
②地位や評価などを下落させること。

※語源：「オトス（落とす）」+「シム（～させる）」が変化したものとされる。

※「人を貶める」「人の評判／評価を貶める」の形で使われることが多い。

例文
①事情もわからないのに、人のことを貶めるような言い方はよくない。
②このプロジェクトの失敗は、リーダーである彼の評価を貶めることになった。

22 行為［こうい］ アクセント 1 名詞

①個人が意思を持ってする行動のこと。
②哲学の用語で、自由意思によって意識的に行われる行動のこと。

※類義語に「行動」がある。「行為」が意識的に行われるものであるのに対し、「行動」は無意識的に行われるものを含む。
例 ホームから落ちそうになった人を助けた彼のとっさの行動に、多くの賞賛が寄せられた。

例文
①試験中の不正な行為は、厳しく罰せられる。
②哲学の行為論では、行為を合理化・正当化する理由とはどのようなものかが研究されてきた。

23 誠実 [せいじつ]　アクセント0　名詞・ナ形容詞

人にうそをついたりせず、仕事などに対してもまじめで真心があること。

※類義語である「真摯」は、「誠実」にはない、「一途な」という意味合いが加わる。
　例 私は、この論文に対する教授のアドバイスを真摯に受け止め、書き直すことを決心した。

※また、「忠実」は、そのままの通り正確に行う、という意味合いが加わる。
　例 翻訳という仕事は、常に原作に忠実でなければならないと思っている。

※「不誠実」は「不」という否定の意味を表す接頭辞がついて「誠実」でないという意味になる。
　例 皆が彼女の不誠実な態度にがっかりしてしまった。

例文
・人間として大切なことは、何事に対しても誠実に取り組むことだと思う。
・私は彼の誠実な人柄にひかれて結婚を決めた。

24 抑制（する）[よくせい]　アクセント0　名詞(スル)

①勢いを持って進もうとするものを、抑え止めること。
②努力して、激しい欲望や感情、衝動的な行動などを抑えようとすること。

※類義語に「制御」がある。「抑制」が抑えることを意味するのに対し、「制御」は思い通りに動かすことを意味する。「制御」の意味では、外来語の「コントロール」が使われることも多い。
　例 飛行機の操縦は、ほとんどコンピュータで制御されている。(＝コントロールされている)
　例 優れた俳優は、自分の感情をコントロールできる。

例文
①地球の温暖化を抑制するためには、一人ひとりの小さな努力の積み重ねが必要だ。
②彼のあまりに身勝手な言い分に、私は怒りを抑制するのに精一杯で、何も言い返せなかった。

25 若干 [じゃっかん]　アクセント0　名詞(副詞)

①はっきりしない、それほど大きくない程度や数量などを表す語。いくらか。少し。
②(副詞) いくらか。多少。

※「若干名」は何人かという意味。また、同音異義語の「弱冠」は年齢が若いこと。また二十歳の男子を表す語。
　例 弱冠17歳で将棋の名人の称号を得るなんて、信じられないことだ。

※語源：「干」の漢字は「一」と「十」に分けられることから、「一のような、十のような」数字というのが語源とされる。

例文
①就職を希望する会社の募集人数を調べたら、若干名となっていた。
②この料理はおいしいと思うけれど、若干塩味がうすい気がする。

26　織り込む [おりこむ]　アクセント 3 (0)　動詞

①織物を織るとき、生地と違う糸を織り入れて模様などを作ること。
②ある物事の中に、他の物事を含めること。

※同音語に「折り込む」がある。「折り込む」は、中のほうに折ったり、折ったものを中に挟んだりすること。
　例 以前、新聞に広告のチラシを折り込むアルバイトをしていた。

例文　①私の成人式の着物は、金糸と銀糸が織り込まれていて、とても美しかった。
　　　②歓送会の記念品の費用は、集めた会費にすでに織り込まれているということだ。
　　　②メンバーから出された様々な意見や提案を織り込んで計画書をまとめた。

27　関わり [かかわり]　アクセント 0　名詞

なんらかの繋がりがあること。関係すること。繋がり。

※動詞「かかわる」が名詞化したもの。「係わり」も同じ意味。
※語源：「かかわる」は関係することを意味する「カク・カカ・カケ」が変化したものとされる。

例文　・子ども同士のけんかには、親はあまり関わりを持たないほうがよいと言われるが、実際には難しいところだ。
　　　・信用できない感じがするので、彼とはあまり関わりを持ちたくない。

28　客観 [きゃっかん]　アクセント 0　名詞

①自分の考えではなく、第三者の立場で観察したり考えたりすること。
②哲学で、主観（私）の認識の対象になるもの。

※「客観（視）する」（動詞）、「客観的」（ナ形容詞）の形で多く使われる。
　例 客観的に見て、彼は本当に正直な人と言えるだろうか。
※対義語は「主観」。その人独自の感じ方や考え方、ものの見方の意味。
　例 物事の判断には、主観に偏らないように気をつけたいと思う。
※語源：明治時代に英語 object の訳語として使われるようになったもの。中国ではもともと「外観」「見た目」の意味で使われていたとされる。

例文　①自分の経験を客観視するのは、なかなか難しい。
　　　②哲学では、長く主観と客観との関係について議論されてきた。

29 極端［きょくたん］　アクセント 3　名詞・ナ形容詞

① (名詞) 物の最も端のところ。端っこ。
② (ナ形容詞) 普通の程度をはるかにこえて外れること。一方にひどく偏ること。
　※対義語の「適度」は、ほどよいこと、ちょうどよいことを表す。
　　例 規則正しい生活と適度な運動が健康の秘訣だ。
　※類義語に「極限」「極度」がある。「極限」は、物事の限度がぎりぎりの状態であるという意味。また、「極度」は度合いや程度が普通ではなく激しい様子を表す。
　　例 二日間徹夜したら、体力が極限に達してしまい、レポートが提出できなかった。
　　例 スピーチ大会でマイクの前に立つと、極度の緊張で声が出なくなった。

　例文　①やりたいことは何か、やりたくないことは何か、その両極端まで考えてみると、やりたい仕事が見つかるかもしれない。
　　　　②彼の極端な物の考え方には、もう私はついていくことができない。
　　　　②最近の日本の夏は極端に暑い日が増えて過ごしにくい季節になっている。

---

30 褒め称える［ほめたたえる］　アクセント 5 (0)　動詞

そのすばらしさ、立派さなどを認めて盛んに褒めること。
　※類義語に「称賛」「賞賛」がある。どちらも「褒め称える」の意味だが「称賛」は言葉で褒めること。「賞賛」は金品などを与えて褒めること。
　　例 観客はコンテストの優勝者に対して称賛の拍手を送った。
　　例 コンペで優勝した社員には、その賞賛として特別ボーナスが出ることになった。

　例文　・スピーチコンテストで優勝した彼のことを、先生をはじめ学校の全員が褒め称えた。
　　　　・彼は子どもの頃から天才児と褒め称えられていたが、大人になったら普通の人になった。

---

31 規定（する）［きてい］　アクセント 0　名詞(スル)

①物事の内容や、やり方などを、規則や基準として定めること。また、定めた内容や決まり。
②法令の条文として定めること。また、法令一つひとつの条文。
　※同音語である「規程」は、一つひとつの「規定」をまとめた全体の意味。「服務規程」「業務規程」などのような形で使用する。また「規定」は「規定する」のように動詞になるが、「規程」は動詞にはならない。
　　例 会社の服務規程では、社員の服装が定められている。
　※また、類義語である「規律」は、個人の生活や集団での決まりや約束のこと。「規律」も動詞にはならない。
　　例 うちの子は中学のときから寮生活だったので、規律正しい生活が身についている。

　例文　①自転車は、道路交通法で車両に分類されるため、車両の規定が適用される。
　　　　②新しい条文の説明に、すでに規定された事項を引用した。

32 認識（する）［にんしき］ アクセント0 名詞(スル)

①物事の意味を知って理解すること。また、その理解や考え。
②哲学の用語で、人間が物事を知る上での意識の働き。

　※類義語に「知識」がある。「知識」は認識の結果、得られた内容を指す。それに対して「認識」は知る行為を含む。
　例）身につけた知識は誰にも奪えない宝だ。

例文　①昔の友達に偶然会ったが、顔がまったく違っていたので、彼だと認識するのに時間がかかった。
　　　①仕事をしなくても、なんとか食べていけるなんて、認識が甘すぎる。
　　　②人間が物事をどう認識しているのかについては、認識論の中で議論されてきた。

33 思考（する）［しこう］ アクセント0 名詞(スル)

あれこれ考えること。考え。

　※類義語に「思い」がある。「思い」は、より感情的で主観的な心の働きを意味する。また、特に強い気持ちを意味して「想い」と表記する場合もある。
　例）長年の思いがかなって、海外支社に転勤できることになった。
　例）遠くに住んでいる家族への想いを手紙に記した。

例文　・何か嫌なことがあっても、深く考えたり落ち込んだりすることがないので、よく友達からプラス思考だと言われる。
　　　・読書で思考力が養えると聞いたので、毎日一時間読書をすることに決めた。

34 普遍的［ふへんてき］ アクセント0 ナ形容詞

広く行き渡り、すべてのものに当てはまるさま、すべてのものに共通しているさまを表す。

　※「普」「遍」は、共に広く行き渡ることを表す意味の漢字。類義語に「一般的」がある。「一般的」は、ある部分では広く当てはまるという意味。
　例）日本人は一般的に、匂いの強いものを好まない傾向にあるので、香水をつける習慣を持っている人は少なかったと言われている。
　※語源：もともと「広く行き渡る」という意味だったが、明治時代にuniversalの訳語として使われるようになったものとされる。

例文　・日本人に限って言えば、桜はすべての人が美しいと思う普遍的な花と言えるのではないだろうか。
　　　・人間にとって普遍的な感情とは何だろうという問いかけに、私は「喜び」と「悲しみ」と「怒り」の三つを思い浮かべた。

35 個別 ［こべつ］　アクセント 0　名詞

全体を一つひとつ別のものにすること。

※ナ形容詞「個別的」の形でも多く使われる。
　例 表現のしかたは、人によって異なる個別的なものだ。
※類義語に「個々」がある。「個別」がそれぞれが別であることに焦点があるのに対し、「個々」は一つひとつという意味。
　例 個々の人間の価値観がすべて違うのは当たり前だ。

例文
・クラスの学生を個別に時間をかけて丁寧に指導してくれるので、あの先生はとても人気がある。
・来年もアルバイトを続けるかどうかについて、来週店長と個別面談をすることになった。

36 数値 ［すうち］　アクセント 1　名詞

①計算や観測などで得られた数。値。
②文字式の中の、その文字の値として適合する具体的な数。

※類義語に「数字」がある。「数値」が計算や計測で得られた数であるのに対して、「数字」は数を表示するための文字（1、一、壱）のこと。
　例 好きな数字がデザインされたものを見るとつい買ってしまう。

例文
①人間ドックを受けたら、コレステロールの数値が高いと診断され、薬を処方された。
②円周率（π）を数値で示すと約 3.14 になる。

37 保持（する）［ほじ］　アクセント 1　名詞（スル）

①保ち続けること。持ち続けること。
②経験したことや学習したことなど、記憶したことが心に残っていること。

※類義語に「維持」がある。「保持」は保ち続ける状態を表すが、「維持」は、そのままの状態で保ち続け変えないことに重きが置かれる。
　例 彼は、結婚生活の維持に一番必要なのは、お互いにゆずり合う気持ちだと言っていた。
※また、類義語の「保有」は持っている状態のこと。
　例 最近、社員に対して自社の株式の保有を勧める企業が多くなっているそうだ。

例文
①私は健康を保持するために、毎日数種類のサプリメントを飲んでいる。
②何よりも、日々の努力と研鑽が、学問に対する情熱の保持に繋がるのではないだろうか。

38 構築(する) [こうちく]　アクセント 0　名詞(スル)

基礎から組み立て全体を築き上げること。建設工事、土木工事を行うこと。

※「構築」は建造物だけでなく、「論理」や「関係」など抽象的なものを作り上げるときにも使用される。このことから、ビジネスでは、「信頼関係を構築する」など、お互いの人間関係や信頼関係を少しずつ積み上げながら築くという意味で使用される。
　例 私は顧客とは丁寧に信頼関係を構築していくことを心がけている。

例文
- 江戸時代に建てられたこの城は、石垣から天守閣までの全体を構築するのに10年かかったと言われている。
- 論文をまとめるにあたって、どのように理論を構築するか思案している。

39 導く [みちびく]　アクセント 3　動詞

①目的の場所まで案内して連れて行く。
②正しい方向に進むように指導する。
③物事や状況がそうなるように動かす。
④答えや結論を引き出す。

※「【人】は【物】で導く」「【物】は導く」の両方の形が使われる。名詞は「導き」。
　例 今の私があるのは、恩師の導きのおかげだと感謝している。
※語源:「道案内する」という意味で使われていた「道引く」が変化したものとされる。

例文
①方向がわからなくなった船をイルカの群れが陸まで導いた。
②監督は厳しいトレーニングでチームを優勝に導いた。
　（＝監督の厳しいトレーニングはチームを優勝に導いた）
③どんな理由があったとしても、戦争は人々を不幸に導く。
④コンピュータは、入力情報さえ正しければ、正しい結論を導くことができる。

40 推測(する) [すいそく]　アクセント 0　名詞(スル)

ある事柄や得られた情報などから、想像して判断すること。

※類義語に「推察」がある。「推察」は、目に見えない、人の感情や事情などを推しはかることを意味する。
　例 私はこの大雨で被害を受けた人々の心中を推察して、ただ黙々とボランティアの作業を続けた。

例文
- 救急車で運ばれてきた患者は、この炎天下でろくな水分もとらずテニスをしていたようで、熱中症にかかったと推測されている。
- 詳しいことは不明だが、犯人は被害者と知り合いだったと推測される。

41 根拠 [こんきょ]　アクセント1　名詞

①考えや判断、言動などが成立する理由。よりどころ。
②活動の拠点となる所。根城。本拠。
　※類義語である「裏付け」は、物事を確実にしたり、証明したりするための理由や証拠の意味。「根拠」よりも、より間違いがなく確実性が高いという意味合いがある。
　例 あなたの主張を認めるには、裏付けとして証拠が必要だと言われた。
　※また、「証拠」は真実を明らかにするために使われる材料のこと。
　例 警察は事件現場で犯人に繋がる証拠を探した。

例文　①自分の考えや意見を文章にするときには、根拠をしっかり書かないと、説得力のない文章になってしまう。
　　　②一日も早く敵の根拠をつきとめなければならない。

42 骨組み [ほねぐみ]　アクセント0　名詞

①全身の骨の構造。
②機械や建築物などの基礎となる組み立ての部分。
③物事の中心となりそれを支える事柄。

例文　①弟は兄よりも骨組みのがっちりとした体をしているので、一緒にいると、弟のほうが兄だと間違われることがある。
　　　②新築中の家の骨組みができあがったので、明日は棟上げのお祝いをする。
　　　③バレエという芸術の骨組みは、音楽とダンサーの技量が合致したときにゆるぎのないものになると言われている。

43 捉える [とらえる]　アクセント3　動詞

①物事の特徴や本質を理解してしっかりつかむ。
②いい機会をつかんで利用する。
③人や機械が音や映像をうまく受信する。
④人の心をしっかりとつかむ（「心を捉える」の形で使われる）。
　※同音異義語に「捕らえる」がある。「捕らえる」が逃げるものを追いかけて押さえるという意味であるのに対し、「捉える」は抽象的な物事をしっかりつかむという意味で使われる。
　例 警官は逃げる男を二人がかりで捕らえた。

例文　①彼の説明は、フランス映画の特徴を的確に捉えていた。
　　　②成功するためには、成長するチャンスを捉えて、自分を高めていくことが必要だ。
　　　③「絶対音感」を持つ人は、音を捉える能力が非常に高いと言われている。
　　　④発売された新しいスイーツは、若者の心をしっかりと捉え、爆発的なヒットになった。

44 由来(する) [ゆらい]　アクセント0　名詞(スル)

ある物事が今までたどってきた道筋。また、そのことの起こり。

※類義語に「発祥」がある。「由来」がどこから来たのかを表すのに対し、「発祥」は物事が起こり、始まったことを意味する。
　例ギリシャはオリンピック発祥の国として知られている。

※類義語である「来歴」は、物事だけでなく、人の経歴や履歴のことも表す。
　例歴史上の偉人の来歴を調べるという宿題で、私は、坂本龍馬の来歴を調べることにした。

例文
- 私の趣味は、珍しい地名や名字などを見つけてその由来を調べることだ。
- ランドセル、ガラス、コップ、コーヒー、ビールなどは、オランダ語に由来する言葉だ。

45 土台 [どだい]　アクセント0　名詞・副詞

① (名詞) 木造建築で、柱を受けその下で、上部の重みを支える横材。
② (名詞) 建築物の最下部にあって、その全体の重みを支えるもの。基礎。
③ (名詞) 物事の根本。基礎。基本。
④ (副詞) 根本から。はじめから。もともと。

※語源：もともと土で作られた台という意味で使われていたものが、建築物の基礎という意味で使われるようになったものとされる。

※副詞の場合は「土台からして（＝はじめから、もともと）」という意味になるため、否定的な表現を伴うことが多い。

例文
①土台にシロアリが入ったら、家は終わりだ。
②建築物すべてにおいて土台は何よりも大切な部分だ。
③将来音楽の道に進みたいのなら、その土台としてピアノなど楽器の練習が必要だ。
④三日坊主の姉が足腰を鍛えると言ってランニングを始めたが、土台結果は見えている。

46 本質 [ほんしつ]　アクセント0　名詞

①そのものの、それなしには存在が考えられない独自の性質や要素。
②哲学で、存在するものをそのものとして規定する不変の性質。

※「本質的」(ナ形容詞)は、物事の、独自の性質や要素に関わるという意味。
　例彼の考え方が、私とは本質的に違うということがわかったので、結婚はできないと思った。

※類義語に「実質」がある。「本質」が物事の本来の性質であるのに対し、「実質」は本当の中身のこと。
　例彼は、フリーランスのライターと名乗ったが、実質はフリーターだった。
　例実質的には、この会社は社長の奥さんが経営しているようなものだ。

例文
①授業中、学生からの質問が、その問題の本質をつくものであったりすると、時間の許す限りその学生と議論してみたいと思うことがある。
②「哲学とは何か」という質問をしたら、「本質を洞察すること」という答えが返ってきたが、どのように考えればよいのかは難しい問題だ。

問題

1 漢字の読み方をひらがなで、ひらがなを漢字で書きましょう。

❶ 熟れる：

　成る：

❷ 序する：

❸ 絆創膏：

❹ 貶す：

　毀誉褒貶：

❺ 抑える：

2 次の語を含む複合語を考えて例文を作りましょう。

❶ （身体を表す言葉）+ 動詞連用形：

❷ 〜込む：

❸ 繰り〜：

▌問1▐ 下線部の読み方として最も適切なものを、A〜Dの中から一つ選びなさい。

❶ 機運が成熟するのを待ってから、転職活動を始めようと考えている。
　　A せいぞく　　　　　　　B せいじゅく
　　C じょうじゅく　　　　　D じょうぞく

❷ 社会の秩序を守るためには、人と人とが尊重し合うことが大切だ。
　　A ちつじょ　　B てつじょ　　C ちちじょ　　D しつじょ

❸ 高校の3年間、苦楽を共にしたチームメイトとは、固い絆で結ばれている。
　　A ばん　　　　B いと　　　　C つなぎ　　　D きずな

❹ 他人を貶めることに安心感を求める人は、自分に自信のない人が多い。
　　A こらしめる　　　　　　B おとしめる
　　C いなめる　　　　　　　D おがめる

❺ この薬は適量の服用で、肥満を抑制する効果が得られる。
　　A いくせい　　B いっせい　　C あっせい　　D よくせい

▌問2▐ 下線部に入る言葉として最も適切なものを、A〜Dの中から一つ選びなさい。

❶ 新規の事業を立ち上げるにあたって、まずは企画の_____を作ることが重要である。
　　A 肝試し　　　B 心構え　　　C 骨組み　　　D 腹回り

❷ 来年度のプロジェクトに必要だと思われるコストはすべて概算要求に_____ある。
　　A 払い込んで　　　　　　B 割り込んで
　　C 引き込んで　　　　　　D 織り込んで

❸ スポーツイベントの期間中、スタジアムでは連日、熱戦が_____いる。
　　A 繰り広げられて　　　　B 繰り上げられて
　　C 繰り越されて　　　　　D 繰り出されて

Lesson 3

❹ 彼は＿＿＿＿＿がとても上手だから、30代で部長に抜擢された。
　　A 身渡り　　　B 人渡り　　　C 世渡り　　　D 行渡り

❺ 惜しくも入賞は逃したが、コーチは彼の努力を＿＿＿＿＿。
　　A 褒め明かした　　　　　B 褒め称えた
　　C 褒め返した　　　　　　D 褒め表した

| 問3 | ⬚から最も適切な言葉を選び、下線部に正しい形で書きなさい。

❶ 古いマンションでも、内装やインテリア次第で、新築に顔負けしないくらいすてきな＿＿＿＿＿を創ることができる。

❷ 地域の祭りに参加することは、楽しいというだけでなく文化に対する理解と＿＿＿＿＿を深めることにも役立つ。

❸ 大豆はコレステロールの＿＿＿＿＿を下げてくれる健康食品だ。

❹ 主張するときには、裏付けとなる＿＿＿＿＿を示す必要がある。

❺ 情報が溢れる現代社会では、物事の＿＿＿＿＿を見極める力が必要だ。

　　　根拠　　空間　　本質　　数値　　認識

❻ 彼は、日本の男子マラソンの＿＿＿＿＿＿＿＿＿いる。

❼ 被害者の苦しみを目の当たりにし、私は将来医者になる＿＿＿＿＿＿＿＿＿。

❽ 建設業が国や地域の経済発展を支えるという事例は世界中で見られ、＿＿＿＿＿＿＿＿＿ば切りがない。

❾ よい営業マンは、取引先と良好な＿＿＿＿＿＿＿＿＿ことを常に心がけている。

❿ おしゃれ好きな彼女は、よく友達とファッションに関する＿＿＿＿＿＿＿＿＿いる。

　　例を挙げる　　　記録を保持する　　　関係を構築する
　　　　　決意を固める　　　情報を共有する

---

❹ ～渡り：

❺ 褒め～：

3 説明を読んで（　）の中に言葉を書き込みましょう。

✎（　　）を深める：ある問題について掘り下げて探求すること。

✎（　　）を示す：恋愛感情や相手を好ましいと思う気持ちを表して見せること。

✎（　　）を見極める：本当のことを理解するために注意して見ること。

✎（　　）を挙げる：成功してよい結果を残すこと。

✎ 記録を（　　）：記録を刷新すること。

✎ 決意を（　　）：決心を人に表し示すこと。

✎（　　）を共有する：物事について個人の基本的な考えを他人とわかち合うこと。

④ 類義表現を調べましょう。

❶ 物事の根本：
[土台]

❷ 互いに顔を知っている関係：
[顔見知り]

❸ 文章の中で、その箇所より前に記されていること：
[前掲]

❹ 物事を理解してしっかりつかむこと：
[捉える]

❺ なんらかの繋がりがあること：
[関わり]

⑤ 挙げられた語の中から一つ選んで、例文を作りましょう。

❶ 公式・公・公然：
＿＿＿＿＿＿＿＿＿＿＿＿
＿＿＿＿＿＿＿＿＿＿＿＿
＿＿＿＿＿＿＿＿＿＿＿＿
＿＿＿＿＿＿＿＿＿＿＿＿

❷ 約・弱冠・少し：
＿＿＿＿＿＿＿＿＿＿＿＿
＿＿＿＿＿＿＿＿＿＿＿＿
＿＿＿＿＿＿＿＿＿＿＿＿
＿＿＿＿＿＿＿＿＿＿＿＿

|問4| 下線部に最も意味が近いものを、A～Dの中から一つ選びなさい。

❶ 新しいことを始めるときには、土台作りが肝心だ。
　　A 基盤　　　B 場所　　　C 建物　　　D 段取

❷ 彼とは顔見知り程度の関係だから、無理なお願いはできない。
　　A 人見知り　　　　　　B 顔なじみ
　　C 幼馴染　　　　　　　D 初対面

❸ この機器の使い方については、前掲の「利用方法」というページをご覧ください。
　　A 上乗せ　　B 前向き　　C 前略　　　D 上述

❹ 彼は無口な人だから、表情から感情を捉えるのが難しい。
　　A 支える　　B 抑える　　C 把握する　D 表現する

❺ 新しく隣に引っ越してきた人は、いつも不機嫌そうな顔をしているから、あまり関わりを持たないようにしている。
　　A 連絡　　　B 関係　　　C 交信　　　D 訪問

|問5| 見出しの表現を使用した文として最も適切なものを、A～Dの中から一つ選びなさい。

❶ 公的
　A 市民団体は、不祥事を起こした企業が機密文書を公的にすることを求めている。
　B 彼はまだ16歳なのに、公的に酒を飲んでいる。
　C これがわが社の公的ホームページです。
　D 政府は公的な立場から事件に関する見解を示した。

❷ 若干
　A 彼は推定IQ200の天才で、若干二十歳で博士号を取得した。
　B 風邪で体調を崩したため、私は若干しかご飯を食べていない。
　C IT技術者を若干名追加募集をすることになった。
　D 昨日の講演会には若干500名の参加者が来場した。

❸ 中核的
　　A 彼はこのプロジェクトの中核的存在である。
　　B 裁判官は常に中核的な立場から事件を審理しなければならない。
　　C 兄はいつも中核的なところで諦めてしまう。
　　D ここは中核的なところなので、必ず試験に出てくる。

❹ 極端
　　A 極端まで追い込まれると、人は潜在能力を発揮することがある。
　　B プロの歌手でも、開演前は極端の緊張状態に陥るらしい。
　　C きれいな花を飾ると、極端に部屋の中が明るくなった。
　　D 笑っていたかと思ったら、急に怒り出したりして、彼女は感情の起伏が極端に激しい人だ。

❺ 由来する
　　A 歌舞伎は江戸時代に由来したと言われている。
　　B この掛軸は、曽祖父の代から由来されたものだ。
　　C このバナナはフィリピンから由来されている。
　　D 私のせっかちな性格は父に由来する。

❸ 重要・中立的・中途半端：

❹ 極限・極度・途端：

❺ 輸入する・受け継ぐ・発祥する：

6 わからない表現があればメモしましょう。

問6 次の文を読んで、❶～❺に入るものを〔　　〕の中から選んで、正しい形で入れなさい。

　一部の社会科学者たちは、うわさ話を語ったり聞いたりしたくなるのは人間の本能的な欲求であり、そこには進化的な理由があるはずだと主張している。彼らが唱えているのは、言葉によるコミュニケーションの能力が❶_____過程で、「うわさ話の共有」が❷_____な役割を果たしたのではないかということだ。そして、人間の高度な知能や複雑な社会秩序も、「うわさ」の交換を通じて他者を理解する能力を洗練させた結果として形成されたものではないか、というのである。

　人類は、進化の長い歴史のうち大半の期間を、小規模で閉鎖的な、変化の少ないコミュニティに❸_____暮らしてきた。ほぼすべてのメンバーが❹_____であるような小集団の中で、人々は様々な協力を行い、同時に生き残りを賭けた競争も❺_____きた。

（出典：『日本語で考えたくなる科学の問い〔文化と社会篇〕』（凡人社）Lesson3 本文）

中核的　　顔見知り　　繰り広げる
所属する　　成熟する

| I．文字・語彙・コロケーション | **II．文型・文法** | III．類義表現 |

01 をはじめ（として）

どう使う？　名詞 ＋ をはじめ（として）

意味　「Aをはじめ」で代表となるものを挙げる。①代表的なものの他に似たような例があることを表す。②中心的なものから周辺的なものまで広範囲にわたっていることを表す。

例文
①日本の伝統的な陶磁器としては、有田焼をはじめ、益子焼、備前焼、萩焼などが挙げられる。
①私は来日してから、指導教員の先生をはじめ、たくさんの方にお世話になって暮らしています。
②駅のホームには、鉄道ファンをはじめとして、小さい子どもから高齢者に至るまで、様々な人が集まり、鉄道車両の引退を惜しんだ。

使い方　①代表的な例を最初に提示し、続いて、似たような例を複数挙げるときには、一つ目の例文のように「など」を伴うこともある。もしくは二つ目の例文のように、「たくさん」「様々」など量や種類が多いことを表す言葉のほか、「みんな」「いろいろ」「誰もが」などと共に使われやすい。②の意味を表す場合は、三つ目の例文のように「〜から〜まで」を伴うこともある。

ポイント　「Aをはじめ」と「Aをはじめとして」は類義表現であるが、「Aをはじめとして」は後ろの文には、「〜てください」や「〜よう」のような、聞き手への働きかけや、話し手の意向を表す表現は用いられにくい。後ろが名詞の場合には「［名詞］をはじめとする［名詞］」という形になる（例：日本をはじめとするアジアの国々）。

類義表現　「をはじめとする」「を第一に」

02 をもとに（して）

どう使う？　名詞 ＋ をもとに（して）

意味　「Aをもとに（して）B」は、「Aを、材料や素材、手がかり、基準にしてB」という意味を表す。

例文
・ゼミのメンバーのリクエストをもとに飲み会の会場を探してみた。
・日本の演歌をもとに、新しい音楽に作り替えたところ、若い世代にヒットした。
・コンビニのアルバイトは、マニュアルをもとにして働けばいいから楽だ。

使い方　一つ目の例文のように、ある行動や判断をする際に、「材料や素材」にするものを提示する。もしくは、二つ目と三つ目の例文のように、「手がかりや基準」にするものを提示する場合もある。

ポイント　「をもとに」と「をもとにして」は意味と用法がほとんど同じである。書き言葉だけでなく話し言葉にも使用される。類義表現として「に基づいて」があるが、「に基づいて」は主に書き言葉で使用されるという違いがある。また、「〜のもとに（で）」は、「ある条件や状況において」という意味になり、異なる表現となる。

例 コーチの厳しい指導のもとに、チームはさらに強くなった。

類義表現 「に基づいて」「を素材として」「からヒントを得て」

03 つつ

どう使う? 動詞(-~~ます~~) + つつ

意味
① 〈逆接〉相反する二つの出来事が並んでいることを意味する。(=のに)
② 〈同時進行〉ある人が一つの行為と同時に別の行為をすることを意味する。(=ながら)

例文
① 寒い朝はいつも、起きなければと思いつつ、目覚まし時計のアラームを止めてしまい、結局寝坊してしまう。
① 詐欺と知りつつ、だまされたふりをした。
② 育休の期間についてはパートナーと相談しつつ決めていこうと思う。
② 近くを流れる川の音を聞きつつ、将来について考えをめぐらせた。

使い方 用法①〈逆接〉は話し手の後悔する気持ちを表す場合に用いられやすい。用法②〈同時進行〉は「AつつB」という形で、Aで副次的な行為、Bで主となる行為が行われる。

ポイント 用法①〈逆接〉と用法②〈同時進行〉のどちらも書き言葉や硬い表現で用いられる。①〈逆接〉では「知りつつ」「思いつつ」のような決まったパターンが多い。②〈同時進行〉の「つつ」は「ながら」とよく似ているが、「ながら」に比べて硬い表現である。また、「ながら」は動作性が強く、「つつ」は動作性が弱いとされる。例えば、「歩く」は動作性が強いため、「歩きつつB」より「歩きながらB」のほうが自然である。さらに、「～つつも」の形では、①の逆接の意味合いが強くなる。また、「～つつある」は、「動作がある方向に向かっている」ことを意味し、異なる表現となる。

例 歩き{○ながら／△つつ}スマホを見るのは危険だ。

例 地球温暖化は深刻な問題になりつつある。

類義表現 ①「つつも」、②「ながら」

04 というか

どう使う? 名詞／ナ形 イ形(普) + というか

意味 ある人や物事に対しての印象や判断を例えて述べる表現。

例文
・今日の彼は元気がないというか、いつもの覇気がない。
・職場では大人の付き合いというか、誰とも踏み込んだ話をしないようにしている。
・久美子さんの行動は大胆というか、無邪気というか、皆を困惑させる。

使い方 より適切な言葉を探しながら、話題になっている人物や物事について、いろいろな言葉に変えて説明を試みる際に使用される。「A というか B」の A では話題になる人物や物事について、話し手の評価を伴う表現（例：「元気がない」「大胆」「無邪気」など）が使われる。B も話し手の評価を伴う表現になる場合があるが（例：無邪気）、A より見たままの状況描写である場合が多い。また、「なんというか B」という決まった形でも用いられ、この場合は「表現するのになんて言えばいいのかわからないが、とにかく B という感じがする」というニュアンスを含む。また、「なんというか B」では、「A というか B」で言えば A の位置で示す話し手の評価を伴う表現を B で示す場合が多い。

> 例 A：新製品のデザインについてどう思いますか。
> B：そうですね。なんというか、少し地味な気がします。

ポイント 後ろに、総括的な判断を述べる文がセットで用いられることが多い。三つ目の例文のように、「A というか、B というか」のように例えが並列される場合もある。

類義表現 「というよりは」

05 並列を表す接続詞〈かつ・ならびに・および〉

どう使う？ A かつ／ならびに／および B

共通点 「A かつ B」、「A ならびに B」、「A および B」はどれも、A と B を並べて言う点で共通している。

例文
・地震が発生した場合は、冷静｛○かつ／×ならびに／×および｝迅速に避難してください。
・新郎新婦｛×かつ／○ならびに／×および｝ご家族の皆さん、この度は本当におめでとうございます。
・教室内での飲食、｛×かつ／○ならびに／○および｝喫煙はかたく禁止いたします。

使い方 いずれも改まった硬い表現。改まった話し言葉でも用いられる。論理を重視、あるいは明確にしたい文章で使われる。法律の条文や論文などでよく使用される表現。

使い分け
◇「A かつ B」は論文や法律の文章のほか、論理学や数学でもよく使用される。また、「A かつ B」の形で両方同時に満たすという意味になるのも特徴的である。

◇「A かつ B」は、動作や状態が並行または、別の事柄が加わることなどを表す。

> 例 地域のボランティア活動はとても楽しく、かつ学びも多い。

◇「A ならびに B」と「A および B」の B は語（例：「新郎新婦ならびにご家族の皆さん」「飲食および喫煙」）であるが、「A かつ B」の B は語に限らず、述語（＝文の主語がどうする、どんなだ、なんだなど、詳しく説明する部分。多くの場合、文末にある）である場合もある。

> 例 彼の提案はとても斬新で｛○かつ／×ならびに／×および｝夢があった。

◇「A ならびに B」と「A および B」の違いとして、A が目上の人物や敬うべき人やものであるような改まった挨拶では、「A ならびに B」が使用される。

> 例 先生方｛○ならびに／×および｝ご来賓の皆さま、本日はご参加いただきありがとうございます。

◇「A ならびに B」「A および B」は、A と B が同じグループ、同じ性格の内容を表す。A と B を比

較する意図はなく、同じ性格のものを対等に並べて言う。また、「および」は、名詞と名詞の並列に使用され、動作や状態には使用されない。

例 申し込み用紙に氏名、学籍番号 {？かつ／○ならびに／○および} 電話番号を明記してください。

◇また、「A および B」は、範囲が B まで及ぶことから、「ついでに」というニュアンスを含む。挨拶場面などでは「A ならびに B」が使われる場合が多い。また、二つ目の例文のように、「A ならびに B」の B は、A より大きい概念になる。

類義表現 「なおかつ」

06 比較選択を表す副詞〈むしろ・かえって〉

どう使う？　A　むしろ／かえって　B

共通点 　A と B を比較して、どちらかと言えば A よりも B のほうがよいという判断を表す点で共通する。

例文
- その服にはスニーカーより {○むしろ／○かえって} 革靴のほうが似合う。
- 発表が延期になったが、資料がまだできていなかったので {○むしろ／○かえって} 延期になってよかった。
- 近道だと教えてもらった道を通ったら、{○むしろ／○かえって} 遠回りになった。
- 安い服を買うと長持ちしなくて {？むしろ／○かえって} 損をする。

使い方 「A むしろ B」「A かえって B」は、複数の事柄を比べて A の内容を否定的に捉え、B を選ぶことを表す。

使い分け ◇「むしろ」には二つの発想があり、それが「かえって」との使い分けに関わる。「A むしろ B」は、A と B を比較して B を選ぶという意味を表す。「A かえって B」は、「A 反対に、予期に反して B」「A 反対に、逆に B」という意味を表す。比較する二つ以上の事柄が反対の意味を持たないときは置き換えることはできない。

例 りんごより {○むしろ／×かえって} みかんのほうが好きだ。

例 難関大学に合格したときは、喜びより {○むしろ／×かえって} 驚きでいっぱいだった。

◇「前者を否定し、後者を選び取る」という発想の場合には、「むしろ」と「かえって」の両方が使用できる。

例 この大雨では、山頂に登るよりも {○むしろ／○かえって} この場に留まるほうがいいだろう。

◇一方で、「前者よりも後者のほうが適切と判断し、後者を選び取る」という発想の場合には、「むしろ」は使用できるが、「かえって」は使用できない。

例 本州をのんびり旅行するなら、飛行機よりは {○むしろ／×かえって} 新幹線が便利だ。

◇「A かえって B」の B は基本的に結果を表すものでなければならない。二つ目、三つ目の例文ではいずれも「た」で結果を表している（「延期になってよかった」「遠回りになった」）。また、四つ目のように B が動詞 (-る) でも使える例はあるが、恒常的な因果関係を表すことがほとんど。

類義表現 「そうではなく」「いな (否)」「というより」「というか」「(その) かわりに」

問題

問1 下線部に入るものとして最も適切なものをA～Dの中から一つ選びなさい。

❶ 指導教員の山田先生を＿＿＿＿＿関係者の皆様には、本当にお世話になりました。
　　A はじめとする　　　　B 例えると
　　C もとにする　　　　　D ものとする

❷ こんな大事な会合に欠席するとは、彼には＿＿＿＿＿理由があるのだろう。
　　A それまでの　　　　　B そこからの
　　C それぞれの　　　　　D それなりの

❸ 相手は親切なことをしたと思っていたようだが、私にとっては＿＿＿＿＿迷惑だった。
　　A もしくは　　B 要するに　　C むしろ　　D すなわち

❹ インターネットで注文した品物は、迅速＿＿＿＿＿丁寧な梱包で届いた。
　　A かつ　　B さらに　　C ゆえに　　D と

❺ 例え冗談だ＿＿＿＿＿言っていいことと悪いことは区別すべきだ。
　　A とあって　　B としても　　C とも　　D けど

問2 下線部に入る表現として最も適切なものをA～Dの中から選びなさい。

❶ ＿＿＿＿＿＿＿＿＿＿＿＿、実際はそんなに悪いと思っていない様子だった。
　　A 加害者は反省の言葉を述べており
　　B 加害者は反省の言葉を述べつつ
　　C 加害者は反省の言葉を述べずして
　　D 加害者は反省の言葉を述べ

1 問題文や選択肢の中で、知らなかった語や表現をメモしましょう。

❶
❷
❸
❹
❺

2 次の表現を使って文を作りましょう。

❶ つつ（も）：

ずして：

❷ するにせよしないにせよ:

するもしないも:

❸ 〜ばかり:

〜というか〜というか:

〜でも〜でもなく:

❹ 〜として:

あるまじき:

てはいられない:

❺ めぐって:

めぐりめぐって:

❷ _____、締め切りまでに必ず連絡をしてください。
　　A 参加するにせよしないにせよ
　　B 参加するかもしれないししないかもしれないし
　　C 参加したりしなかったり
　　D 参加するもしないも

❸ 授業中の教授による雑談は単なる_____、私たちの人生にとって重要な情報がたくさん詰まっていると思う。
　　A おしゃべりや無駄話ばかりであり
　　B おしゃべりというか、無駄話というか
　　C おしゃべりでも、無駄話でもあり
　　D おしゃべりでも、無駄話でもなく

❹ カラ出張をするなんて、我が社の社員_____。
　　A としてあるまじき行為だ
　　B としてあまりない行為だ
　　C としてはいられない行為だ
　　D としてこなかった行為だ

❺ 高層マンション建設を_____、地域住民から多くの意見が出された。
　　A めぐらずして
　　B めぐって
　　C めぐりめぐって
　　D めぐることには

| I. 文字・語彙・コロケーション | II. 文型・文法 | **III. 類義表現** |

　文末に使われる推定の「ようだ」は、連用形「ように」の形で使われることもよくあります。代表的な例として、変化を表す「ようになる」、変化させることを表す「ようにする」があります。そのどちらも「ように」の部分は、変化後の状態、すなわち「結果」を表します。では、「ようになる」と「ようにする」は具体的にどのように使い分けるのでしょうか。また、他の類似表現とどのような相違があるのでしょうか。練習を通して、考えてみましょう。

◉ 「〜ようにする」と「〜ようになる」 ……………………

問1 { }から適切なものを選びなさい。

❶ A：実験機材のトラブル、確認してくれた？
　 B：はい。先ほど調整して、スムーズに回る{ようにして・ようになって}おきました。

❷ A：大学院時代、研究が進むように心がけていたことはありますか？
　 B：毎日、午前中の2時間はインターネットにアクセスするのをやめ、必ず論文を読む{ようにして・ようになって}いました。

❸ A：大学4年生にもなると、ゼミ発表もスムーズにできる{ようにして・ようになって}きましたね。
　 B：ありがとうございます。先生のご指導のおかげです。

1 解説を読んで、問1の答えの理由を説明しましょう。

❶ ....
....
....

❷ ....
....
....

❸ ....
....
....

💡　「ようにする」には、二つの用法があります。第一の用法は、働きかけの用法で、ある状況（例：実験機材のトラブル）を、話し手が調整する（＝働きかける）ことで変化させることを表します。第二の用法は、習慣的にある行動をすること（例：必ず論文を読む）を指します。この場合、「ようにする」の前には意志的な動作を表す動詞（例：読む）が使われます。「ようになる」は、それまで存在しなかった状態が、現在は存在したり成立したりすることを表します（例：発表できるようになる）。

Lesson 3　83

② 解説を読んで問2の答えの理由を説明しましょう。

❶ ....

❷ ....

❸ ....

③ 解説を読んで問3の答えの理由を説明しましょう。

❶ ....

❷ ....

❸ ....

問2 ※の指示に従い、下線部を「〜ように」を用いて書き換えなさい。

❶ 社長は社員たちに早く仕事を<u>終わらせろと</u>命じた。

　→ _____

　　※命じられたことを間接的な引用表現で述べる。

❷ 先生は学生たちに自宅で<u>待機してください</u>と言った。

　→ _____

　　※言われたことを間接的な引用表現で述べる。

❸ このグラフを見ると、先ほどの一つ目の解釈が<u>正しいと</u>思う。

　→ _____

　　※解釈が正しいという認識(にんしき)が不確かなものであることを表す。

● 「〜ように」に関連する表現 ……………………………

問3 下線部の意味は A、B のどちらの意味に近いか答えなさい。

❶ 調査協力者の負担を軽減(けいげん)するため、調査は3日間に分けて行う<u>ことにした</u>。

　　A ことに決めた　　　　B ようになった

❷ 外国人を対象とした調査では、できるだけわかりやすい日本語で説明<u>するようにした</u>。

　　A ことになった　　　　B ように努めた

❸ 本調査の考察(こうさつ)は、<u>次のように</u>まとめることができる。

　　A 次みたいに　　　　　B 次の結果として

> 💡 「ことにする」は、話し手や書き手が主体(しゅたい)的に決めたことを表すときに使われます。「ようにする」は、ある状態になるよう話し手や書き手が働きかけることを表します。「次のように」の「ように」は類似(るいじ)していることを表すので、「みたいに」の意味に近いと言えます。ただし、「〜みたいに」は話し言葉であるため、アカデミック・ライティングなどフォーマルな場面や文章では「〜みたいに」ではなく、「〜ように」を使用します。注意しましょう。

Lesson 4

I. 文字・語彙・コロケーション　II. 文型・文法　III. 類義表現

☑ チェックシート

- ☐ 01 生み出す
- ☐ 02 柔軟
- ☐ 03 先進
- ☐ 04 世代
- ☐ 05 とめどなく
- ☐ 06 発言（する）
- ☐ 07 気兼ね（する）
- ☐ 08 結合（する）
- ☐ 09 効率
- ☐ 10 内部
- ☐ 11 向上（する）
- ☐ 12 取り組み
- ☐ 13 半数
- ☐ 14 前述（する）
- ☐ 15 方式
- ☐ 16 ひねり出す
- ☐ 17 ないし
- ☐ 18 疑似的
- ☐ 19 成果
- ☐ 20 指標
- ☐ 21 萎縮（する）
- ☐ 22 収斂（する）
- ☐ 23 手法
- ☐ 24 実践（する）
- ☐ 25 取り憑く
- ☐ 26 過〜
- ☐ 27 健全
- ☐ 28 協業（する）
- ☐ 29 際する
- ☐ 30 収益
- ☐ 31 経費
- ☐ 32 主導（する）
- ☐ 33 大幅

01　生み出す［うみだす］　アクセント3　動詞

それまでになかった新しいものを作り出すこと。

※子や卵を産む場合には「産み出す」が使われる。
※類義語に「創出」がある。「生み出す」も「創出」も新しく作り出すという共通の意味を持つ。
　例　新しいサービスは、利用者の利便性の向上だけでなく、雇用機会の創出にも繋がった。

例文
- A社は10年かけて新しい技術を生み出した。
- アジアとヨーロッパの文化的接触により、トルコでは新しい文化が生み出された。

02　柔軟［じゅうなん］　アクセント0　ナ形容詞

①体や物がやわらかいこと。
②考え方などがやわらかく、違うものに合わせられること。

※名詞は「柔軟さ」。
※②の意味の対義語は「強硬」。自分の意見、主張を押し通そうとゆずらないこと。
　例　彼女と大喧嘩した翌日に謝ったが、強硬な態度で絶対に許さないと言われた。

例文
- ①あの選手はまだ怪我が治っていないらしく、動きがあまり柔軟ではない。
- ①スポーツ大会の前に、柔軟運動をして体を温めた。
- ②海外で働く上では、物事に柔軟に対応できることが大切だ。

03 先進 [せんしん]　アクセント0　名詞

①発展や進歩の程度が、他のものより先に進んでいること。
　※対義語は「後進」。国を指す場合は、「先進国／開発（発展）途上国」の形が使われる。

②ある分野において、年齢や技術が上であること。地位などが上である人。
　※類義語に「先駆」がある。「先進」も「先駆」も、他に先立って、という共通の意味があるが、「先駆」は、「先駆者」などのように一番最初に行うという意味合いが強い。
　例　地球温暖化に関連した研究で、ノーベル賞を受賞した真鍋淑郎氏は、その先駆者としてアメリカの気象局に招かれ研究を行った。

例文　①日本は先進的な技術を取り入れ、ものづくりに生かすことで経済発展を遂げたと言われている。
　　　②先進の人々の考えを引き継ぎ、次の世代に伝えることで、組織をよりよいものにすることができる。

04 世代 [せだい]　アクセント1(0)　名詞

①祖父母・親・子・孫など、それぞれの代。
②生まれた年代がほぼ同じで、行動様式や価値観など共通する面を持つ一定の年齢層のこと。ジェネレーション。
　※「ジェネレーションギャップ（generation gap）」は、世代間のずれや断絶という意味。
　※「世代交代」という四字熟語は、年配の世代が退いて、若い年齢層に代わること。
　例　我が社では、社長が息子に代わり役員人事も一新されたことで、一気に世代交代が進んだ。

例文　①祖父母の世代では兄弟が5人6人というのは珍しいことではなかったそうだ。
　　　②私と世代は同じなのに、彼女の見た目は私よりずっと若くてうらやましい。

05 とめどなく　アクセント4　副詞

終わりなく続く。
　※漢字は「止め処なく」。「とめどない話」など形容詞としても使われる。
　例　スーパーの前では、来店客がとめどない話で盛り上がっていた。
　※類義語の「引きも切らず」は、途切れることなく、ずっと、という意味。
　例　近所の和菓子屋は、あんこがおいしいと評判で、毎日引きも切らず客でにぎわっている。

例文　・そのニュースを聞いて、彼女はとめどなく涙を流して泣いた。
　　　・将来のことを考え始めると、とめどなく不安な気持ちになってしまう。

06 発言（する）[はつげん]　アクセント0　名詞（スル）

言葉を発すること。意見などを述べること。また、その言葉や意見。

※類義語に「陳述」がある。「発言」が、会議で意見を述べるなど、広く一般的に使用されるのに対して、「陳述」は、裁判所など公の場で意見を述べることに使用される。また、同じく類義語の「発語」は、言葉を発すること。また、言い出しや文章の書き出しなどに用いる「さて」「では」「そもそも」などの語のこと。

例文
- 会議の司会をするときは、なるべく全員が発言できるように気を配る必要がある。
- 責任のある立場になったら、発言の影響力が大きくなるのでなおさら慎重にならなければいけない。

07 気兼ね（する）[きがね]　アクセント0　名詞（スル）

他人に対して気を遣って遠慮すること。

※「気兼ねする」「気兼ねなく～する」の形でよく使われる。
※類義語に「顔色をうかがう」という慣用句がある。「気兼ね」と、気を遣うという意味は共通するが、「顔色をうかがう」は、相手の表情からその思いを察するという意味がある。
　例 私の祖父はとても気難しい人なので、話をするときは、つい顔色をうかがってしまう。

例文
- 母は父の実家に帰ると、必要以上に気兼ねして疲れてしまうそうだ。
- 父は定年退職してから、誰にも気兼ねすることなく趣味のゴルフを楽しんでいる。

08 結合（する）[けつごう]　アクセント0　名詞（スル）

複数のものを結びあわせて一つにすること。また、結びついて一つになること。

※類義語の「融合」は、複数のものが溶けあって一つになること。
　例 トルコはその地理的条件から東洋の文化と西洋の文化とが融合した国だと言われる。
※対義語は「分離」。ひとまとまりになっているものが分かれて別々になること。
　例 フレンチドレッシングは油が分離しやすいので、かける前によく振らないとおいしくない。

例文
- 酸素と水素は結合すると水になるという実験を理科の授業で行った。
- ボックスを外す場合、強く引きすぎると結合部が破損する恐れがある。

09 効率 [こうりつ]　アクセント0　名詞

①得られた結果と、それに使った労力や時間との割合。
②機械作業においてなされた仕事量と消費したエネルギー量との比率。

※類義語に「能率」がある。「能率」は一定の時間内にこなせる仕事の割合を表す。
　例 この夏の暑さでは、日中は外仕事の能率が落ちるのもしかたがないことだ。
※対義語は、否定の意味を表す接頭辞「非」がついた「非効率」。効率が悪いという意味になる。
　例 感染症拡大の影響によりテレワークが広がり、書類に押印するために出勤することなどが非効率な作業としてテレビで取り上げられた。

例文
① 適度なウォーキングは、脳が活性化して、仕事や勉強の効率もよくなると言われている。
② 新しく導入された機械の効率は、以前の倍以上になり、就業時間の短縮が達成された。

10 内部 [ないぶ] アクセント1 名詞

物や組織の内側の部分。

※対義語は「外部」。
　例 ここから先は、外部の人間は立ち入り禁止となっている。

※類義語に「内面」がある。「内面」は、物の内側という意味は共通するが、「内部」にはない、人の心情、心理など、心の内という意味がある。
　例 お見合い写真を見てあまり気が進まなかったが、写真では内面はわからないと思い、会うことにした。

例文　・週刊誌に掲載された情報は、会社の内部からリークされたものだそうだ。

---

11 向上（する）[こうじょう] アクセント0 名詞（スル）

上に向かうこと。今までよりよい方向に向かうこと。

※類義語に「進歩」がある。物事が望ましい方向に進んでいくという意味。
　例 近年の医学の進歩にはめざましいものがある。

※対義語は「低下」。程度、状態などが低くなる、悪くなるという意味。
　例 最近の母校の偏差値を見て、たいぶ学力が低下していると思い、残念な気持ちになった。

例文　・体力の向上をめざして日々トレーニングに励む。
　　　・人の知性や感性を向上させる方法の一つとして、読書が挙げられる。

---

12 取り組み [とりくみ] アクセント0 名詞

①課題や仕事に向き合うこと、実際にやること。
②相撲で、勝負の組み合わせのこと。

※動詞「取り組む」が名詞化したもの。また、②の意味では「取組」と表記する。
※①の類義語に「試み」がある。「試み」には「取り組み」にはない、ためしにという意味合いが加わる。
　例 最寄りの駅周辺の開発計画の試みに、住民は期待をよせている。

例文　①この町では、子どもたちに歴史や風習を教えることで、地域の伝統を守る取り組みが行われている。
　　　①このクラスでは、「授業態度」は課題への取り組みの度合いによって判断される。
　　　②祖父は、毎日相撲の取組表を見て、どちらの力士が勝つか予想するのを楽しみにしている。

---

13 半数 [はんすう] アクセント3 名詞

全体の数の半分（全体の50％）。

※「約半数」の「約」は「だいたい」「およそ」という意味の副詞。
　例 卒論の締め切りまで約1か月になってしまい、ちょっと焦っている。

※「半数以上」「半数近く」「半数を占める」の形で多く使われる。また、半分より多いことを「過半数」と言う。
　例 反対意見が過半数だったため、新しいプロジェクトは中止になった。

例文　・昨夜、パーティーがあったからか、クラスの半数の学生が宿題をやってこなかった。
　　　・この大学の卒業生は、半数近くが有名企業に就職するそうだ。

14 前述（する）［ぜんじゅつ］　アクセント 0　名詞（スル）

文章で、その前に述べたこと。

※学術論文などで「前述の通り」「前述した通り」という形でよく使われる。対義語は「後述」。
　例 詳細は後述することにして、まず調査結果の概略を示しておきたい。

※類義語に「先述」がある。「前述」とほぼ同義として使用されるが、「前述」は、その文章の中で前に出現したことを示すのに対して、「先述」は、その文章に限らず別の文章の事柄も示すことができる、という違いがある。

例文
- 前述した通り、東京オリンピックが開催されたのは 1964 年であり、この年は東海道新幹線が開通した年でもあった。
- 前述したように、本体に厚みがあるため、使用環境によっては本体が底面に干渉する恐れがある。

15 方式［ほうしき］　アクセント 0　名詞

決められているやり方、形式。

※「方式」が共有されたやり方であるのに対して、類義語の「方法」は共有されたやり方や自分独自のやり方にも使われる。また、「手法」は、芸術作品などを作る際の技法や表現方法の意味。
　例 自分に合った学習方法を見つけることが大切だ。
　例 武家や町屋などの伝統建築の保存を促すため、修復の手法を公開した。

例文
- 卓球大会は、トーナメント方式で行われることになった。
- 会議の結果、我が社でもA社の方式を採用して、コストを削減することになった。

16 ひねり出す［ひねりだす］　アクセント 4 (0)　動詞

①苦労してアイデアを考え出すこと。
②苦労して必要な費用を集めること。

※①の意味の類義語に「編み出す」がある。「ひねり出す」には、苦労してやっと、という意味合いがあるが、「編み出す」は、工夫して、試行錯誤してという意味合いになる。
　例 握り寿司は、江戸時代に編み出された伝統的な料理だ。

例文
- ①作詞家は、何時間もかけて歌詞をひねり出すこともあれば、数分で書けることもあるそうだ。
- ②両親は何とかひねり出して、大学の学費を準備してくれた。

17 ないし　アクセント1　接続詞

①「A ないし B」の形で、最大の数量と最小の数量を示し、その間のすべての可能性があるという意味。
②「または」の意味。

※①の意味では、例えば「一つの作品を完成させるには、2 年ないし 3 年の時間がかかる」は「2 年から 3 年まで」の間の時間がかかるという意味。また、ビジネス文書では「乃至」と漢字でも表記される。
※類義語の「あるいは」は、②の意味で、ほぼ同義の言い換えができる場合が多い。
　例 アンケートの最後の欄には、趣味あるいは習い事などを書いてください。

例文　①プライベートジェット機を購入するには、3 億ないし 5 億の費用がかかる。
　　　②彼の研究発表は、論理的ないし科学的なデータもなく、ただ自分の考えを述べるだけのものだった。
　　　②本日の面接の結果は電話乃至メールでお知らせいたします。

18 疑似的 [ぎじてき]　アクセント0　ナ形容詞

本物と似ていて見分けにくいこと。

※「擬似的」と表記することもある。
※類義語に「まがい」という言葉がある。「まがいもの」などの表現で使用される。「擬似的」同様、見間違えるほど本物にそっくりという意味で、「まがいもの」は、本物そっくりのもののこと。
　例 店員に勧められて真珠のネックレスを買ったが、値段が安かったので、もしかしたらまがいものではないかと心配になった。

例文　・オンラインでの友人関係は疑似的な人間関係にすぎないと考える人もいる。
　　　・起震車とは、地震の揺れを再現する装置を搭載した車のことで、大地震の揺れを疑似的に体験することができる。

19 成果 [せいか]　アクセント1　名詞

やったことから得られたよい結果。

※「成果を出す／成果が出る」「成果を上げる／成果が上がる」の形で多く使われる。
※類義語に「結実」がある。どちらも、よい結果という共通の意味を持つ。
　例 長年の努力が結実し、憧れの職業に就くことができた。

例文　・半年前から続けているランニングの成果が出てきたのか、体も軽くなり坂道も楽に上れるようになった。
　　　・長らく検証を続けてきたが、思うような成果は見られなかった。

20 指標 [しひょう] アクセント0 名詞

物事の判断や評価などの基準となる目印。また、見当をつけるための数値など。

※ニュースなどでは「経済指標」という形で多く使われる。世界の国々の政府金融機関や団体などによって月ごと、年ごとに発表される数値のこと。

※類義語の「目標」は、物事を実現・到達するための目安のこと。また、外来語の「インデックス(index)」も類義語で、見出し、索引、指数、指標の意味がある。

例 私は次の大会でベスト8に入るという目標を達成するために、毎朝5キロランニングをしている。

例 ノートに項目ごとのインデックスをつけて、使いやすくした。

例文
- 最近では果物の甘さの指標として、甘さの度合いを示す数値が表示されていることがある。
- テレビドラマの視聴率は、出演俳優の人気の指標にもなる。

21 萎縮(する) [いしゅく] アクセント0 名詞(スル)

気持ちや体が緊張などで縮むこと。

※「委縮」と表記することもある。

※類義語に「収縮」がある。「萎縮」と「収縮」は、縮まるという意味は共通するが、「収縮」は、「萎縮」のように、人の気持ちや様子などには使用しない。

例 寒い時期になると手足が冷えたり肩がこったりするが、原因は寒さで血管が収縮して血のめぐりが悪くなるからだそうだ。

例文
- 大勢の人の前で研究発表をするときは、いつも緊張で萎縮する。
- 試合の前にコーチに怒られて、子どもたちはすっかり萎縮してしまった。

22 収斂(する) [しゅうれん] アクセント0 名詞(スル)

①多くの条件や要素のあるものを一つにまとめること。
②血管などが、縮まること。

※類義語に「収束」がある。「収束」は一つにまとまって終わるという意味。

例 インターネットで起きた炎上が収束するには少し時間がかかる。

※対義語に「拡散」がある。散らばって、広がったり広げたりすること。

例 感染者数が減ってきているとはいえ、新型コロナウイルスは空気中に拡散しているので、マスクは外せない。

例文
①会議で出されたアイデアを収斂させて、明日までに方向性を決めることになった。
②コーヒーのカフェインは血管を収斂させる作用があるため、頭痛に効くと言われている。

23 手法 [しゅほう]　アクセント 0　名詞

物事のやり方や技術など。特に芸術作品の製作に関わる方法や技巧などのこと。

※類義語に「方法」がある。「手法」が芸術作品などの製作のやり方を表すのに対して、「方法」は、目的を達成するための手立てを表す。
例 マイナンバーカード取得の方法についてネットで調べた。
※対義語は「目的」。実現のために目指す事柄という意味。
例 目的達成のためには、何年かかっても頑張るつもりだ。

例文
- この作品は古典的な手法で作られているが、古いどころか、かえって新鮮さを感じるくらいだ。
- このアニメーションでは、人の手で人形を少しずつ動かして撮影する「コマ撮り」という手法が用いられている。

24 実践(する) [じっせん]　アクセント 0　名詞(スル)

①考えを実際に行うこと。
②(哲学的な意味で)人間が周囲の環境に働きかけること。

※類義語に「実行」「実施」がある。①の実際に行うという意味では、どれも同じように使われる。使われる頻度は「実行」が最も高いが、理論や考えに基づいた事柄を行うときには「実践」が使われる。また、「実施」は法律、イベント、試験などを、計画された通りに行う場合に使われる。
例 口で言っているだけではなく、計画を早く実行したほうがいい。
例 雨で電車が遅れたが、試験は予定通り実施された。
※対義語は「理論」。科学の研究や学問において、筋道の通った知識の体系のこと。
例 理論だけではなく、その理論を裏付けする実績や証拠が必要だ。

例文
①新しい理論から実践が生まれる一方で、実践から新しい理論が生まれることもある。
①新しい学習法を実践したところ、効果抜群だった。
②宗教では、神の教えを実践することで、人間は幸せになるとされていることが多い。

25 取り憑く [とりつく]　アクセント 0 (3)　動詞

①悪魔や霊などが人に乗りうつること。
②ある考えや悪い感情が頭から離れなくなること。

※「取り憑かれる」の形でよく用いられる。また、「取り憑かれたように」は、他のことをすべて忘れて狂ったようにという意味で使われる慣用表現。
例 最近、彼女は取り憑かれたように絵を描いている。
※②の意味の類義語に「没頭」がある。そのことだけに熱中するという意味。
例 弟は受験が近いというのに、勉強そっちのけで、趣味のプラモデル作りに没頭している。

例文
①興味深いことに、多くの国に霊が人間に取り憑くという物語が存在する。
②課長は自身の営業成績を上げることに取り憑かれて、部下の様子にはまったく目が届いていない。

26 過～［か］　アクセント －　接頭辞

漢語などの頭について、物事の程度が過ぎることを表す。

※よく使われるものに「過不足」（※「かぶそく」と読まないように注意）がある。意味は「多すぎることと、足りないこと」で否定の語を伴って使用される。
例 時間内で過不足のない説明をお願いします。

※「過」が後に付く形の「超過」は、決められた数量や時間などを超えることの意味。例えば、「超過勤務手当」（＝決められた労働時間を超えて働いた分や、休日出勤などに支払われる賃金）など。

例文
- 結婚して10年目にしてやっと生まれた我が子なので、つい過保護になってしまう。
- 仕事中に具合が悪くなって病院に行ったら、過労と診断された。（＝働きすぎという意味）

27 健全［けんぜん］　アクセント 0　ナ形容詞

①体や心に悪いところがなく健康であること。
②考え方や行動が偏っておらず、バランスが取れていること。

※類義語である「健康」が体の調子を意味するのに対し、「健全」には心や考え方も含まれる。
例 体が健康なうちは何歳になっても働きたい。

※対義語は、打ち消し、否定の意味を表す接頭辞「不」が付いた「不健全」となる。
例 最近あちこち体の調子がよくないのは、若い頃に不健全な生活をしていたせいだと思う。

例文
①親にしてみれば、子どもが健全に育ってくれることが何よりの願いだ。
②初めて来日したとき、コンビニに健全とは言えない雑誌が売られていて驚いてしまった。

28 協業（する）［きょうぎょう］　アクセント 0　名詞（スル）

労働者が生産の上で、仕事を分担し協力して作業を行うこと。

※ビジネス用語としては、企業同士が提携してビジネスを行う「アライアンス (alliance)」と同じ意味で使われることもある。

※類義語の「共働き」「共稼ぎ」は、夫婦が共に就労し生計を立てること。家庭の中の協業と言える。
例 1980年代以降、共働き世帯は年々増加し続けている。

例文
- 日本の時計メーカーは、腕のいい職人の工房と協業し、優れた時計を開発してきた。
- A社はB社と協業し、B社の持つ技術を活用することで、自社の強みであるオンラインサービスのさらなる拡充を目指すことを発表した。

29 際する［さいする］　アクセント 3　動詞

ある出来事の前にという意味。

※「～に際し」「～に際して」「～に際しての…」の形で使われることが多い。

※類義語の「臨む」は、「際する」の意味に、心構えを持ってという意味が加わる。また、会話より文章で多く使用される硬い表現。
例 彼は相当の覚悟を持ってこの試合に臨んでいる。

例文
- 著書の出版に際し、書店でイベントを開くことになった。
- 自然災害発生時の避難に際しては、安全な避難場所を選択することが大切だ。

30 収益［しゅうえき］　アクセント 0 (1)　名詞

事業などによって会社や組織に入ってくるお金のこと。

※類義語に「利益」がある。「収益」が売り上げを指すのに対して、「利益」は「収益から費用を引いた額」（＝もうけ）を指す。

※対義語は「費用」。経済活動に費やされる金銭のこと。
　例家族で海外旅行に行くとなると、費用は相当かかるだろう。

例文
- よいビジネスとは、収益の額が高いビジネスではなく、利益率が高いビジネスのことだ。
- 動画共有サイトに動画を投稿し、収益を生み出すことは、思っているよりも大変だ。

31 経費［けいひ］　アクセント 1　名詞

物事（仕事など）を行うときに必要な費用。

※「費用」よりも改まった言い方。規模が大きい公的なものについて使うことが多い。

※類義語の「コスト」は、費用、値段、原価、生産費の意味の外来語（英語 cost に由来）。よくビジネスの場面でも見聞きするが、その場合は、時間、体力やストレスなど労働者に関連することも含まれる。
　例新規事業に関連したプロジェクトは、コストがかかりすぎると判断され、見直すことになった。

例文
- オンラインビジネスは、サーバー代などの多額の経費が生じるが、もうけも大きいそうだ。
- 社長は支店の経費を削減するために、アルバイトの半数を解雇することを決めた。

32 主導（する）［しゅどう］　アクセント 0　名詞(スル)

物事の中心となって他を導くこと。

※類義語に「先導」がある。「主導」が、中心となって導くのに対して、「先導」は、先に立って導くことを表す。
　例バスガイドの先導に従って、金閣寺の広い境内を散策した。

例文
- 我が社の新しいプロジェクトは、若手社員主導で進められている。
- 大統領は同盟国や友好国と連携し、地球環境改善のためのプロジェクトを主導すると宣言した。

33 大幅［おおはば］　アクセント 0　ナ形容詞

数量・価格の変化や違いが大きいこと。

※副詞（大幅に）として使われる場合は変化を表す動詞と共に使われることが多い。対義語は「小幅」。

※類義語に「相当」がある。変化や程度の違いが大きいことを表すという共通の意味を持つ。
　例コロナ禍で飲食業界は相当な経済的打撃を受けたと思われる。

例文
- 原油価格の変化で、車のガソリンの値段が大幅に上昇した。（副詞）
- そのアニメは、海外で公開するにあたり、大幅な編集が加えられた。

問題

1 漢字の読み方をひらがなで、ひらがなを漢字で書きましょう。

❶ 協力：
　　業：

❷ 謝る：
　　ごかい：

❸ 兼任：

❹ 収まる：
　　しゅうそく：

❺ ちぢめる：
　　萎む：

2 次の語を含む複合動詞を考えて例文を作りましょう。

❶ 生み〜：

❷ 取り〜：

問1 下線部の読み方として最も適切なものを、A〜Dの中から一つ選びなさい。

❶ 企業同士は競争相手である一方で、協業により、ビジネスチャンスを広げることもできる。
　A きょうりょく　　B きょうぎょう
　C けいぎょ　　　　D けいごう

❷ 販売予測を誤ると、商品生産後に無駄が出る可能性が高まる。
　A ごる　　B ごうる　　C あやつる　　D あやまる

❸ 一軒家を購入して上下階に気兼ねすることなく暮らしたい。
　A きぎね　　B きがね　　C きけんね　　D きかさね

❹ 試合前はゆっくりと体操し、徐々に精神を収斂させていくようにしている。
　A しゅうれん　　　　B しゅうかく
　C しゅうしゅう　　　D しゅうけつ

❺ アウェーでの試合はいつも気持ちが萎縮してしまう。
　A しぼしゅく　　　B しぼぢぢ
　C いちぢ　　　　　D いしゅく

問2 下線部に入る言葉として最も適切なものを、A〜Dの中から一つ選びなさい。

❶ 良質なアイデアを＿＿＿＿＿には、まずは質より量のほうが重要だと言われている。
　A 生みつける　　B 生み育てる
　C 生み分ける　　D 生み出す

❷ 有能でやる気に満ちた同僚と働く中で、仕事に＿＿＿＿＿姿勢を学ぶことができた。
　A 取りまとめる　　B 取り組む
　C 取り合う　　　　D 取り上げる

❸ 予算がひっ迫している状態から出張費を_____のにいつも苦労する。
　　A 作り出す　　　　　　　B ひねり出す
　　C 編み出す　　　　　　　D 溢れ出す

❹ 先輩が助言してくれたおかげで、悩みを忘れて仕事に_____ことができた。
　　A 当て込む　　B 入り込む　　C 打ち込む　　D 頼み込む

❺ 海外から帰国したばかりの子どもが、同じ学年の他の子どもに勉強で_____のはなかなか大変だ。
　　A 追いつく　　B 泣きつく　　C 巻きつく　　D 取りつく

❸ ～出す：

❹ ～込む：

❺ ～つく：

問3 ◯◯◯から最も適切な言葉を選び、下線部に正しい形で書きなさい。

❶ 日本語が得意でなくても、人前で堂々と_____と、上手に聞こえる。

❷ どんな分野においても、理論だけでなく、_____ことが大事だ。

❸ リーダーシップがある人はどのようなグループにいても、物事を_____ことができる。

❹ 開発途上国の人々の生活レベルを_____ためには、多方面での支援が必要だ。

❺ 宇宙では、ロケットで運ばれた複数の設備が_____ことによって、宇宙ステーションが組み立てられる。

```
　　発言する　　結合する　　向上する
　　　　主導する　　実践する
```

③ 説明を読んで（　）の中に言葉を書き込みましょう。

✎ 問題を（　　　）：
わからなかったことを明らかにして結論を出す。

✎ 方策を（　　　）：
物事を処理するための手段や方法を考えること。

Lesson 4　97

✎ 効果を（　　　）：
効果をより高くすること。

✎ アイデアが（　　　）：
アイデアが自然に頭の中に現れること。

✎ 不満を（　　　）：
不満や悩みを忘れるために行動すること。

[4] 類義表現を調べましょう。

❶ 一つの立場や考え方だけでなくその場に応じた処置・判断ができる様子：
［柔軟　　　　］

❸ 何かをしよう、または達成しようとするまじめで良心的な行動：
［取り組み　　］

❹ あることを知っていれば行わないような物事を意図的に行うこと：
［あえて　　　］

❺ 相手として時間を割くこと：
［構う　　　　］

❻ 昨年度の抜本改革により、会社の経営赤字がついに＿＿＿＿＿＿。

❼ 新卒者のみを＿＿＿＿＿人事では多様な人材を集めるのは難しい。

❽ 今の生活水準を＿＿＿＿＿ために、一生懸命働いている。

❾ 新薬は、開発から効果が＿＿＿＿＿まで、何年も時間がかかる。

❿ アイデアを＿＿＿＿＿には、何もせずリラックスすることも大切だ。

採る　　維持する　　解消する
ひねり出す　　実証する

| 問4 | 下線部に最も意味が近いものを、A〜Dの中から一つ選びなさい。

❶ 多様性や違いを認める柔軟な心を持つことが自己成長に繋がる。
　　A 定める　　　　　　　B 適応力がある
　　C こだわりがある　　　D 捕われる

❷ 久しぶりに母に会ったら、とめどなく涙が出てきて困った。
　　A 少しずつ　　　　　　B 懐かしく
　　C うれしく　　　　　　D 絶え間なく

❸ 環境に優しい持続可能な社会を作るための取り組みが世界中で行われている。
　　A 活動　　B システム　　C 仕組み　　D 戦い

❹ 旅行のとき、あえて有名ではないところに行くのもなかなかおもしろい。
　　A 時々　　B 常に　　C わざわざ　　D 何気なく

❺ いい仕事をするには時に周囲に対して構わずに進めることも大切だ。
　　A こだわらず　　　　　B 邪魔されず
　　C 気にせず　　　　　　D 話さず

問5 見出しの表現を使用した文として最も適切なものを、A〜Dの中から一つ選びなさい。

❶ 健全
　A 体だけでなく、心の健全を保つこともとても大切だ。
　B 反対意見が出るほうが、組織として健全だと言われている。
　C どんなに疲れていても、健全な子どもの寝顔を見ると癒される。
　D 健全な彼は、老後のために、若い頃から貯金をしている。

❷ 先進的
　A インターネットの普及は、世界のあり方をひっくり返す先進的な出来事だった。
　B 1796年に誕生したワクチンは人類の疾病予防に先進的な変化をもたらした。
　C 横浜はいつの時代も外国人受け入れに関する先進的な取り組みをしてきた。
　D 彼の奇抜なファッションは先進的すぎて誰からも受け入れられなかった。

❸ 気兼ね
　A いつもお気兼ねいただきまして、ありがとうございます。
　B こんなに気兼ねに本格的なビストロの味を堪能できるなんて思いもよらなかった。
　C 不明な点がありましたら、お気兼ねなくご連絡ください。
　D 私のことなら気兼ねず楽しんできてください。

❹ カテゴリー
　A ノートパソコンと言っても、いろいろなカテゴリーがある。
　B 来週の試験の出題カテゴリーは100ページから150ページまでだ。
　C SDカードのカテゴリー容量がいっぱいになってしまった。
　D 対象が大きすぎて捉えきれない場合は、カテゴリー分けをすると効率的だ。

5 挙げられた語の中から一つ選んで、例文を作りましょう。

❶ 堅実・健康・健やか：

❷ 革命的・革新的・前衛的：

❸ 気遣い・気軽・気にする：

❹ メモリー・範囲・種類：

❺ ～すぎる・あまりに：

❺ 過

A 運動は健康にいいが、過度のトレーニングは筋肉を痛めるおそれがある。
B 体重が過軽の場合、栄養不足の可能性が考えられる。
C 天井が過低だと、部屋が暗く感じる。
D 部屋が過狭なので、本を置いたら、他の荷物はほとんど入らない。

6 わからない表現があればメモしましょう。

問6 次の文を読んで、❶～❺に入るものを ☐ の中から選んで、正しい形で入れなさい。

　我々は、集団でよく相談する組織文化のほうが❶_____であると思いがちだ。確かに、協業や合意形成❷_____は、集まって意思疎通しなければならない場面がたくさんある。しかし、企業は日々変化する市場環境に適応する必要があり、その中で❸_____を向上させ経費を抑制するために、新たなアイデアを常に必要としている。そして、アイデア創出を活性化するという点では、グループ討議❹_____ではなく、孤独の力をうまく使うべきなのだ。このことを知らなければ、無駄な会議がたくさん開かれるなど、組織の運営法を❺_____誤ることにもなるのではないだろうか。

(出典：『日本語で考えたくなる科学の問い〔文化と社会篇〕』(凡人社) Lesson4 本文)

| 主導 | に際して | 収益 | 大幅に | 健全 |

I. 文字・語彙・コロケーション　**II. 文型・文法**　III. 類義表現

01　に（は）あたらない

どう使う？　名詞／動詞（-る）＋に（は）あたらない

意味　「〜するほど大きな問題／ことではない」という意味を表す。

例文
- 最初から犯人は偽名を名乗っていたのだから、嘘の住所を教えていたとしても驚くにはあたらない。
- アメリカに5年いたからといって、日本人学校に通っていたなら、英語が得意ではなくても驚くにはあたらないだろう。
- 十分に検討した上で決定されたことなので、不十分だの不要だの、今になって批判するにはあたらない。

使い方　相手の心配や反応が過剰であり、それに対して、そこまでする必要がないという話し手の意図を述べ、相手にアドバイスしたり、相手を非難したりするときに使う。動詞（-る）のほか、スル動詞の語幹に接続し使うこともできる

例 心配にはあたらない。

ポイント　前文脈では「からといって」「のだから」など理由を表す表現が使われる。「驚く」「批判する」「非難する」など感情を表す表現に後接する場合が多い。

類義表現　「におよばない」「までもない」

02　ことなしに（は）

どう使う？　動詞（普）＋ことなしに（は）

意味　「A ことなしに B」という形で、①「A しないまま B する」、②「A しなければ B ができない」という意味を表す。

例文
①現場の声に耳を傾けることなしに、経営陣のみで次年度の生産計画を立てた。
①努力することなしに、彼は成功した。
②エネルギーを削減することなしに、持続可能な社会は実現することができない。
②数多くの読書と論文のレビューを行うことなしには、最先端の研究は生まれない。

使い方　当然 A をするべきだがしない、と非難するニュアンスを込めて使われることが多い。用法②では、B をしようと思ったら、A をしなければならないという意味を表し、B では実現の可能性を否定する表現（例：「実現できない」「最先端の研究が生まれない」など）が使われる場合が多い。

ポイント　「ことなく」は「ことなしに」と意味が類似しているが、「ことなく」には用法②がない。「ことなしに」より「ことなく」のほうが多く使われるが、どちらも硬い表現で、改まった場面で使われる場合が多い。

例 最後まで諦めることなく、一生懸命頑張った。

類義表現 「ぬきにして」「なくしては」

03　といえども

どう使う？　名詞／ナ形　　　　　　　　　　　＋　といえども
　　　　　　イ形（普）／動詞（普）

意味　「Aといえども B」という形で、Aが条件や能力、資格、Bではそれに反するイメージの内容が成立するということを表す。

例文
・利益重視の民間企業といえども、社会に対して義務を果たすべきだと考えている。
・いくら家計を支えるためといえども、ここまで家族のことに無関心で仕事ばかりするのは許されない。
・計画重視といえども、完璧な計画ができるまで実行に移さないということでは、準備や展開のスピードが遅くなる。
・いくら安いといえども、偽物の宝石なんて欲しくない。

使い方　「Aといえども B」という形で、Aで極端なことを仮定し、実現する資格や能力が当然あることに反して、Bで予想と異なる内容を述べるときに使う。改まった場面で使われる場合が多い。

ポイント　「たとえAても B」と意味は近いが、ニュアンスが異なる。「たとえAても B」は仮にAという状況になっても、Bという状況が変わらないという意味を表す。次の例では、「仕事が忙しい」という状況になっても毎日英語を勉強することは変わらないという意味を表す。

例 たとえ仕事が忙しくても、毎日英語を勉強するようにしている。

類義表現 「たとえAても B」「とはいえ」「とはいうものの」

04　はもちろん／はもとより

どう使う？　名詞　＋　はもちろん／はもとより

意味　「Aはもちろん／Aはもとより」で、当然としてAが挙げられ、その他の例や物事も同じであるという意味を表す。

例文
・古代から日本｛はもちろん／はもとより｝、中国や韓国、ベトナムなどでも、自然崇拝の習俗がある。
・ゼミの指導教員の先生は専門誌で先端的な研究を発表されているのはもちろんのこと、評論番組、講演会でもよく発表されている。
・支出を減らすためには、人件費｛はもちろん／はもとより｝、接待交際費、通信費などの固定的な経費も削る必要がある。
・この温泉旅館は富士山が見える露天風呂付きの温泉｛はもちろん／はもとより｝、女性や子ども向けのイベントも取り揃えている。

使い方　「A はもちろん／はもとより」という形で、明らかなことや代表的な例を A で挙げて、それだけでなく、もっと重要なこと（軽いこと）もあるという意味を述べたり、情報を提供したりする際に使われる。二つ目の例文のように、「A はもちろんのこと」という形で用いる場合もある。また、名詞のほか、名詞化した動詞（例：発表されているのはもちろん）、イ形容詞（例：やさしいのはもちろん）、ナ形容詞（例：きれいなのはもちろん）に接続することもできる。

ポイント　「A はもとより」は「A はもちろん」より少し硬い表現で、書き言葉で使われる場合が多い。類似表現に「A ばかりか」がある。「A ばかりか」も「A だけでなく、さらに B」という意味を表すが、「A ばかりか」は A で軽いものを挙げ、その上により重いものまで加わるという意味で、程度を引き上げる。「A はもちろん／はもとより」に比べ、驚きのニュアンスを伴う場合が多い。

　　例　祖母は子ども｛○ばかりか／○はもちろん／○はもとより｝、大人にまでお年玉をくれた。

類義表現　「のみならず」「にかぎりない」「A はいうまでもなく」

05　対象・関連を表す表現〈について・に関して〉

どう使う？　名詞 ＋ について／に関して

共通点　①前件に関連することや話題など、述語が表す動作や状態が関係する対象を表す。②「についての」「に関しての（に関する）」という名詞修飾の用法と、③「については」「に関しては」のように「は」をつけて主題を提示する用法がある。

例文
①ワークショップでは SDGs の実現｛○について／○に関して｝話し合った。
①この大学には有名な先生がたくさんいらっしゃるが、日本語教育｛?について／○に関して｝言うならば、まず佐藤先生の名前が挙げられる。
②地震災害の後、土木構造物の防除｛○についての／○に関する｝実験と研究が急ピッチで進められている。
③先日起きた大きな交通事故｛○については／○に関しては｝、正式な書類をもって報告することになった。

使い方
・「について」は、言語活動や思考活動に関係する語と一緒に使う場合が多い。例えば、「考える」「話す」「語る」「述べる」「聞く」「書く」「調べる」「相談する」「想像する」「報告する」などと使う。「についての」は「に関する」のように、名詞を修飾することができ、「意見」「説明」「考え」「判断」「研究」などといった語と共に使う場合が多い。

・「に関して」は、書き言葉的なニュアンスを持ち、白書、法律などのフォーマルな文章でも使われる。名詞を修飾する場合は「に関しての」「に関する」という二形式があるが、「に関する」のほうが多く使われる傾向がある。

使い分け　◇「について」は、動詞「つく」の「本来関係のなかったことが他のことに接触して離れない」状態になるという意味であり、対象との緊密度が強く、対象を指すだけでなく、それに限定するというニュアンスがある。「に関して」より「について」のほうが、問題や話題となっている事柄の範囲が限定される度合いが大きい。

　　例　母国｛○について／?に関して｝話してください。

◇「に関して」は、多くの場合、「について」と置き換えられるが、「考える」「予想する」「想像する」「予測する」「類推する」などの思考活動を表す動詞の場合は、「について」のほうが自然。

　　例 最近、老後の生活 {○について／？に関して} 考えている。

◇「について」は割合を表す用法があるが、「に関して」にはない。

　　例 紹介した学生１人 {○について／×に関して}、紹介料 5,000 円が支払われる。

類義表現　　「に対して」「をめぐって」「につき」

問題

問1 下線部に入る言葉として最も適切なものをA〜Dの中から一つ選びなさい。

❶ 皆さん、今日は硬い話は_____、思う存分に食事を楽しみましょう。

　　A もとより　　　　　　B おろか
　　C ともあれ　　　　　　D ぬきにして

❷ 室外温度は−5℃なので、今日こそ雪が降るか_____、まったくの期待外れだった。

　　A としても　　　　　　B ともなると
　　C とおもいきや　　　　D といえども

❸ 『源氏物語』を読むたびに、そこに込められた女性の嫉妬や幸福を望む気持ちに共感せ_____。

　　A ずにはいる　　　　　B ずにはいられない
　　C ずにはおく　　　　　D ずにはおかない

❹ 就活が大変だ_____文句ばかり言っていては仕事は決まらないよ。

　　A のついでと　　　　　B のとおりに
　　C のかわりに　　　　　D のなんだのと

❺ 後で自分の人生を振り返ったとき、悔やむ_____、日々を大事に生きたいものだ。

　　A ことなしに　　　　　B ことのないように
　　C ことに関して　　　　D ことについて

問2 下線部に入る表現として最も適切なものをA〜Dの中から選びなさい。

❶ アルバイトを始めてまだ一か月だというのに、15日も遅刻したとは、_____。

　　A 店長に職務怠慢と言われるとも限らない
　　B 店長に職務怠慢と言われるのもしかたがない
　　C 店長に職務怠慢と言われるにはあたらない
　　D 店長に職務怠慢と言われざるをえない

① 問題文や選択肢の中で、知らなかった語や表現をメモしましょう。

❶

❷

❸

❹

❺

② 次の表現を使って文を作りましょう。

❶ にはあたらない：

ざるをえない：

❷ もの：

はず：

こと：

❸ わけにはいかない：

わけがない：

❹ やまやま：

とても〜ない：

❺ ないまでも：

❷ 男：火災予防運動か。もうこんな季節になったんだね。
　　女：毎年、＿＿＿＿＿＿＿＿＿＿＿ね。
　　　A 今頃になると決まって行われるわけ
　　　B 今頃になると決まって行われるもの
　　　C 今頃になると決まって行われるはず
　　　D 今頃になると決まって行われること

❸ 女：ねえ、これ見て。宝くじ攻略機だって。
　　男：また変なものを欲しがって。＿＿＿＿＿＿＿＿＿。
　　　A こんなの当たるわけじゃない
　　　B こんなの当たるわけにはいかないじゃない
　　　C こんなの当たるわけじゃないじゃない
　　　D こんなの当たるわけがないじゃない

❹ 生け花や茶道などの稽古をしたい気持ちはやまやまだが、＿＿＿＿＿＿＿＿＿＿。
　　　A その時間がとても取れる状況ではない
　　　B その時間をとても取りたい
　　　C その時間がとても無駄だ
　　　D その時間がとても欲しいわけだ

❺ 今回のプログラムは絶対とは言えないまでも、＿＿＿＿＿＿＿。
　　　A 成功する確率はかなり高いと思う
　　　B 成功する確率はあまり高いと思う
　　　C 成功する確率はかなり低いと思う
　　　D 成功する確率はまあまあ低いと思う

| Ⅰ. 文字・語彙・コロケーション | Ⅱ. 文型・文法 | **Ⅲ. 類義表現** |

> 日本語の難しさの象徴として「は」と「が」の使い分けがよく挙げられます。文を構成する要素の関係に応じて「は」と「が」を使い分けたり、強調したい部分に応じて「は」と「が」を使い分けたりするのには困難が伴います。しかし、実はいくつかの観点からルールを分類すると、容易に理解できます。ここでは、「主語」「節」「複文」といった観点から使い分けのルールについて解説します。問題を解きながら理解を深めましょう。

◉ 「節」による「は」と「が」の使い分け

問1 { } から適切なものを選びなさい。

❶ 彼女 {は・が} はじめて送ってくれたメールは大事に保存している。

❷ 田中さん {は・が} 東京出身だが、鈴木さんは大阪出身です。

❸ 誰 {は・が} ケーキを食べたんですか。

① 解説を読んで、問1の答えの理由を説明しましょう。

❶ ....

❷ ....

❸ ....

> 💡 「節 (clause)」とは「述語 (と主語) を含む意味的なまとまり」を指します。節が二つある場合に、通常の語順では、前のものを「従属節」、後ろのものを「主節」と言います。従属節の中では、基本的に助詞「が」を使います (例：今日授業がなかったので、家でゴロゴロした)。しかし、「けど・が・だけど」などの逆接を表す従属節の中では「は」を使って対比を表します (例：今晩は行けないが、明日は／なら行ける)。また、「は」の前に疑問詞 (例：誰、どこなど) を使うことはできません。

問2 ※の指示に従い、下線部に「は」か「が」を入れなさい。

❶ さっき、知らない人＿＿＿＿道を聞いてきた。

　　※普通名詞の主語について初めて話すとき

❷ 私＿＿＿＿出張に行って参ります。

　　※「来週、誰が出張に行くんですか」と聞かれたとき

❸ 彼＿＿＿＿来たらいつも、場を盛り上げてくれる。

　　※「来る」人と「盛り上げる」人が同じとき

② 解説を読んで問2の答えの理由を説明しましょう。

❶ ....

❷ ....

❸ ....

💡 普通名詞に「は」がつく場合、その普通名詞はそれまでの話題中に出たものに限られます。例えば、「昨日、友達と有名なレストランに行った。その店は値段も安くてサービスもよかった」という文があるとします。ここでは、「その店」はその前にすでに話題に上がっています。そのため「は」を使うことができます。また、「従属節」と「主節」の主語が同じ場合も「は」が使われます。例えば、「私は彼女の電話番号を知らないので、連絡したくてもできない」という文があるとします。ここでは、電話番号を知らないのも、連絡することができないのも、いずれも「私」であるため、「は」が使われます。逆に、「が」を使うのは「指定」(限定)の意味で用いられる場合です。例えば、「(誰も参加できないので、複数名いるメンバーの中から)私が会議に出席します」というように、複数の中から何か一つを限定して述べる場合に使われます。

● **フォーマルな文章では**

③ 解説を読んで問3の答えの理由を説明しましょう。

❶
❷
❸

┃問3┃ 次の文の不自然なところを訂正しなさい。

❶ このような場合、助詞がない形は最も自然な文であると考えられる。
訂正箇所：＿＿＿＿＿＿＿＿＿＿→＿＿＿＿＿＿＿＿＿＿

❷ 幼児期から日本に滞在している子どもが、母語よりも日本語のほうが能力が高い場合がある。
訂正箇所：＿＿＿＿＿＿＿＿＿＿→＿＿＿＿＿＿＿＿＿＿

❸ 本レポートは発展途上国における女性のアイデンティティについて、文献調査を行った。
訂正箇所：＿＿＿＿＿＿＿＿＿＿→＿＿＿＿＿＿＿＿＿＿

💡 アカデミック・ライティングやビジネス文書のライティングなどのフォーマルな文章執筆では、単文(節が一つの文)よりも複文(節が二つあるいは二つ以上の文)がよく使われる傾向にあります。複文においては、従属節と主節の主語が間違えられやすいため、しっかり区別して、「は」と「が」を使い分けることが重要です。主語がわからない場合は、複文を単文ごとに区切って、単文の主語を確認するとよいでしょう。また、アカデミック・ライティングで「では」「には」のように二つの助詞を一緒に使う場合があります。この場合の「は」は、なくてもいいのですが、入れることで「強調」のニュアンスを帯びるとされています。

Lesson 5

I. 文字・語彙・コロケーション　II. 文型・文法　III. 類義表現

☑ チェックシート

- ☐ 01 急騰（する）
- ☐ 02 開発（する）
- ☐ 03 先駆け
- ☐ 04 特性
- ☐ 05 収集（する）
- ☐ 06 不要
- ☐ 07 巧妙
- ☐ 08 手順
- ☐ 09 組み合わせる
- ☐ 10 欺く
- ☐ 11 保護（する）
- ☐ 12 乏しい
- ☐ 13 変動（する）
- ☐ 14 著しい
- ☐ 15 複合（する）
- ☐ 16 横暴
- ☐ 17 抗う
- ☐ 18 理念
- ☐ 19 初期
- ☐ 20 牛耳る
- ☐ 21 大衆
- ☐ 22 起源
- ☐ 23 崇拝（する）
- ☐ 24 追求（する）
- ☐ 25 出現（する）
- ☐ 26 抑圧（する）
- ☐ 27 じきに
- ☐ 28 階級
- ☐ 29 優先（する）
- ☐ 30 関与（する）
- ☐ 31 支援（する）
- ☐ 32 転じる
- ☐ 33 正規
- ☐ 34 報酬
- ☐ 35 伸び悩む
- ☐ 36 当初
- ☐ 37 不安に苛まれる
- ☐ 38 礼讃（する）
- ☐ 39 経る
- ☐ 40 側面
- ☐ 41 課題
- ☐ 42 遂げる
- ☐ 43 発生（する）
- ☐ 44 養う
- ☐ 45 最新

01　急騰（する）　［きゅうとう］　アクセント 0　名詞（スル）

物価や株の相場などが、急速に大きく上がること。

　※対義語は「急落」。
　　例 株価は社会状況によって急落することがあるので注意が必要だ。
　※類義語に「高騰」がある。「高騰」は価格が上がること。また、急速に上がることを例えて、「鰻上り」と言うこともある。「鰻上り」は人気や評価にも使われる。
　　例 今年は雨が少なかったせいで野菜の価格が高騰している。
　　例 新曲が大ヒットし、バンドの人気は鰻上りだ。

　例文　・今年の梅雨は全国各地で大雨の被害が続出しているので、生鮮食品をはじめ物価の急騰は避けられないと報道されている。
　　　　・バブル景気の頃は土地などの不動産価格が急騰し、今では考えられないような金額で取引されていた。

02 開発(する) [かいはつ] アクセント0 名詞(スル)

①天然資源である森林・鉱産物・水などを活用して、人の生活に役立てたり、産業を盛んにしたりすること。
②新しく考え、作り上げた技術やものを、実際生活に役立つようにすること。
③知識や能力、隠れた才能などを引き出し、伸ばすこと。

※類義語に「開拓」がある。「開発」が発展させるという意味であるのに対して、「開拓」は、もともと、山林や原野を耕して使えるようにするという意味。新しい分野を開くことについても使われる。
例 先住民は野山を開拓し、そこに小さな集落を作った。
例 新規顧客を開拓するために、この地域の営業に力を入れている。

※対義語は「未開」。土地や、その分野の研究などの開拓がされていないこと。文明などが発達していないこと。
例 「君の研究にはまだ未開の分野があるはずだ」という教授の指摘で、研究に対する新たな意欲がわいてきた。

例文
①私がこの地に越してきて10年が経つが、いこいの場だった雑木林は宅地を開発するためにすべてなくなり、今では家が立ち並んでいる。
②両親を共に癌で亡くした彼女は、その治療のための新薬開発に生涯をかける覚悟を決めた。
③彼は、我が子には必ず何か隠れた才能があるはずだと信じて、一人娘を幼児向けの才能開発塾に通わせている。

03 先駆け [さきがけ] アクセント0 名詞

①戦場で真っ先に先頭に立って敵中に攻め入ること。
②周りのものより先に物事を始めること。

※類義語に音読みして「先駆」という語がある。「先駆者」は、他に先んじて物事をする人を表す。
例 日本の細菌学研究の先駆者として有名な野口英世は三度もノーベル賞の候補に挙がった。

※動詞「先駆ける」が名詞化したもの。もともとは①の意味で使われていた。

例文
①戦国時代の武将たちは誰もが皆、先駆けの手柄を立て、名を揚げたいと願っていたという。
②新型ウイルスが世界に広がりを見せる中で、我が国のワクチン開発の成功は各国の先駆けとなった。

04 特性 [とくせい]　アクセント0　名詞

他と違って、そのものだけが持っている特別な性質。

※類義語に「特質」がある。「特質」も、そのものだけが持っている特別な性質という意味だが、「特性」が特別な性質から生まれる結果に重きが置かれるのに対して、「特質」は特別な性質そのものに重きが置かれる。
　例 私は日本のアニメの特質について研究したいと思い留学を決めた。

※また、類義語に「特徴」がある。「特性」が目に見えない機能や性質に使われるのに対し、「特徴」は外見などを含め、他と違って目立つ点について使われる。
　例 柴犬の特徴は、丸まったしっぽだ。（×特性）

例文　・その素材の特性をどう生かすかというところが、料理家として腕の見せ所だ。
　　　・将来は、自分の特性に合った仕事につきたいと思っている。

05 収集（する）[しゅうしゅう]　アクセント0　名詞（スル）

①ものをあちこちから寄せ集め、一か所にまとめること。
②趣味や研究などのために、物品や資料など、それと定まったものをたくさん集めること。

※同音語に「収拾」がある。「収集」は、寄せ集める、手元に集めるという意味だが、「収拾」は、拾い集める、物事の混乱を収めるという意味。「収拾がつく／つかない」の形で多く使われる。
　例 話し合いでは、それぞれの意見がばらばらに主張され、収拾がつかなくなった。

※また、類義語の「回収」は、一度配られたものをもう一度集めること。
　例 ゴミとして捨てられたビンやカンを回収し、リサイクルしている。

例文　①ゴミは、普通ゴミ、プラスチックゴミなど種類によってそれぞれ収集される曜日が決まっていることがあるので、気をつけなければならない。
　　　②父は若い頃から趣味で切手を収集しているが、今ではなかなか手に入らないものもあるらしい。
　　　②論文を書くために資料の収集を始めたが、なかなか集まらなくて困っている。

06 不要 [ふよう]　アクセント0　ナ形容詞

必要のないこと。要らないこと。

※類義語に「無用」がある。「不要」がやる必要がないという意味であるのに対し、「無用」は役に立たないのでしなくてもよい、あるいは、してはいけないという意味を表す。
　例 今、真実を伝えても、無用な混乱を招くだけだ。（＝役に立たず、無益であるという意味）
　例 この荷物は「天地無用」でお願いします。（＝上下をひっくり返してはいけないという意味）

※対義語の「必要」は、必ず要るという意味。
　例 その病院を受診するには予約が必要だ。

例文　・新型ウイルスの感染拡大を防ぐためには、不要不急の外出は避けなければならない。
　　　・「買い物依存症」と診断された彼の部屋は、不要な品物でいっぱいだった。

07 巧妙 [こうみょう] アクセント 0 ナ形容詞

技術や手段、振る舞いなどが普通の人には考えられないくらい上手なこと。

※類義語に「巧み」がある。「巧み」は主に、技について評価するときに使われる。
例 営業担当者は、巧みな話術で商談をまとめた。

※同音語に「功名」がある。こちらは「けがの功名」(失敗や意図せずしたことが偶然によい結果になる)という慣用句で使われ、自分の腕前を示して、有名になるという意味。

例文
- 最近のネット詐欺は手口が巧妙で、ネットショッピングなどでも騙される人が増えている。
- 江戸時代から伝わるからくり人形は、ゼンマイやバネなどで動く巧妙な仕組みになっている。

08 手順 [てじゅん] アクセント 0 (1) 名詞

物事をするときの手をつける順序。

※類義語である「段取り」は、物事がうまくいくように順序や方法を決め、準備するという意味。「手順」が順序を表すのに対し、「段取り」は事前準備の意味を含む。
例 限られた時間内に作業を終わらせるために、始める前にきちんとした段取りを決めておくことが大切だ。

※また、「手順」が物事をするときの順序であるのに対し、「順番」は、並べられた中での位置のこと。
例 病院は、診察の順番を待っている人で混雑していた。(×手順)

例文
- 在宅勤務になってから、毎朝のリモート会議で、一日の仕事の内容と手順の確認をすることが日課になった。
- 今年の新入生の歓迎会は人数も多くどうなるかと心配したが、いつも通りの手順を踏んで、無事に終わった。

09 組み合わせる [くみあわせる] アクセント 5 (0) 動詞

①様々なものを寄せ集めて、繋ぎ合わせたりまとめたりすること。また、そのもの。
②一揃いになるように、二つまたは、複数のものを合わせること。
③スポーツなど勝負を争う相手を決めること。

※名詞「組み合わせ」の形でも多く使われる。
例 シャツとスカートの色の組み合わせがなかなか決まらない。

※類義語の「取り合わせる」は、ほどよく調和するように合わせて一まとまりにするという意味。
例 結婚式には、いろいろな色のバラと白いかすみ草を取り合わせてブーケを作ってもらうつもりだ。

例文
①色合いの違う木材を組み合わせて美しい模様を作る寄木細工の技法は、日本では神奈川県箱根町の伝統工芸として有名だ。
②入学式には明るい色のスーツに黒のバッグと靴を組み合わせて着て行こうと思っている。
③プロボクシングでは、世界認定された団体それぞれのチャンピオン同士を組み合わせて、統一世界王者を決める王座統一戦というイベントを行うことがある。

10 欺く ［あざむく］ アクセント3 動詞

①相手に本当のことでないことをあれこれ言って信用させて騙すこと。
②自分の本心でない行動などを取ること。また、結果として予想の通りにならないこと。偽り。裏切り。
③「〜を（も）あざむく」の形で、「〜にも負けない」「〜と間違えさせる」という意味。

※類義語に「騙す」がある。「欺く」が書き言葉的に使われるのに対して、「騙す」は話し言葉的に使われる。
　例 私は彼に騙された。

※「偽る」は、うそをつくという意味。
　例 今日は、体調が悪いと偽ってピアノのレッスンを休んでしまった。

※「ごまかす」は、人の目から隠れてよくないことをする意味や、その場を取りつくろうという意味。
　例 自分のことはあまり話したくなかったので、笑ってごまかしてしまった。

例文　①彼は付き合っていた恋人を欺いて、彼女の貯金を全部使った。
　　　②私は自分の気持ちを欺いて両親の勧める縁談を受け入れた。
　　　③「世界三大美人」に数えられる小野小町はその美しい容姿から、花をも欺く美しさと讃えられたということだ。
　　　（「世界三大美人」：一般に、クレオパトラ、楊貴妃または虞美人、小野小町とされる）

11 保護（する）［ほご］ アクセント1 名詞（スル）

①弱いものを危ない状態から守ること。
②助けが必要なものを安全な場所（警察署や自宅など）で守ること。

※「保護者」は、親や親のかわりになる人のこと。
※類義語に「擁護」がある。「保護」が対象そのものを守るという意味であるのに対して、「擁護」は対象の権利や立場を守るという意味。
　例 人権擁護団体は、難民の人権を保障するよう主張している。
　例 コメンテーターが事件の犯人を擁護する発言をしたために、ネット掲示板が炎上した。

例文　①大学生の姉は、自然保護のサークルに入り、海のゴミを拾う活動をしている。
　　　②道で子猫が鳴いていたので、飼い主が見つかるまでうちで保護することにした。

12 乏しい [とほしい]　アクセント3　イ形容詞

①十分なものがなく、不足していること。
②(経済状況が) 貧しく、貧乏な様子。

※名詞は「乏しさ」。ナ形容詞は「乏しげ」。また、対義語は「豊か」。十分にあって、満ち足りている様子。
　例 日本は四季があって自然が豊かで美しい国だ。
※語源:「求める」の意味で使われていた「とむ」が「ともし」から「とぼし」に変化したものとされる。

例文　①自分のことばかりで相手の立場や気持ちを考えることのできない人は、想像力の乏しい人だと思う。
　　　①彼の話はとても難しくて、理解力の乏しい私にはちんぷんかんぷんだ。(=さっぱり意味がわからないという意味)
　　　②アルバイトの乏しい収入だけでは、なかなか安定した生活はできない。

13 変動 (する) [へんどう]　アクセント0　名詞(スル)

状態や事態に動きがあり、変化していくこと。

※類義語の「変遷」は、状態や事態が時間の流れと共に移り変わるという意味。
　例 時代の変遷と共に、言葉も少しずつ変わっていく。
※対義語「安定」は、変化がなく落ち着いた状態という意味。
　例 新しい政策により、国の経済は安定しつつある。

例文　・日本は、高度経済成長の後、社会が大きく変動した。
　　　・貴金属の価格は、経済状況によって大きく変動する。

14 著しい [いちじるしい]　アクセント5　イ形容詞

物事が際立って、それとわかるほど目立つ様子。

※「いちぢるしい」と表記するのは誤り。名詞は「著しさ」。また、類義語である「甚だしい」は、程度が激しく、度を超えているという意味。あまり望ましくないことや悪いことに使われることが多い。
　例 彼の意見は見当違いも甚だしい。
※語源:勢いのあるという意味の接頭辞「いち」とはっきりしているという意味の「しるし」が繋がったものとされる。

例文　・彼女はコーチが変わってから、技術面に加えて人間性まで著しく成長している。
　　　・双子のわりには、見た目が著しく違うと思ったら、彼らは二卵性だそうだ。

15 複合（する）［ふくごう］ アクセント0 名詞(スル)

複数のものが、集まったり合わさったりして、一つのものとなること。また、一つのものにすること。

※「複合的」の形で使われることも多い。

例文
- 駅前の再開発によって、新しく建設されたショッピングモールは、商業施設だけでなく、プールやジムなどのスポーツ施設、図書館も入った複合施設になっていて、とても人気がある。
- 今回の事故は、検査ミスや気候などの要因が、複合的に重なって起きたものだと言われている。

16 横暴［おうぼう］ アクセント0 ナ形容詞

権力や力を使って自分勝手に乱暴な様子。

※「横」には「道理に従わない」「わがまま」という意味がある。また、「暴」は「あばれる」「あらあらしい」という意味がある。
※類義語である「横柄」は、いばって、偉そうな態度をとること。
　例 彼の横柄な口のきき方は、いつも私を不快にさせる。
※また、「暴力的」は実際の暴力や、物理的な強制力を持って問題を解決しようとすること。
　例 彼は酒を飲むと暴力的になる傾向がある。
※対義語は「謙虚」。つつましく、素直という意味。
　例 社会人になったら、謙虚な気持ちを忘れずにいることが大切だ。

例文
- 最近よく報道されている「あおり運転」などという横暴な行為は決して許されるものではない。
- 結婚してからの彼の横暴な態度に、彼女はもう耐えられず離婚を決意した。

17 抗う［あらがう］ アクセント3 動詞

相手の言うことや、その力に従わず、逆らって、はねのけようと抵抗すること。

※類義語である「逆らう」は反抗するという意味。また、「背く」は、命令などに反した行動をとったり、裏切ったりすること。
　例 彼は会社の方針に背いて、勝手に契約を取り消してしまった。
※また、「歯向かう」は強いもの、権力のあるものに反抗すること。
　例 経済的に自立しなければ、親に歯向かうことはまったく無駄なことだ。
※対義語は「従う」。先に進むものの後に続くという意味。
　例 先生の言うことに従って行動する。
※語源：「アラ（争う）」「ガフ（交）」が語源とされている。

例文
- 彼女は両親の勧める縁談に抗って、とうとう家出してしまった。
- 歴史を見ると、決められた運命に抗って、自分の生き方を貫いた人物が多いことに気づく。

18 理念［りねん］ アクセント1 名詞

物事がどうあるべきかについて、もとになる考え方。

※団体や組織の考え方を表す語として「教育理念」「経営理念」「政治理念」などの形で多く使われる。また、類義語に「理想」がある。「理念」がもとになる考え方であるのに対し、「理想」は考えられる一番よい状態という意味。
例)最近、姉は結婚相手が見つからないとよく言っているが、理想が高すぎるのだと思う。
※語源：英語 idea の訳語として明治時代に作られた造語。

例文
- 人々の生活を豊かにすることが、この会社の経営理念だ。
- どんなにすばらしい理念を持っていても、実際の行動と合っていなければ意味がない。

19 初期［しょき］ アクセント1 名詞

物事のはじまりの頃。はじまって間もない頃。

※対義語は「末期」。終わりの時期という意味。「末期」は「まつご」という読みもあるが、この場合は意味が異なり、人の命が終わるときの意味になる。
例)父は末期に、母に感謝の言葉を残して逝った。
※類義語に「当初」がある。「初期」がある期間の初めの区分（初期・中期・後期／末期）を表すのに対し、「当初」は、物事が始まった頃を表す。
例)入社した当初は、簡単な書類の書き方もわからず大変だったが、今ではすっかり仕事に慣れた。

例文
- 熱中症の初期の症状としては、めまいや立ちくらみなどが挙げられる。
- 夏目漱石の初期の作品「坊ちゃん」は、100年以上経った今でも人気のある小説だ。

20 牛耳る［ぎゅうじる］ アクセント3 動詞

人や団体、組織などを自分の思い通りに動かし、支配すること。

※中国の春秋戦国時代の故事に由来する「牛耳を執る」の「牛耳」が動詞化したもの。
※類義語に「君臨」がある。「君臨する」はある分野において影響力を持って他を支配すること。「牛耳る」が否定的意味合いを持つのに対し、「君臨する」には否定的意味合いはない。
例)そのデザイナーは、この30年間ファッション業界のトップに君臨し続けている。

例文
- 急な社長の引退で、今まで社内を牛耳っていたメンバーも交代を余儀なくされることだろう。
- あの会社の会長は、昔からこの辺りを牛耳る陰の支配者として有名だ。

21 大衆 [たいしゅう] アクセント0 名詞

社会の大多数である、世間一般の人たち。庶民。

※類義語の「庶民」は世間一般の人々のこと。「大衆」のほうが、より大きなくくりの中での「多くの人たち」という意味合いになる。
例 夏休みを海外の別荘で過ごすなんて、私たち庶民の生活ではとても考えられない。
※また、「民衆」は、主に政治用語として、「官（国）」に対する一般の人々という意味で使われる。
例 度重なる増税を受けて、政府に対する民衆の怒りは頂点に達した。

例文
- 彼の歌は大衆に受け入れられ、大ヒットとなった。
- 日本には「大衆演劇」と呼ばれる、一般大衆向けで、奇抜で派手な演出が売りの娯楽重視の演劇がある。

22 起源 [きげん] アクセント1 名詞

物事が起こる始まり。源。

※類義語である「根源」は、対象の大もと、原因となるものを表す。抽象的な事物に付いて用いられ、「諸悪の根源」などのように、あまりよくない意味で使用されることが多い。
※対義語「終焉」は、物事の終わりのこと。また、命の終わりという意味でも使われる。「終焉を迎える」の形で用いられることが多い。
例 日本の鎖国政策は、日米和親条約によって終焉を迎えた。
例 彼は、自分の人生が終焉に近づいていることを理解していた。

例文
- お正月にお雑煮を食べる習慣の起源は室町時代にさかのぼるということだ。
- ダーウィンの『種の起源』は、世界中で知らない人はいないくらい有名だ。

23 崇拝（する）[すうはい] アクセント0 名詞(スル)

①尊敬の心を持って崇め敬うこと。
②宗教において、その対象となる神聖なるものに自己をまかせ、崇めて救いを求めること。
※「偶像崇拝」とは木や石、金属などで神仏をかたどった像（偶像）を信仰の対象として崇め敬うこと。

例文
- 現在プロ野球で活躍している選手の中には、少年の頃からイチロー選手にあこがれ、崇拝していたという人が何人もいる。
- 日本では古来、山や樹木など自然を神聖なものとして崇拝する習慣がある。

24　追求（する）　[ついきゅう]　アクセント 0　名詞(スル)

それを手に入れようとして、ねばり強く追いかけ求めること。

※「ついきゅう」の漢字には他に、「追究」「追及」などがある。「追究」は、「調べる」「明らかにする」という意味があり、不確かなことや学問、研究などに関連して使用される。
　例 彼女は、究極の美を追究するために、化粧品会社の研究室に就職した。

※また「追及」は追いかける、追い詰めるという意味から、事件や責任などに関連して使用される。
　例 現行犯逮捕した犯人の余罪を疑って厳しく追及する。

※類義語である「追跡」は、逃げる者や動く物を後ろから追いかけること。
　例 刑事は容疑者の男を追跡し、男が住んでいるアパートを探し出した。
　例 郵便追跡サービスを使えば、出した郵便物がどこにあるか調べることができる。

例文
- 彼女は快適な生活環境を追求して、田舎暮らしを始めた。
- チームで仕事をするときには、個人の理想を追求しすぎないように気をつけなければならない。

25　出現（する）　[しゅつげん]　アクセント 0　名詞(スル)

今までなかったもの、見えなかったものなどが具体的な形になったり、事象となって現れること。

※類義語である「発現」は、目に見えない抽象的なものの現れという意味。「出現」も「発現」も文章で多く使用される。
　例 今年の夏に庭で倒れて、二日後に発見された母が今こうして元気でいられるのは、奇跡の発現としか言いようがない。

※対義語である「消滅」は、存在していたものが消えて完全になくなることを表す。
　例 パソコンが壊れて、データが消滅してしまった。

例文
- 夕立の後に二重にかかった虹が出現して、その美しさにしばし見入ってしまった。
- 新しいライバルの出現は、彼女が忘れていた闘争心に火をつけた。

26　抑圧（する）　[よくあつ]　アクセント 0　名詞(スル)

①人の自由や行動などを、力で無理やり抑えつけること。
②心理学で、不快な感情や衝動などを意識する前に無意識のうちに押し込めて意識しないようにすること。

※類義語に「弾圧」がある。「抑圧」が個人的な事柄に使われるのに対し、「弾圧」は政治的な事柄（実際に、権力者が軍隊や警察などの力を用いる場合）について、使われることが多い。
　例 江戸時代の日本では、キリスト教徒に対する厳しい弾圧が行われた。

例文
①現在の社会システムや制度は、自由が抑圧されることのないように設計され運用されている。
②人は不快な記憶や感情などを無意識のうちに抑圧し忘れようとする。

27 じきに　[アクセント0]　[副詞]

時間があまりかからないで物事が起きる様子。

※類義語に「すぐに」がある。「すぐに」が直後であるのに対し、「じきに」は「少し時間がかかった後で」という意味。
　例 この薬はすぐに効きます。（＝飲んだ直後に効果がある）
　例 この薬はじきに効きます。（＝飲んで少し時間が経ってから効果がある）
※また、「早速」は、「ある物事に応じて／対応してすぐに」という意味。
　例 いい薬を紹介してもらったので、早速、薬局に買いに行くことにした。

例文
・雨はじきにやみそうなので、コンビニで雨宿りすることにした。
・近所のそば屋はサービスが悪いといううわさが広がり、じきに客が来なくなった。

28 階級［かいきゅう］　[アクセント0]　[名詞]

①組織や制度の中で決められている、地位や身分の段階。
②社会の中で、財産や身分を基準にして分けた場合、同じ者によって作られる集団。

※②の意味では「労働者階級」「上流階級」「中産階級」などの形で多く使われる。また、類義語である「階層」と意味はほとんど同じであるが、「階級」が違いがはっきりと決められているものに使われるのに対し、「階層」は明確な区別のない集団のランクについて使われる。
　例 「スクールカースト」とは、学校での人気によって、生徒の間に生まれた階層である。

例文
①江戸時代の社会には、階級制度が設けられていたとされており、当該身分に生まれた子どもや孫の大半は、その身分を受け継ぐ形となっていたと考えられている。
②多様化した現代社会では、資本家階級と労働者階級という単純な区別は機能しないと指摘されている。

29 優先（する）［ゆうせん］　[アクセント0]　[名詞（スル）]

あるものを他のものより大切にして、先に扱うこと。

※「～を優先する」「AをBに優先させる」の形でよく使われる。
　例 父は昔から仕事を家庭に優先させる人だった。（「仕事＞家庭」の意味）
※ビジネス場面では、優先度・優先順位の意味で外来語「プライオリティ」が使われることもある。
　例 忙しいときは、どの業務にプライオリティを置くかを考えながら仕事を進める必要がある。

例文
・災害の際には、何よりも人命救助を優先させるべきだ。
・仕事のときには、優先順位を考えて作業を進めなければならない。

30 関与（する）[かんよ]　アクセント 1　名詞（スル）

ある物事に、進んで関わること。

※類義語に「関連」がある。「関与」が人や組織などが物事に関わる意味であるのに対して、「関連」は、いくつかの物事同士が関わり合うことを表す。

例 この商品に関連した三つの新商品を試作してみたが、どれもあまり出来がよくなかった。

例文
- 銀行員の父は、今度、病院に出向して経営の立て直しに関与することになったそうだ。
- 私はこの企画には関与してないので、詳しいことはわからない。

31 支援（する）[しえん]　アクセント 0(1)　名詞（スル）

他人や団体などに、力を貸して、支え助けること。

※類義語に「援助」がある。困っている人などに力を貸すという意味。「支援」は、支えることが中心になるので、支えられる人は助けを得て自分で成し遂げることになる。それに対して「援助」は、困っている人のかわりにしてあげることで、金銭などの面倒を見たりして直接助けるという意味。

例 私は、生活が苦しい兄にかわって、甥の学費を援助することを決めた。

※また、類義語の「補助」は、不足しているところを助けるという意味。

例 学費は自分で払っているが、生活費は両親に補助してもらっている。

例文
- 恵まれない子どもたちのために何か自分にできることはないかと、支援活動をしているボランティアに申し込みをした。
- 街頭に立って被災地支援のための募金活動の手伝いをした。

32 転じる[てんじる]　アクセント 0　動詞

①これまでとは方向や状態などが変わること。
②回転する。転がる。転がす。回る。回す。

※「転じる」と「転ずる」はどちらも変化することの意味合いで共通する。「転ずる」は現代では、やや古風な表現とされ、辞書によっては載っていないものもある。

※類義語に「転回」がある。「転回」は進む方向を大きく変えること。

例 政府は増税から減税へと政策を180度転回させた。

例文
① 「わざわいを転じて福となす」ということわざのように、私もこの逆境を乗り越えていきたい。
② 子どもの頃、大型バスが転車台にのって方向を転じる様子を見て驚いた。

33 正規 [せいき]　アクセント1　名詞

規則などで、正式に決められていること。また、その決まり。

※対義語は「非正規」。正式と見なされないものという意味。アルバイトや、パート、人材派遣など、多く雇用に関連して使用される。
　例 私の職場には非正規の社員も多いが、仕事の内容はほとんど変わらない。

例文
・ハローワークでは、フリーター向けに正規雇用支援の窓口を開いている。
・コンサートのチケットは、ネットオークションではなく正規のルートで購入するべきだ。

34 報酬 [ほうしゅう]　アクセント0　名詞

仕事などに対して、お礼や対価として支給される金銭や物品。

※「報酬」の「報」と「酬」はどちらも「むくい」の意味。御礼の気持ちで金品を用意した場合、包みの表書きに「寸志」（心ばかりのというへりくだった表現）と書くことも多い。また、類義語の「給料」は、雇用契約によって支払われる勤労に対する金銭という意味。雇用契約のない場合は「報酬」という形になる。
※類義語に「ご褒美」がある。「ご褒美」は、褒めて与える金品のこと。
　例 子どもの頃は、テストで満点を取ると、ご褒美として好きなものを買ってもらえた。

例文
・事前に提示された報酬がよかったので、この仕事を引き受けた。
・その弁護士は依頼者の生活が困窮していることを理解し、報酬は不要だと言った。

35 伸び悩む [のびなやむ]　アクセント4(0)　動詞

能力や成長などの勢いが、ある段階で滞りがちになり、なかなか伸びていかないこと。

※スポーツの世界でよく耳にする「スランプ」も、実力や成績が思うように発揮できずに一時的に伸び悩む状態を表す。
　例 チームの優勝まであと少しというところでスランプになってしまい、試合に出られなくなってしまった。
※類義語に「停滞」がある。「伸び悩む」が、物事がある段階で止まり、そこから向上しないことを表すのに対して、「停滞」は物事がある時点で止まって動かなくなることを表す。例えば、「売り上げが停滞する／伸び悩む」はどちらも言えるが、「グループ活動が停滞する」「日本付近に停滞する梅雨前線」のような場合では「伸び悩む」に置き換えて言うことはできない。
　例 悪天候の影響による原材料の不作の影響からインスタントコーヒーの生産活動が停滞し、価格が高騰している。
　例 台風が太平洋上に停滞しているので、今週はずっと天気が悪い。

例文
・学生時代にあれほど活躍していたのに、卒業してプロになってからはずっと記録が伸び悩んでいる。
・今年は梅雨がなかなか明けないので、夏物の衣料品の売り上げが伸び悩んでいるそうだ。

36 当初［とうしょ］ アクセント1 名詞・副詞

初めの頃という意味。

※現在から過去のことを振り返って使われることが多い。

※副詞としても使われる。

例 当初、日帰りの予定だったが、台風で帰れなくなったため宿泊することにした。(副詞)

例文
- 大学入学当初は、サークルに参加していたが、今ではほとんど行かなくなった。
- 日本に来た当初は、簡単な会話も聞き取れなくて、本当に苦労したものだ。

37 不安に苛まれる［ふあんにさいなまれる］ アクセント－ 慣用表現

気がかりなことや心配なことで頭がいっぱいになり、気持ちが苦しめられる状態になること。

※類義語に「不安にかられる」がある。

例 私は試験の前の晩になると必ず、準備は十分かという不安にかられる。

例文
- テレビの情報番組で新型ウイルスの話題を耳にするたびに不安に苛まれる。
- 雨が降るたびに自宅の裏山が崩れるのではないかと不安に苛まれることに耐えられず、引っ越しを決意した。

38 礼讃（する）［らいさん］ アクセント0 名詞(スル)

①その偉業や偉大さなどをすばらしいものとして褒め称えたり、ありがたく思ったりすること。
②仏教で、仏を拝みその功徳を称えること。

※もとは仏教用語だったものが一般にも使われるようになったもの。

※類義語に「賛美」がある。「賛美」も同様に褒め称えるという意味。キリスト教で聖人を称える歌を「賛美歌」と言う。

例 クリスマスになると近所の教会から賛美歌が聞こえてくる。

例文
①私の会社では、創業者の偉業を礼讃して玄関に銅像が建立された。
②仏教の世界では、1日24時間を六つに分けその時間ごとに読経や礼拝などして礼讃することを「六時礼讃」と言う。

39 経る［へる］ アクセント1 動詞

①時間や年月が過ぎること。経過する。
②ある時代、場所など通って他へ行くこと。通過する。経由する。
③段階や過程など順を追って通過すること。経過する。

※類義語に「通過」がある。「通過」はある時点や地点、段階を過ぎるという意味。

例 筆記試験を通過すると、次は面接だ。
例 急行電車は次の駅を通過する。(＝止まらないという意味)

例文
①東日本大震災から月日を経ても、完全な復興にはまだ時間がかかると言われている。
②骨董店で買ったこのアンティークの人形は、いくつかの時代や人の手を経て私のところにあるのだと思うと、何か不思議な感じがする。
③書類審査と複数回の面接を経て、やっと第一希望の会社に内定をもらえ、本当にうれしい。

40 側面 [そくめん] アクセント 3 (0) 名詞

①物の上下・前後の面以外の面。また、物の横の面。
②数学で、立体の柱体や錐体の底面以外の面。
③様々な性質や特質などのうちの一つ。
④物事の中心ではない脇のほう。

※①の意味では、前を「正面」、後ろの面を「背面」と呼ぶ。

例文
①今朝の断水は、屋上にある給水タンクの側面にひびが入ったことが原因だということだ。
②円柱を展開すると、底面の二つの円と側面の長方形になる。
③母が風邪で寝込んでしまったとき、父が作ってくれた弁当がとてもおいしくて、父にこんな料理上手な側面があったのかと驚いてしまった。
④選挙に勝つには、公私にわたって側面から支えてくれる人たちの力が必要だ。

41 課題 [かだい] アクセント 0 名詞

①問題を与えること、また、与えられた問題。
②解決しなければならない問題や仕事。

※類義語に「問題」がある。「問題」が、理想的な形になっていない現状の要因のことであるのに対して、「課題」は問題を解決するためにやるべきことを指す。
例 ニュースキャスターは、若者の政治離れがこの国の問題だと指摘した。

※また、外来語の「タスク」が使われることもある。「タスク」はやるべきことを細かく分けて具体的な作業になったものを指す。
例 このプロジェクトを年内に終わらせるためには、毎日のタスク管理が重要だ。

例文
①今学期は授業を取りすぎて、課題の提出に追われている。
②２年間で論文を仕上げるために、解決すべき課題をノートに書き出してみた。

42 遂げる [とげる] アクセント 0 (2) 動詞

①しようと思っていたことや目的を果たす。
②しようと思ったわけではないが、結果としてそうなる。

※難しい仕事や大変な業績について、「成し遂げる」「やり遂げる」という形でも使われる。
例 私の強みは、自分で決めたことを最後までやり遂げられることです。

例文
①彼は長い年月をかけて、弁護士になる夢を遂げた。
②作品のクライマックスで、主人公は悲惨な最期を遂げた。

43 発生(する) [はっせい] アクセント0 名詞(スル)

①ある物事や現象などが起こったり、生じたりすること。また生じさせること。
②生物の受精卵が分裂を繰り返し成体に達すること。また、その過程。

※「〜を発生する／〜を発生させる」では、「〜を発生させる」のほうがよく使われる。「〜を発生する」の場合は「石油ストーブなどが不完全燃焼を起こすと一酸化炭素を発生する」のように、自然に生じる場合にのみ使用される。

例文
①近年頻繁に起きる大雨や洪水など、地球温暖化の影響と考えられる気候変動は世界各国に様々な問題を発生させ、今や世界は地球規模の対策を迫られていると言われている。
①パソコンにトラブルが発生して、リモート会議が中断してしまった。
②たった一つの細胞から複雑な体を作り上げる発生という現象に、生命の不思議を感じる。

44 養う [やしなう] アクセント3(0) 動詞

①生活できるように、衣食などの面倒を見ること、育てること。
②動物を飼育すること。
③練習を重ねて気力・体力・知力などを作り、充実させていくこと。

※類義語に「育む」がある。「育む」は大切に守って育てるという意味。
例 この学校では子どもの個性を育む教育を行っている。

例文
①かつて東北地方など雪深い地方では、冬になると家族を養うために、都会に出稼ぎに出る人々がたくさんいた。
②捨て猫を自宅で飼いたいのであれば、一生養う覚悟を持たなければならない。
③夏休みが子どもたちにとって体力を養う絶好の機会だというのは、まだ夏がこれほど暑くなかった昔の話だと感じられる。

45 最新 [さいしん] アクセント0 名詞

最も新しいこと。

※対義語の「最古」は、最も古いという意味。
例 現存する世界最古の木造建築は、奈良県にある法隆寺周辺のもので、7世紀から8世紀に完成したとされる。
※類義語に「斬新」がある。「斬新」は、考え方やデザインなどが非常に新しいこと。
例 彼のアイデアはいつも斬新で驚かされる。

例文
・インターネット上でいつでも最新のニュースを知ることができる。
・癌治療のための最新技術として、高性能の手術支援ロボットが発表された。

問題

1 漢字の読み方をひらがなで、ひらがなを漢字で書きましょう。

❶ いそぐ：

❷ 巧み：

　神妙：

❸ びんぼう：

　まずしい：

❹ 耳鼻科：

　ぎゅうどん：

❺ 詐欺：

2 次の語を含む複合動詞を考えて例文を作りましょう。

❶ ～合わせる：

❷ ～付け：

❸ 伸び～：

問1 下線部の読み方として最も適切なものを、A～Dの中から一つ選びなさい。

❶ 小麦の価格が急騰したために、全国的にパンの値段が上がっている。
　A きゅうのぼり　　　　B きゅうとう
　C きゅうあがり　　　　D きゅうどう

❷ 事件の犯人は、巧妙な手口で高齢者から現金をだましとっていた。
　A こうたい　　　　　　B ぎみょう
　C かうたい　　　　　　D こうみょう

❸ 愛情に乏しい家庭に育った彼女は、児童養護施設でボランティアを始めた。
　A とぼしい　　B ぼうしい　　C まずしい　　D すけしい

❹ 地元の犯罪グループを牛耳っていた男性は、昼間は会社で働く会社員だった。
　A うしみみ　　B ぎゅうし　　C うしじ　　　D ぎゅうじ

❺ 警備員の目を欺いて中学校に侵入した男が、警察に逮捕された。
　A もちいて　　　　　　B あざむいて
　C ぎいて　　　　　　　D おいて

問2 下線部に入る言葉として最も適切なものを、A～Dの中から一つ選びなさい。

❶ この店の多国籍料理には、各国の食材を＿＿＿＿珍しい料理が多い。
　A つなぎ合わせた　　　B 引き合わせた
　C 組み合わせた　　　　D 食べ合わせた

❷ 書類を封筒に入れたら、口をしっかりと＿＿＿＿してください。
　A 受け付け　　B のり付け　　C 片付け　　　D 取り付け

❸ 娘は最近、成績が＿＿＿＿いるようで、浮かない顔をしている。
　A 伸び悩んで　　　　　B 伸び上がって
　C 伸びきって　　　　　D 伸び出して

❹ 芸術家はしばしば、苦労して＿＿＿＿＿＿作品を自分の子どもに例える。
　　A　書き出した　　　　　　B　生み出した
　　C　さらけ出した　　　　　D　突き出した

❺ 努力は必ずしも結果に＿＿＿＿＿＿が、かといって、努力を怠(おこた)れば結果は絶対に出ない。
　　A　くっつかない　　　　　B　思いつかない
　　C　とりつかない　　　　　D　結びつかない

|問3| ▭から最も適切な言葉を選び、下線部に正しい形で書きなさい。

❶ 大学院では、気候＿＿＿＿＿＿＿がどのように世界経済に影響を与えているかについて研究したい。

❷ 自分の＿＿＿＿＿＿＿を欺いて好きでもない人と結婚するなんて信じられない。

❸ 研究者は、世界のあり方について自分の＿＿＿＿＿＿＿を持つことが大切だ。

❹ この報告書は、成果主義の導入(どうにゅう)を主張したもので、日本企業における新しい雇用(こよう)制度の＿＿＿＿＿＿＿となった。
(成果 せいか)

❺ 素材(そざい)の＿＿＿＿＿＿＿を生かして料理できるかは料理人の腕にかかっている。

| 特性　　先駆け　　変動　　気持ち　　理念 |

---

❹ ～出す：

❺ ～つく：

③ 説明を読んで（　）の中に言葉を書き込みましょう。

✎（　　　）を欺く：
夜なのに明るくて昼間かと間違えるほどだという意味。

✎（　　　）を持つ：
対立している両者の一方の味方をするという意味。

✎ 気持ちを（　　　）：
何かする際に、それまでの気持ちとは別の気持ちで臨むこと。

Lesson 5　127

✍ 不安に（　　　）： 不安な気持ちに苦しむこと。

✍ グループを（　　　）： 力を使って支配し、好きなように動かすこと。

✍ 運命に（　　　）： 運命づけられた物事を覆せるように努力すること。

[4] 類義表現を調べましょう。

❶ 乱暴な態度： ［ 横暴 ］

❷ 社会集団の中のレベル： ［ 階級 ］

❸ 物事の順番： ［ 手順 ］

❹ 対価として支給される金銭： ［ 報酬 ］

❺ 社会の大多数の人たち： ［ 大衆 ］

❻ 大事な場面で集中力を失い敗退してしまった試合を振り返り、後悔の念に＿＿＿＿＿＿いる。

❼ 若い頃は、規則に＿＿＿＿＿＿反発することがかっこいいと思っていた。

❽ 日本には昔から、自然を＿＿＿＿＿＿信仰が各地にあるそうだ。

❾ 社長が交代して、社内を＿＿＿＿＿＿いたメンバーも一掃されることになった。

❿ この事件に＿＿＿＿＿＿人物は、少なくとも5人はいたと思われる。

```
抗う　　崇拝する　　苛まれる
牛耳る　　関与する
```

問4 下線部に最も意味が近いものを、A〜Dの中から一つ選びなさい。

❶ 結婚してからの彼の横暴な態度に、彼女は辟易している。
　　A 無礼　　　B 暴力　　　C 過激　　　D 傲慢

❷ 江戸時代の日本では、身分階級の制度によって職業が定められることがあった。
　　A 段階　　　B 階層　　　C 階段　　　D 断層

❸ 作業を分担するときは、まず全員で手順を確認してから始めてください。
　　A 予定　　　B 方法　　　C 段取り　　D 進度

❹ 弁護士は、弁護を担当した依頼人の生活状況を聞いて報酬を断った。
　　A ほうび　　B 謝礼　　　C チップ　　D 現金

❺ 彼が作曲した歌は、大衆に広く受け入れられ、大ヒットになった。
　　A 観衆　　　B 国民　　　C 平民　　　D 民衆

問5 見出しの表現を使用した文として最も適切なものを、A〜Dの中から一つ選びなさい。

❶ 追求
A 自然に囲まれた豊かな生活を追求した結果、彼は去年から田舎暮らしを始めた。
B 論文は、先行追求を踏まえた上で書かなければならない。
C GPS機能を使えば、どこに逃げても簡単に追求できてしまう。
D 殺人事件の追求にあたって、警察署内に本部が設置された。

❷ 出現
A ある日突然、父は市議会議員選挙に出現すると言い出して、仕事を辞めてしまった。
B テレビ局は、動画サイトの出現によってその社会的役割を見直すことになった。
C 子どもを出現した社員が職場に復帰するための環境を整備する必要がある。
D 高校生の彼は、去年アジア大会に出現し、今後の活躍が期待されている。

❸ 支援
A 通報してから30分後に、雪山で遭難した登山者を支援するためのヘリコプターが到着した。
B 生徒会長の候補者演説を聞いたが、どの意見も支援できないものだった。
C ディベートではテーマについて支援派と反対派に分かれて議論する。
D 姉は、シングルマザーの子育てを支援する団体で活動している。

❹ じきに
A 強風の影響により空港で待たされたが、5時間後、じきに飛行機の搭乗手続きが始まった。
B この伝言メッセージを聞いたら、じきに携帯に連絡してください。
C この薬を飲んで休んでいれば、じきに痛みは収まります。
D 母は寝ないで姉の帰宅を待っていたが、じきに姉は朝まで帰ってこなかった。

---

5 挙げられた語の中から一つ選んで、例文を作りましょう。

❶ 捜査・研究・追跡：

❷ 出産・出場・出馬：

❸ 賛成・救助・賛同：

❹ ついに・すぐに・ようやく：

❺ 制圧・抑止・
　制限：

❻ わからない表現があればメモしましょう。

❺ 抑圧
　A 空港を占拠した犯人グループは、警官隊によって抑圧された。
　B 厳しい法律をつくることで犯罪をある程度まで抑圧することが可能になる。
　C 多くの公共交通機関では火薬など危険物の持ち込みは抑圧されている。
　D 子どものときに感情を抑圧されるとその後の心理的発達に影響があるという。

┃問6┃ 次の文を読んで、❶～❺に入るものを ▭ の中から選んで、正しい形で入れなさい。

　技術というのは、客観的で❶_____な科学的知見に基づき、より便利で合理的な方向へと自然に発展していくものだと思われがちである。しかし技術というものも案外、人間の思想や文化に牽引される❷_____を持っている。何を❸_____であると感じ、どのような解決策が望ましいかを判断するのが人間の「価値観」である以上、人間や社会というものを深く理解し、判断力を❹_____おく必要がある。❺_____の技術の背後には、人の心や習慣に対する深い洞察がなくてはならない。

（出典：『日本語で考えたくなる科学の問い〔文化と社会篇〕』（凡人社）Lesson5 本文　※一部改変）

| 最新　　側面　　課題　　厳密　　養う |

| Ⅰ．文字・語彙・コロケーション | Ⅱ．文型・文法 | Ⅲ．類義表現 |

01　ことに／ことには

どう使う？

[ナ形(-な)／イ形(-い)／動詞(-た)] + [ことに(は)]

[動詞(-る・-ない)] + [ことには]

意味　「A ことに(は) B」という形で、①B の事態に対する感情を A で述べる。②「A べきことに(は) B」の形で、B という事態に対して多くの人が A という感情を抱くだろうと共感を求める。③「A が(の)言う／話す／聞くことには B」の形で、伝聞の情報源を表す。また、④「A ないことには B ない」という形で、A しなければ B ができないという意味を表す。

例文
①残念なことに、彼の挑戦は失敗に終わったそうだ。
①驚いたことには、この旅行では誰一人として不満を言わなかった。
②恐るべきことには、彼はこれだけの才能を発揮しながらまだ 10 歳にも満たないということだ。
③先生のおっしゃることには、この学校は 120 年前にできたとのことだ。
④食べてみないことには、おいしいかどうかわからない。

使い方　事態に対して話し手がどのような感情を持ったかを前置き的に述べることができる。①の場合は個人的な感情だが、②の場合は個人的な感情を他の人にも共感を求める表現になる。①も②も「ことに(は)」の「は」は入らない場合が多い。③「ことには」の形で使われるときは、文末が「そうだ」や「らしい」、「とのことだ」などの伝聞表現になりやすい。④の場合は、常に動詞のナイ形と共に使われる。また、文末もほとんどナイ形になる。

ポイント　用法①は書き言葉で硬い表現として主に用いられる。動詞のタ形、イ形容詞、ナ形容詞に接続する。イ形は「情けないことに」や「かわいげないことに」など、批判的な感情をぶつけるネガティブな表現になりやすい。また、「×うれしいことに、花見に行くつもりだ」のように文末に意思を表す表現は使えない。用法②は用法①以上に B での述べる事実に焦点があり、A がより前置きの意味になる。「べき」に接続するので、動詞のル形に限られる。用法③の文は、「A が(の)言う／話す／聞くことには B」のように、「A が」を「A の」に置き換えることができる。(cf. ガノ可変)。「先生のおっしゃることには」は、話し言葉では「こと」を省略し、格助詞を「が」に変えて「先生がおっしゃるには」としたほうが自然である。用法④の A は B の成立のための必要条件を表し、「なければ」「なくては」の意味に近い。

類義表現　「なければ」「なくては」

02　にともなって

どう使う？

[名詞／動詞(-る)] + [にともなって]

意味　①「A にともなって B」の形で、①A という事態を受けて、B が変化するということ、②A という事態とほぼ同時発生的に B が起きるということを表す。

Lesson 5

例文
①景気回復にともなって、社員の待遇を改善する会社が増えてきた。
①入試制度の変更にともなって、受験生の科目選択の傾向が変わってきた。
②ガス爆発事故にともなって、多数の負傷者が出た。

使い方
Aの事態に合わせてBという変化が生じるのが基本。ただし、Aの事態は「景気回復」のような段階的な変化であることが一般的だが、「入試制度の変更」のような切り替え的な変化である場合もある。また、「AにともなってB」は基本的に公的な事態を表すため、「練習を重ねる {×にともなって／○につれて} 動きがよくなってきた」のような私的な事態の場合は「AにつれてB」を使う。

ポイント
やや硬い表現であり、主に書き言葉で用いられる。「AにしたがいB」の形になると、より硬い表現になる。用法①では、AもBも段階的な変化であるのが一般的。また、「勉強する {×にともなって／○ほどに} そのおもしろさがわかる」のように、Aが変化ではなく繰り返しの動作である場合は「AほどにB」が使われ、「AにともなってB」は使えない。用法②はAとBがほぼ同時発生的に起こることから、三つ目の例文のようにAもBも段階的な変化ではなく瞬間的な変化となる。

類義表現
「AとともにB」「AほどにB」「AにつれてB」「AにしたがってB」「(Aば) AほどB」

03 添加を表す表現〈ばかりか・どころか・うえに〉

どう使う？　名詞（普）／ナ形(-な・普)／イ形（普）／動詞（普）　＋　ばかりか／どころか／うえに

共通点
複数のものや事柄をつなぎ、追加的に並べるときに使う。累加と呼ぶこともある。

例文
・彼女はよく勉強ができる {○ばかりか／○どころか／○うえに} 運動神経も抜群だ。
・レモン果汁はあらゆる料理を爽やかにする {○ばかりか／○どころか／○うえに} ビタミンCも豊富に含んでいる。

使い方
添加を表す表現「ばかりか／どころか／うえに」は、話し手にとって最初に述べた事柄の後に、追加的に事柄を並べて述べるときに使う。いずれもAだけでも十分であるにもかかわらず、さらにBもあると強調して追加する表現となっている。Bには「まで」が使われることが多い。

ポイント
◇Aだけでも十分だという点では、「ばかりか／どころか／うえに」のいずれも共通しているが、その中でも「どころか」はAがその場の共通認識や予測可能であることだという意味が強いため、AにもBにも驚きがある場合は、「どころか」はやや不自然になる。

例　アルバイト代が出た {○ばかりか／？どころか／○うえに} 豪華な食事まで提供された。

◇「AどころかB」を使う場合は、BはAの予測（例：成績が上がる）と異なる事態（例：成績が下がる）という食い違いを表す内容になる。

例　一生懸命頑張っているのに、成績は上がる {×ばかりか／○どころか／×うえに} 下がる一方だ。

◇「ばかりか」と「うえに」はほぼ置き換え可能であるが、助詞を使わずに名詞のみを並べる場合には、「ばかりか」と「どころか」は使うことができるが、「うえに」は使うことはできない。

例　彼女は英語 {○ばかりか／○どころか／×うえに} 中国語も話せるらしい。

類義表現
「AしかもB」「AあげくB」「AさらにB」「Aに加えてB」

04 事柄を始める局面を表す表現〈にあたって・に際して・に先立って〉

どう使う? 名詞／動詞(-る) ］＋［ にあたって／に際して／に先立って

共通点 ある事柄が始まる局面である行動が行われることを表す点において共通している。

例文
- 大会を始める{○にあたって／○に際して／○に先立って}、会長からご挨拶があります。
- ご入場{○にあたって／○に際して／○に先立って}、手の消毒をお願いしております。
- 授賞式{○にあたって／○に際して／○に先立って}、スピーチを用意しておくように言われた。

使い方 いずれの形も書き言葉で使われる硬い表現。Aには「始める／始まる」や「開始」などの言葉が使われることが多い。ただし、Aがイベント的な事態(例:「大会」「入場」など)であれば、開始を表す語がなくてもその事態の開始を暗示していることになる。

ポイント
◇「AにあたってB」は、Aという事態を迎えてこれからBを表すので基本的に「A→B」という順序になる。それに対して、「Aに際してB」と「Aに先立ってB」はAの前にBという流れになるので、時間的には、基本的に「B→A」という順序になる。

　例 道路工事{?にあたって／○に際して／○に先立って}、近隣の家に騒音の説明をして回った。

◇しかし、Aの事態の時間幅が広い場合には、「A→B」は「まだ事態が始まったばかり」、「B→A」は「まだ事態は始まっていない」と両方の解釈が成り立つことが多い。

　例 試験の開始{○にあたって／○に際して／○に先立って}、注意事項を説明します。

◇「AにあたってB」には、Aという目的を設定し、それに対してBという手段を講じるという用法があるが、「Aに際してB」と「Aに先立ってB」にはこの用法はない。

　例 目標を達成させる{○にあたって／×に際して／×に先立って}、皆さんのより一層のご尽力を賜りたい。

類義表現 「AうえでB」「AにおいてB」「Aに臨んでB」

05 反事実的な意味を表す表現〈べきだった・はずだった〉

どう使う? 動詞(-る) ］＋［ べきだった／はずだった

共通点 実際には起きなかった事態を反事実的に表現し、後悔や驚きを表す。

例文
- この役は彼がやる{○べきだった／○はずだった}。
- 限定商品だったので、売り切れる前に買っておく{○べきだった／×はずだった}。
- あの電車に乗っていれば、もう少し時間に余裕がある{×べきだった／○はずだった}。

使い方 「Aべきだった」と「Aはずだった」は、現在から見てAが事実ではなくなったこと(反事実)を表すという点では共通しているが、実際にはどちらにも使える例は少ない。それはAの事態への話し手の関わり方が異なるからである。

使い分け
◇「Aべきだった」と「Aはずだった」の両方が使えるのは、文脈の制約が少ない場合に限られる。両方使える場合でも、「Aべきだった」と「Aはずだった」では、以下のように意味は大きく異なる。

例 出張には彼が行く {○べきだった／○はずだった}。

◇「Aべきだった」は、動作主が自分自身である場合には、して当然だったことをしなかったことによって実現しなかった過去の事実を後悔しているときに使う。一方、動作主が第三者の場合は、動作主の過去の行動を非難する意図を表す（例えば、二つ目の例文）。

例 もっと子どもの頃にたくさん遊んでやる {○べきだった／×はずだった}。

例 彼女が苦しんでいた時期、彼は彼女の支えになる {○べきだった／×はずだった}。

◇「はずだった」は、もともと予定していたことが変更されてキャンセルされてしまったときに使う。下記の例で説明すると、「カレーになる」というような話し手の意図しない予定の場合は「はずだった」は使えるが「べきだった」は使えない。一方、「カレーにする」であれば、話し手が意図的にコントロールできる事態になるので、「カレーにするべきだった」も言える。

例 今日の晩ご飯はカレーになる {×べきだった／○はずだった}。
　　今日の晩ご飯はカレーにする {○べきだった／○はずだった}。

類義表現　「Aばよかった」「Aのほうがよかった」

06　できないことを表す表現〈わけにはいかない・がたい・かねる〉

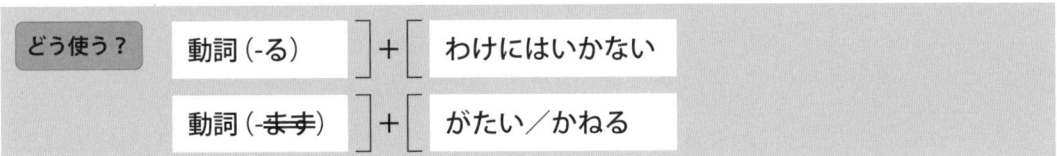

共通点　したい気持ちはあるが、様々な事情があってできないことを表す。

例文
・邪魔だからといって、簡単に捨て {○るわけにはいかない／? がたい／? かねる}。
・彼女が結婚するなんて、にわかには信じ {? るわけにはいかない／○がたい／? かねる}。
・お問い合わせの件については、申し訳ございませんがお答え {×するわけにはいきません／×しがたいです／○しかねます}。

使い方　「わけにはいかない」は動詞（-る）と動詞（-ない）に接続するのに対し、「がたい」「かねる」は動詞（-ます）に接続する。また、「わけにはいかない」はナイ形に接続して使うことができ、「なければならない」という意味を表すのに対し、「がたい」「かねる」は「信じないがたい」や「信じないかねる」のようにナイ形に接続することはできない。

ポイント　◇「わけにはいかない」は、社会的な通念や常識を根拠として行動に制限を課すため、「信じる」や「わかる」といった思考や判断の動詞には使いにくい。

例 いきなりそんなことを言われても、理解 {×するわけにはいかない／○しがたい／○しかねる}。

◇能力によってできない場合にはいずれの形も使えない。

例 彼は英語を流ちょうに話 {×すわけにはいかない／×しがたい／×しかねる／○せない}。

◇事情によってできない場合には、「わけにはいかない」か「かねる」を使う。

例 締切を過ぎたレポートは受け付け {○るわけにはいかない／×がたい／○かねる}。

類義表現　「〜にくい」

問題

問1 下線部に入る言葉として最も適切なものをA〜Dの中から一つ選びなさい。

❶ 卒業論文では、アジア各国における若者の政治＿＿＿＿態度を調査する予定だ。

　　A に対する　　B に比する　　C に題する　　D に例える

❷ 水不足の問題は、この地方＿＿＿＿大きな課題の一つだ。

　　A に即する　　　　　　　B に尽きる
　　C に見られる　　　　　　D に基づく

❸ 天候が不安定で、風＿＿＿＿雨まで降ってきた。

　　A みたいに　　B ことには　　C ばかりか　　D 以上は

❹ 祖父は人生を旅＿＿＿＿、新しい出会いや知らなかった世界を見ることの大切さを説いてくれた。

　　A によりそって　　　　　B になぞらえて
　　C にかこつけて　　　　　D にともなって

❺ 外資系企業では、年功序列(ねんこうじょれつ)制度に代わり業績評価＿＿＿＿昇進制度が設けられているところが多い。

　　A における　　B に対する　　C にかかる　　D に基づく

問2 下線部に入る表現として最も適切なものをA〜Dの中から選びなさい。

❶ 政府目標の見直しによって女性管理職は増加した。

　　＿＿＿＿＿＿＿＿＿。

　　A それに対して、おそらく3割には満(み)たない
　　B だからこそ、決して5割になるわけにはいかない
　　C したがって、やっと8割を超えかねる
　　D それでも、ようやく全体の2割に達したにすぎない

---

① 問題文や選択肢の中で、知らなかった語や表現をメモしましょう。

❶
❷
❸
❹
❺

② 次の表現を使って文を作りましょう。

❶ それに対して：

したがって：

にすぎない：

Lesson 5

❷ なければならない：

べきだ：

までもない：

❸ ことなく：

❹ に即した：

ような：

みたいな：

❺ に足らない：

であるかのように：

❷ 新しく導入された機器を使いこなすために、＿＿＿＿＿＿＿＿＿＿。
　A 操作方法を理解しなければならなくなった
　B 操作方法を理解しなくてもよくなった
　C 操作方法を理解すべきだった
　D 操作方法を理解するまでもなかった

❸ ひどい悪天候であったが、飛行機は＿＿＿＿＿＿＿＿＿＿。
　A 早まるどころか定刻に出発した
　B 遅れることなく定刻に出発した
　C 遅れるばかりか定刻に出発した
　D 早まるはずもなく定刻に出発した

❹ 本研究を進めていくにあたって、＿＿＿＿＿＿＿＿＿＿。
　A 次のためのことが問題となるだろう
　B 次に即したことが問題となるだろう
　C 次のようなことが問題となるだろう
　D 次みたいなことが問題となるだろう

❺ 取るに足らない現象を、＿＿＿＿＿＿＿＿＿＿。
　A たいした事ではないとみなすのは不適当だ
　B 一般的なものにすぎないと決めつけるのは不適当だ
　C 一大事であるかのように取り上げるのは不適当だ
　D 珍しいものであると認めないのは不適当だ

| I. 文字・語彙・コロケーション | II. 文型・文法 | **III. 類義表現** |

「彼は親切でやさしい」と「彼は親切だしやさしい」とは、どちらも自然な文です。しかし、例えば、自己紹介の場面で「10年前に日本に来て今東京に住んでいます」と言う場合は、「10年前に日本に来たし今東京に住んでいます」に言い換えることができません。なぜなら、「〜し」は、二つのことがある法則にしたがって並列関係にある必要があるからです。「10年前に日本に来た」ことと「今東京に住んでいる」こととの間には法則性はありません。そのため、「〜し」でつないでしまうと不自然だと感じられるのです。このように、「て」と「し」とは、同じ並列を表してはいるものの、言い換えることができる場合とできない場合があります。練習を通して、その使い分けについて考えてみましょう。

◉ 「〜し」と「〜て（で）」 ……………………………………………

問1 { } の中から最も適切なものを選びなさい。

❶ A：どなたからのお手紙ですか？
　B：結婚 { して・するし } アメリカに住んでいる友人からです。

❷ A：他に何かしておくべきことはありませんか？
　B：そうですね。もうみんな { 来るし・来て }、料理をテーブルに出しておきましょう。

❸ A：今日は何をするの？
　B：まず映画を { 見るし・見て }、それから食事をしましょう。

① 解説を読んで、問1の答えの理由を説明しましょう。

❶ ＿＿＿＿＿＿＿＿＿＿

❷ ＿＿＿＿＿＿＿＿＿＿

❸ ＿＿＿＿＿＿＿＿＿＿

💡　「し」は理由を表すときに使うことができますが、以下の二つの場合には使えませんので、注意してください。第一に、名詞を修飾するときには使えません（例：3回受けて合格した試験）。第二に、「し」は時間的な順序で行為を並べ上げていく場合にも使えません（例：歯を磨いてから寝る）。

Lesson 5

② 解説を読んで問2の答えの理由を説明しましょう。

❶ ……………………

❷ ……………………

❸ ……………………

問2 ※の指示に従い、「し」を用いて正しい文になるように、[　]内の部分を書き換えなさい。

❶ 子どもの頃大好きだった父とは、大人になってからあまり話さなくなった。[父は私にとって近い存在だ＋父は私にとって遠い存在だ]。

→ _____

※二つの属性（ぞくせい）が両立（りょうりつ）するように述べる。

❷ [雨が降っている＋駅も遠い]、本当に疲れた。

→ _____

※二つの理由を並べて述べる。

❸ [子どもじゃあるまい＋自分で判断できる年齢だから]、そんなことは自分で決めなさい。

→ _____

※たくさんの理由の中から一つ挙げて述べる。

● 「〜し」に代わる表現……………………………………

問3 下線部と置き換えることができるものをAとBから選びなさい。

❶ この実験は、信頼性が<u>あるし</u>妥当性もあると言える。
　　A あるだけでなく　　　　B あるわけがなく

❷ このような問題も<u>見られるし</u>、本件（ほんけん）が否決されたのはやむを得ない。
　　A 見られて　　　B 見られるため

❸ それは事実で<u>あるかもしれないし</u>、そうでないかもしれない。
　　A ある可能性は否定できないが
　　B ある可能性は否定できないため

③ 解説を読んで問3の答えの理由を説明しましょう。

❶ ……………………

❷ ……………………

❸ ……………………

> 💡 アカデミックな場面で書くレポートや、ビジネス場面で書くビジネス文書などでは、「〜し」は、ほとんど使われません。なぜなら、表現として話し言葉的であるだけでなく、読み手に、述べられていること以外にも根拠（こんきょ）や理由があることを類推（るいすい）させ、曖昧（あいまい）な印象を与えてしまう可能性があるからです。

Lesson 6

I. 文字・語彙・コロケーション　II. 文型・文法　III. 類義表現

☑ チェックシート

☐	01	次ぐ	☐	13	興る	☐	25	対処（する）
☐	02	変革（する）	☐	14	繋がる	☐	26	当事
☐	03	領域	☐	15	汎用的	☐	27	少数
☐	04	動向	☐	16	あたかも	☐	28	程遠い
☐	05	講座	☐	17	手短	☐	29	慢性的
☐	06	認定（する）	☐	18	判定（する）	☐	30	不況
☐	07	大量	☐	19	内面	☐	31	突入（する）
☐	08	投げかける	☐	20	プログラミング（する）	☐	32	業務
☐	09	もてはやす	☐	21	機構	☐	33	補助（する）
☐	10	アプローチ（する）	☐	22	設定（する）	☐	34	上回る
☐	11	事前	☐	23	手掛かり	☐	35	上述（する）
☐	12	廃れる	☐	24	提示（する）			

01　次ぐ［つぐ］　アクセント 0　動詞

①その後すぐ続いて。
②程度・地位など、すぐその下に位置する。

※接続詞「次いで」は、動詞「次ぐ」から、「次て」と変化し、さらに「次いで」と変化してできたものとされる。引き続いて、それから、次に、という意味。
　例 去年姉が東京の大学に進学し、次いで、今年は私も東京の専門学校に進学することになった。

※同音異義語に「継ぐ」がある。意味は、続いてきたものを後の者が引き受けてさらに続けていくということ。「祖父の遺産を継ぐ」「急逝した恩師の意志を継ぐ」「家業を継ぐ」などのように使用される。

　例文　①今年の全国大学駅伝大会では、昨年最下位だった我が校が、優勝したA大学に次ぐ好タイムで準優勝して、大いに注目された。
　　　　②大阪は、日本の首都である東京に次ぐ大都市として知られている。

02　変革（する）［へんかく］　アクセント 0　名詞（スル）

社会や制度などを完全に新しいものに変えること。

※類義語に「改革」がある。「変革」がすべてを変えるのに対し、「改革」は、基礎を残しながらよりよいものにすることを意味する。
　例 仕事に対する社員の意識改革が必要だ。

※対義語は「踏襲」。今までのやり方やしきたりなどを、受け継ぐこと。
　例 我が社の製品は、創業当時の製法を踏襲して、今日に至る。

　例文　・日本では、江戸時代末期から明治時代にかけて社会体制に大きな変革が起きた。
　　　　・情報革命とは、情報技術によって社会や人々の生活が変革することを意味する。

03 領域 [りょういき]　アクセント 0　名詞

①ある者の、その力の及ぶ範囲。
②その学問や研究の専門とする分野。対象とする範囲。
③国際法上、国家の主権が及ぶ範囲。領土、領海、領空のこと。

※②の類義語に「方面」がある。「方面」には、「領域」と共通して、ある分野という意味がある。
例 彼は理系なので、文学の方面の話題には興味を示さない。

例文　①こういう複雑な機械の修理は、素人ではなく専門家の領域だ。
　　　②同じ化学の研究室にいても彼は有機の領域を研究しているし、僕は無機の領域だから、進む方向は違う。
　　　③領空とは、領土と領海を合わせた領域の上空のことである。

04 動向 [どうこう]　アクセント 0　名詞

個人や社会集団の動きの傾向や方向。

※「〜の動向を探る」の形でよく使われる。
例 若者の消費の動向を探ることで、流行が明らかになる。
※類義語の「傾向」は「動向」と、ある方向に向いているという共通の意味を持つ。「傾向」は現在から未来にかけての状況に幅広く使用される。「動向」は、今後どういう方向に向かうか、というこの先予測できる方向などの意味合いを含む。
例 試験に向けて、出題の傾向と対策をまとめたノートを作成した。

例文　・個人投資家を職業としている友人は、常に経済の動向を気にしながら生活している。
　　　・気候変動は、世界の景気の動向にも多大な影響を与えている。

05 講座 [こうざ]　アクセント 0　名詞

①研究や教育のために、教授や准教授、講師によって構成されている大学の中の組織のこと。また、それによる講義のこと。
②大学の講義をまねする形で実施された講習会や放送番組のこと。

※現在では、大学の授業を地域住民が受講できる「市民講座」「公開講座」なども多く実施されている。
※語源:「講座」は、もとは「講師がすわる座席」という意味が転じて、講義の内容を示すようになったとされる。

例文　①時代と共に、大学にもキャリアやビジネスなど、新しい専門の講座が設置されるようになった。
　　　②彼は大学生のときにラジオ講座でスペイン語の勉強を始め、今では通訳になったそうだ。

06 認定(する) [にんてい]　アクセント 0　名詞(スル)

①事実や資格があるかについて基準をもとに判断して認めること。
②国などの行政機関が、法律やルールを基準として申し出や事実を認めること。
　※類義語に「承認」がある。その事柄が事実である、正当であると認めるという意味。
　　例 新薬の開発では、有効性、安全性が証明され、承認申請の提出に至るまで、2〜3年はかかるそうだ。

例文　①その資格試験に合格すると、食品アドバイザーとして認定される。
　　　②海外で働くときには、就労ビザの認定が問題となる。

07 大量 [たいりょう]　アクセント 0　名詞・ナ形容詞

①数量や分量がきわめて多いこと。たくさんあること。
②心が広く、度量の豊かなこと。また、その様子。
　※類義語の「多量」は、ものの分量が多いという意味。「大量」は、数が多い場合にも使用されるが、「多量」は量の多さにだけ使用される。また、数の多さを言う場合は「多数」を使用する。「出血多量」「多量の飲酒」「出席多数」「多数決」など。
　※対義語は「小量(少量)」。①ほんのわずかの分量のこと。②(小量)心が狭く、度量が小さいこと。
　　例 味噌汁の味見をしたら、何か物足りないので、塩を少量足してみた。
　　例 気に入らないことをすぐ顔に出すと、小量の人間だと思われる。

例文　①あまりの寒さに目を覚まして外を見ると、庭には大量の雪が積もっていた。
　　　①商品を仕入れすぎて、大量の在庫を抱えることになってしまった。
　　　②我が社の社長は、大量な人物として、社員からの人望が厚い。

08 投げかける [なげかける]　アクセント 4　動詞

①物を投げてかける。
②(声や視線を)相手に送る。
③(相手や物に)よりかかる。
④(質問や問題を)示す。

　※「質問を投げかける」という表現は、質問した相手に必ず答えてもらえるように、答えられる質問をするという意味合いを含む。
　　例 説明が理解できたかどうか、生徒たちにいろいろ質問を投げかけてみた。

例文　①子どもはうちに帰ってくると、かばんを椅子に投げかけて、トイレに駆け込んだ。
　　　②母に叱られた妹は、父に助けを求める視線を投げかけたが、父は何も言わなかった。
　　　③妻は仕事から帰ってくると、疲れた体をソファーに投げかけて、そのまま寝てしまった。
　　　④近年、野菜を食べることよりもステーキなどの動物の肉を食べることのほうがスタミナや強さが得られるという考えに対して疑問が投げかけられている。

09 もてはやす アクセント4(0) 動詞

(物や人について)多くの人が話題にしてほめる。
　※受け身の形で使われることが多い。また、類義語に「ちやほやする」がある。「ちやほやする」は、人について否定的な意味を込めて使われる。
　　例 あの子は、親にちやほやされて育ったので、わがままな性格になってしまった。
　※語源：もとの「取り持って囃す」「照り映えるようにする」という意味から、映えるようにほめるという意味になったとされている。

例文
- 最近の健康ブームで、海外でも豆腐が健康食品として、もてはやされている。
- そのバイオリニストは、最近メディアでもてはやされ、テレビドラマにも出るようになった。

10 アプローチ(する) アクセント3 名詞(スル)

①ある対象に近づいたり、働きかけたりすること。
②学問の対象に取り組む方法。
③建物の入り口からドアまでの通路。
④陸上やスキー競技でジャンプするまで助走する区間のこと。
⑤ゴルフでホールに向けたグリーンからの打ち方。「アプローチショット」。
　※英語の approach(接近、誘導、の意味)に由来する。

例文
①彼は彼女に一生懸命アプローチしているものの、まったく相手にされていない。
②彼女は質的データ分析法を用いたアプローチで研究に取り組むつもりだ。
③ドアまで続くアプローチには、たくさんの花々が咲いていた。
④スキージャンプでは、アプローチの角度によって飛距離が変わる。

11 事前 [じぜん] アクセント0 名詞

物事の起こる前や、実行される前。
　※対義語は「事後」。物事の起こった後や、終わった後の意味。
　　例 この件に関しては、すべて事後報告で私一人が蚊帳の外だった。
　※「事前に」の類義語に「前もって」がある。「事前に」とほぼ同義で、言い換えもできるが、少し柔らかい印象になる。
　　例 当日は雨が予想されるので、前もってタクシーを配車しておいた。

例文
- 思い出に残る結婚式にするために、式場担当者と事前の打ち合わせを重ねた。
- 選挙当日は都合が悪いので、事前に投票を済ませるために期日前投票に行った。

12 廃れる ［すたれる］ アクセント 0 (3) 動詞

習慣や考え方がなくなったり、物事の勢いがなくなること。

※もともとは「廃る」として使われていた。現在は一般的に「廃れる」が使われ、「廃る」は「男が廃る」のような慣用表現で多く使われる。
- 例 考え方が古い父は、今でもよく「ここで逃げたら男が廃る」と言って、辛いときでも無理をしてしまう。(＝男としての名誉や面目がなくなるという意味)

※対義語は「流行る」。一時期、もてはやされること、また、(よくないことが) 広まること。「流行り廃り」は、流行ることと廃れることを表し、今、盛んにもてはやされ流行っていても長くは続かず、すぐ飽きられてしまうという意味がある。
- 例 子どものおもちゃも、流行り廃りがあるから、買うなら本人を連れて行かないとわからない。

例文
- 医学が発達した今でも、温泉での病気治療の方法は廃れていない。
- オンラインゲームができて、昔のテレビゲーム機の人気はすっかり廃れてしまった。

13 興る ［おこる］ アクセント 2 動詞

(国や文化、産業などが) 盛んになって、新しく始まる。

※語源：「オコル」で「起こる」と同じとされる。勢いや力に注目するときに「興る」と表記される。
※類義語に「興隆」がある。「興る」と、盛んになるという意味が共通し、勢いが盛んになり栄えるという意味。
- 例 江戸時代には、浮世絵や歌舞伎などの庶民文化が興隆した。

例文
- 世界の古代文明は、どれも大きな河の周辺で興っている。
- 1900年代に石油産業が興ったことで、この町は大きく発展してきた。

14 繋がる ［つながる］ アクセント 0 動詞

①離れているものなどがひと続きに結ばれる。
②途切れずに連なって続く。継続する。
③関わり合いがある。
④血縁関係がある。

※語源：「綱」に「グ」が付いて動詞化し、そのナイ形 (-~~ない~~)「ツナガ」に「ル」が付いたもの。

例文
①自宅のマンションは電波の状態が悪いらしく、携帯電話がなかなか繋がらない。
②この通りは休日になると車が繋がって、ひどい渋滞になる。
③毎日寝る間も惜しんで勉強した成果が、第一志望校の合格に繋がった。
④私は両親と血が繋がっていないことを大人になってから知った。

15 汎用的 [はんようてき]　アクセント 0　ナ形容詞

一つのものが広くいろいろなものに使われること。

※「汎用性」の形でも多く使われる。「汎用性が高いモデル」「汎用性に優れた機器」。

※「汎用的」は、名詞「汎用」に、接尾辞「的」がついてナ形容詞になったもの。接尾辞「的」は、抽象的な意味を持つ語などに付き、ナ形容詞を作る。

例文
- 新しく開発された技術は、多くの産業で汎用的に使用できる。
- 社会で活躍するために、汎用的なスキルを身につけたい。

---

16 あたかも　アクセント 1 (2)　副詞

①（後ろに「～のようだ」「～のごとし」などを伴って）物事の有様や、性質などが他に似ているものに例える場合に用いる。まるで。まさしく。ちょうど。

②ちょうどそのときに、ある事と他の事が同時に起こる様子を表す。まさに。

※①の意味の類義語「まるで」「さながら」は、ほぼ同義で言い換えができる。日常会話では「まるで」がよく使用され、「あたかも」「さながら」は、文章などで使用されることが多い。

例文
①古いアルバムを見ていたら、昔の思い出があたかも昨日のことのようによみがえってきた。
②公園へ出かけたら、時あたかも桜のシーズンで、風に舞う花びらの桜吹雪が見事だった。

---

17 手短 [てみじか]　アクセント 0　ナ形容詞

（話などが）簡単で短い様子。

※「手短か」と表記されることも多い。

※「手短に」という副詞的な用法もある。

※類義語に「簡潔」がある。「要点を簡潔に伝える」などと使用され、「手短」の意味に、わかりやすくまとめて、という意味合いが加わる。

例「本日の授業内容を簡潔にまとめて次の時間に提出」という宿題が出たが、居眠りしててあまり覚えてない。

例文
- かなり複雑な内容なので、手短な説明では理解できない。
- 時間がなかったので、用件だけを手短に伝えた。

Lesson 6

18 判定(する) [はんてい]　アクセント 0　名詞(スル)

①物事を判別して数値や意味を定めること。また、その決定。
②ボクシング・柔道・レスリングなどの試合で、所定の時間内に勝敗が決まらない場合に審判員の採点により勝敗の決定をすること。

※類義語に「評定」がある。「判定」が、判別して決定することを表すのに対して、「評定」は、定められた基準に従った評価によって決定することを表す。
例 今年度の勤務態度に対する評定が、会社から通知された。

例文　①前回受けた模擬試験の結果は、自信があったにもかかわらず、判定がC評価だったのでちょっとがっかりした。
②ボクシングの試合では、判定に持ち込まれると挑戦者よりチャンピオンのほうが有利だと言われている。

19 内面 [ないめん]　アクセント 0 (3)　名詞

①物事の外からは見えない内側の面。
②人の心情や心理に関わる面。心の中。

※対義語は「外面」。「内面」を訓読みして「うちづら」と読むと、家族や仲間など親しい間柄の人に見せる態度や顔つきという意味になる。この場合、対義語は「外面」。
例 彼は外面はよいのだが、内面はあまりよくない。
※語源：「内」は、人の内、心を表し、「面」は、方面を表す。人の心理、精神の方面を表す語。「内面描写」は、人物の心情などを客観的に表現したもの。

例文　①胃カメラの検査で自分の胃の内面を初めて見たが、あまり気持ちのいいものではなかった。
②いつも明るく振る舞っている彼女だが、その内面は誰にもわからない。

20 プログラミング(する)　アクセント 0 (3)　名詞(スル)

動作手順をコンピュータにインプットすること。

※名詞「プログラム」は、コンピュータに、実行させる処理の手順などを書いたものという意味の他に、集会の予定表や、テレビや演劇の演目、映画の解説が書かれた冊子という意味でも使われる。
※英語の programming（プログラム作成）に由来する。
例 雨が降り始めたため、運動会のプログラムが変更されることになった。
例 映画が本当におもしろかったので、2,000円もするプログラムを買ってしまった。

例文　・このロボットは、音の高さに反応してモニターの色が変わるようにプログラミングされている。
・プログラミングをすることで、論理的思考能力を養うことができるとして、プログラミング教室が人気を集めている。

21 機構 ［きこう］ アクセント0 名詞

①物事や機械などの内部のそれぞれの部分の互いに関連し合った組み立てや構造。
②官庁・会社・団体など社会的な組織。また、その仕組み。

※①の意味の類義語に外来語の「メカニズム（mechanism）」がある。日本語で「機械の装置」「機構」などの意味を持つ。「メカ」と略され、機械の組み立てや構造などの知識という意味の和製英語になった。「メカに強い／弱い」など、会話の中で使用される。

例文
①私は自動車教習所に通っているが、今日の講習では車のエンジンの機構について学んだ。
②彼女は学生支援の機構から奨学金を得て大学を卒業した。

22 設定（する） ［せってい］ アクセント0 名詞（スル）

目的のために、新しい物事や条件を決めたり作ったりすること。

※ルールや場所、条件など、抽象的なことについて用いられることが多い。
※対義語の「解除」は、禁止、制限など定めたことをなくして元の状態に戻すこと。
例 今までに経験したことのないような大雨で昨日から避難命令が発令されていたが、明け方に解除されて安堵した。

例文
・その小説の設定は、現代の女子高校生が江戸時代にタイムスリップするというものだった。
・パソコンの言語設定が英語になっていたので、レポートを書くのに時間がかかった。
・妹は8年後のオリンピックに出場するという目標を設定して、毎日サッカーの練習に励んでいる。

23 手掛かり ［てがかり］ アクセント2 名詞

問題を調べて、解決するためのヒントとなるもの。

※「手掛かりになる（物）」の形でよく使われる。
※類義語の「糸口」は、ほぼ同義で、言い換えができる。
例 10年かかって、やっと事件解決の糸口をつかんだ。

例文
・事件が起きてから20年経つが、犯人の手掛かりになる物はまったく見つかっていない。
・その本には、江戸時代の人々の生活を理解するための手掛かりが示されている。

24 提示（する） ［ていじ］ アクセント0 名詞（スル）

相手がわかるように差し出して見せること。

※類義語に「提出」がある。「提示」が相手に見せるだけなのに対し、「提出」は相手に渡すという意味。仕事や課題を相手に出すときには「提出」が使われる。また、類義語の「明示」は、ただ見せるだけでなく、はっきりとよくわかるようにという意味合いが含まれる。
例 この課題は来週までに提出してください。
例 領収書には、代金の内訳が明示されている。

例文
・図書館を利用するときには、受付で学生証を提示してください。
・プロサッカーチームと契約するにあたって、彼はいくつかの条件を提示した。

25 対処（する）［たいしょ］ アクセント1 名詞（スル）

物事や状況の変化に応じて適切な手をうつこと。

※類義語に「対応」がある。「対応」は人や物事の状況に応じて行動をすること。また、「対策」は、人や物事の状況に応じた行動をとるための手段や方法のこと。
- 例 プロのスポーツ選手になるには、その技術はもちろんだが、試合中のいろいろなアクシデントに対応する力も必要だ。
- 例 試合に勝つためには、対戦相手を研究して、しっかり対策を立てて試合に臨むことが大切だ。

※対義語は「予防」。想定される悪い事態を事前に防ぐこと。病気や災害などに多く使用される。
- 例 今年もインフルエンザの予防接種が始まった。

例文
- アフターサービスのよい家電メーカーは、何かトラブルがあってもすぐに対処してくれるので安心だ。
- 緊急事態にも迅速かつ正確に対処するために、緊急事態マニュアルを整備した。

26 当事［とうじ］ アクセント1 名詞

ある事件や物事に直接関係すること。

※「～者」「～国」などと共に使われる。「当事者」は、事件や物事に直接関係する人物という意味。
- 例 家庭内の問題は、当事者の間で話し合うべきだ。

※同音語の「当時」は、過去のある一時期。その時。その頃。
- 例 同窓会で再会した旧友と、当時の思い出を語り合った。

例文
- 世界の貧困問題を解決するには、当事国だけでなく国際社会全体で解決に向けた取り組みを行う必要がある。
- 旅先で車の接触事故に巻き込まれ、一瞬で交通事故の当事者となってしまった。

27 少数［しょうすう］ アクセント3 名詞

数が少ないこと。

※同音異義語に「小数」がある。「少数」が数が少ないことを表し、具体的な数を示すことはないのに対し、「小数」は、1より小さい数そのものを表す。例えば、数学の「0.1」「0.001」などは小数と表記する。

※対義語は「多数」。
- 例 私が提出した新規事業の計画案は、反対多数で差し戻されてしまった。

※「少数意見」「少数民族」「少数精鋭」「少数与党」といった「少数」のついた四字熟語もある。

例文
- 学級会で私が発表した考えに賛成してくれた人は少数だった。
- 会議の司会者は、少数意見にも気を配って、話し合いをまとめた。

28 　程遠い［ほどとおい］　アクセント 0 (3)　イ形容詞

時間や距離、また、ものの程度が大きく違う様子。

※対義語は「程近い」。距離や時間、程度の違いがあまりないことを表す。
　例 駅から程近いところに、大きなスーパーができた。
※語源:「程」は、含むという意味を持つ「ホ」という語と、処という意味を持つ「ド」という語で、含みのあるところから、範囲や程度を表すようになったとされる。

例文
・新婚旅行で行ったホテルはぼろぼろで、妻の理想とは程遠いものだった。
・弟は東京の中心地から程遠くないところに、小さなアパートを借りて生活している。

29 　慢性的［まんせいてき］　アクセント 0　ナ形容詞

①病気について、症状はひどくないが治るのに時間がかかるもの。
②好ましくない（悪い）状態が長く続くこと。

※「慢性」の対義語は「急性」。症状が急に起こり、激しく進みが早いこと。
　例 急性アルコール中毒にならないように、お酒を飲むときは適量に収まるよう十分注意する必要がある。
※②の意味の類義語に「恒常的」がある。その状態がずっと続くという意味は「慢性的」と共通するが、「慢性的」にあるような、悪い状態が続くという意味は含まれない。
　例 テレワークは、今や恒常的な勤務形態として定着した。

例文
①私は慢性的な貧血なので、あまり激しいスポーツはできない。
②IT業界は急成長しているため、慢性的な人手不足が続いている。

30 　不況［ふきょう］　アクセント 0　名詞

経済活動が活発でなくなり、経済が悪くなった状態。

※対義語は「好況」。また、類義語に「不景気」がある。「不況」が経済について使われるのに対し、「不景気」は広く停滞した状態を示す言葉として使われる。
　例 近所のラーメン屋は不景気で客が入っているのを見たことがない。
　例 試験に失敗してがっかりしていたら、近所のおじさんに「そんな不景気そうな顔をして、どうした？」と話しかけられた。
※「況」という漢字は、ありさま、様子の意味を持つが、そこに、打ち消しを表す接頭辞「不」が付くことで、様子がよくない、状況がよくない、という意味になる。「不要不急」（＝どうしてもというほどの必要はなく、急いですることでもない）は、コロナ禍で、行動の自粛を求める際によく使用された四字熟語。
　例 自分の安全、周囲の人の安全のために、不要不急の外出はなるべく控えるようにしましょう。

例文
・バブル経済が崩壊し、日本では長い不況の時代が続いた。
・不況になっても資格があれば仕事はできると母に言われて、姉は資格試験の勉強を始めた。

31　突入（する）[とつにゅう]　アクセント 0　名詞（スル）

①勢いよく中に入ること。
②大変な事態や状況になること。

※類義語に「突進」がある。「突入」と違い、大変な事態や状況という意味合いはなく、どのような状況であれ、目当てのものに向かって突き進むこと、突っ込んでいくことを表す。
　例 ラグビーの試合で、選手がキャッチしたボールを抱え、相手ディフェンスを蹴散らしゴールライン目がけて突進する姿はいつ見てもワクワクする。

例文　①警察が建物に突入したときには、犯人グループはすでに逃げてしまっていた。
　　　①スペースシャトルは、大気圏に突入すると高温になり、流れ星のように光って見える。
　　　②地球人が宇宙人と戦争に突入するという話は、SF映画ではよくある話だ。

32　業務 [ぎょうむ]　アクセント 1　名詞

日々継続して行う、事業や職業としての仕事。

※類義語に「仕事」がある。「業務」が生計を立てるための職業につくという意味であるのに対して、「仕事」は広く生活の中の家事や育児なども含んだ仕事や作業を表す。また、「職務」は、業務における仕事上の役割を表す。
　例 母は夜遅くまで針仕事の内職をして家計を助けていた。
　例 一人ひとりが責任持って職務を果たさなければ、その部署の業績は上がらない。

例文　・今日予定していた業務はすべて完了したので、これから帰宅する。
　　　・アルバイトの初日は、業務内容の説明だけで終わった。

33　補助（する）[ほじょ]　アクセント 1　名詞（スル）

足りない部分を助けること。

※「補助金」（＝公的機関などから援助を目的に出される金）、「補助席」（＝観光バスなどの通路にできる予備の席）、「補助輪」（＝子どもが自転車を練習するときに両側に付けるタイヤ型の器具）など、名詞を付けて使われることも多い。
※類義語に「補佐」がある。どちらにも足りないところを補い助けるという意味があるが、「補佐」は、仕事に関連したところで人を助けることに多く使用される。
　例 上司に頼まれて、今月は補佐をすることになった。

例文　・自主映画の制作費を補助するために、クラウドファンディングを立ち上げることにした。
　　　・祖母は足が不自由なので、家族の補助を受けてなんとか生活している。

34 　上回る [うわまわる]　アクセント 4 (0)　動詞

ある数量や程度が基準を超えること。

※対義語は「下回る」。ある数量や程度が基準より下になる。
　例 冷夏のせいで、プールの入場者の数は、連日昨年を大幅に下回っている。

※「上回る」「下回る」共に、使い方としては、事前に予想や期待をしていた数量や程度などより実際は、上／下であるという意味。「気温は 35 度を上回って……」や「気温は 30 度を下回って……」などのように具体的な数値が示されている場合は、その基準の数値は含まず、「36 度以上」「29 度以下」という意味になる。

※類義語の「超える」「超す」は、「上回る」のような事前の予想や期待という意味合いはなく、目安となる基準より上であることを表す。なお「100 人を超える／超す」のように具体的な数値の基準があるときは、「上回る」と同様、その基準の数値は含まず「101 人以上」という意味になる。

例文
- 模擬試験の結果が自分の予想を上回るよい結果だったのはうれしかったが、ここで油断しないようにと自分に言い聞かせた。
- 花火大会で起きた将棋倒しの事故は、例年をはるかに上回る人出があったことが原因だと思われる。

35 　上述 (する) [じょうじゅつ]　アクセント 0　名詞 (スル)

文章の中で、それより上、または前に述べたこと。

※類義語に「先述」「前述」がある。「前述」は「上述」と同義だが、「上述」は縦書きの文章には使用できない。「先述」は、その文章に限らず別の文章の事柄も示すことができる、という違いがある。

※学術論文においては、「上述した／上述の通り」という形でよく使われる。

例文
- 上述の通り、今回の実験は研究協力者と共に実施した。
- 上述した問題は、大きく二つに分けて考えることができる。

問題

1 漢字の読み方をひらがなで、ひらがなを漢字で書きましょう。

❶ 域内：

❷ 遂行：

❸ 膨らむ：

❹ 廃棄：
　撤廃：

❺ 興奮：

2 次の語を含む複合語を考えて例文を作りましょう。

❶ 投げ〜：

❷ 振り〜：

❸ 取って／取り〜：

|問1| 下線部の読み方として最も適切なものを、A〜Dの中から一つ選びなさい。

❶ 物理学の<u>領域</u>で、彼に<u>勝</u>る人は数少ない。
　　A りょうえき　　　　　B れいいき
　　C りょういき　　　　　D れいえき

❷ この会社は近年、通信技術において目覚ましい発展を<u>遂げた</u>。
　　A とげた　　B すげた　　C なげた　　D こげた

❸ 事業に失敗し、彼は<u>膨大</u>な借金を背負うことになった。
　　A ばくだい　　B ほうだい　　C はくだい　　D ぼうだい

❹ <u>廃れた</u>地域を<u>復興</u>させるためには、何かインパクトのある<u>政策</u>を考えなければならない。
　　A すたれた　　B あきれた　　C はいれた　　D やぶれた

❺ 18世紀半ばから19世紀にかけて、工業が<u>興り</u>、産業構造の変化と経済発展に至った。
　　A こうり　　B おこり　　C あたり　　D ふるり

|問2| 下線部に入る言葉として最も適切なものを、A〜Dの中から一つ選びなさい。

❶ 株主総会で一部の株主は会社の今後の経営方針に疑問を_____。
　　A 投げ捨てた　　　　　B 投げ掛けた
　　C 投げ出した　　　　　D 投げ放した

❷ 先週、旧友が海外から遊びに来てくれたので、久しぶりに手料理を_____。
　　A 振り絞った　　　　　B 振る舞った
　　C 振り掛けた　　　　　D 振り分けた

❸ 果たして、ロボットが人間に_____日が来るのでしょうか。
　　A 取って代わる　　　　B 取って交わす
　　C 取って分ける　　　　D 取って掛かる

❹ 破れたポスターをこのテープで_____みよう。
　　A　繋ぎ止めて　　　　　　B　繋ぎ合わせて
　　C　繋ぎ寄せて　　　　　　D　繋ぎ付けて

❺ 立場を_____考えてみれば、私の気持ちもわかってくれるはずだ。
　　A　言い換えて　　　　　　B　差し替えて
　　C　置き換えて　　　　　　D　切り替えて

|問3|　[　　]から最も適切な言葉を選び、下線部に正しい形で書きなさい。

❶ 新しく着任した取締役は、会社に大きな_____をもたらした。

❷ 来年高校受験を控えている弟は、塾の受験対策_____に通い始めた。

❸ 景気の_____を探る上では、住宅建築の着工戸数やマンション販売実績の推移が役に立つと言われている。

❹ この案件を片付けたら、すぐに次の_____に取り組もうと思う。

❺ 人気者の彼は、いつも奇抜な発言で周囲から_____を浴びている。

| 注目　　変革　　動向　　講座　　業務 |

---

❹ 繋ぎ〜：

❺ 〜替える／換える：

③ 説明を読んで（　）の中に言葉を書き込みましょう。

✏ （　　）をもたらす：相手に損害や危害を与えること。

✏ （　　）を探る：本当の意図を探し求めること。

✏ （　　）に取り組む：解決すべき問題にあたること。

✍ (　　　)を設定する：
物事の基本とする標準を作り定めること。

✍ トラブルに(　　　)：
ある問題や事態に引き入れられること。

✍ 優劣を(　　　)：
どちらがよりよいか判断すること。

❻ 繰り返し問題が起きているにもかかわらず、会社の関係部署はなかなか有効な＿＿＿＿＿＿＿＿＿＿くれない。

❼ プロとしてこの業界で食べていくためには、公的機関にパソコンの＿＿＿＿＿＿＿＿＿＿もらわないといけない。

❽ 来週には、エンジニアの方に新しい＿＿＿＿＿＿＿＿＿＿に来てもらう予定だ。

❾ どちらもすばらしい料理だったので、＿＿＿＿＿＿＿＿＿＿のは難しい。

❿ ビジネスで成功している人は、必ず＿＿＿＿＿＿＿＿＿＿能力が高いと断言できる。

| システムを設定する　　対策を提示する |
| トラブルに対処する　優劣を判定する　スキルを認定する |

4 類義表現を調べましょう。

❶ 広く適応できること：
[汎用的]

❷ 短くまとめること：
[手短に]

❸ 事件を解決するためのきっかけ：
[手掛かり]

❹ ある目的のために近づくこと：
[アプローチする]

❺ 経済状況が悪い様子：
[不況]

問4 下線部に最も意味が近いものを、A～Dの中から一つ選びなさい。

❶ 売れる商品を作るためには、<u>汎用的</u>なデザインにしなければならない。
　　A 平凡な　　B 濫用的　　C 普遍的　　D 有用な

❷ 時間が限られているので、<u>手短</u>にお願いします。
　　A 短気に　　B 身近に　　C 手前に　　D 簡単に

❸ ベテラン刑事はわずか3日で事件解決のための重要な<u>手掛かり</u>を見つけた。
　　A 手間　　B 糸口　　C 手柄　　D 発端

❹ 企業が人材をヘッドハンティングする場合、取引先を通じて間接的に<u>アプローチする</u>こともあるそうだ。
　　A 接近する　　B 達成する　　C 襲撃する　　D 更新する

❺ <u>不況</u>が続く中、投資や消費を促進するための政策が求められている。
　　A 不慮　　B 不景気　　C 不満　　D 理不尽

問5 見出しの表現を使用した文として最も適切なものを、A～Dの中から一つ選びなさい。

❶ あたかも
　A 父はあたかも鬼のように厳しく私を育てた。
　B 僕がパリに留学していた頃、彼女もあたかもパリで音楽の勉強をしていた。
　C 兄は嘘の話をあたかも本当のことのように話すのが得意だ。
　D 私にとって日本は、あたかも第二の故郷(ふるさと)だ。

❷ 次ぐ
　A インドは中国に次ぐ人口大国だ。
　B 不良品(ふりょうひん)を扱ったデパートにクレームの電話が次いだ。
　C 前の方に次いでご入場ください。
　D 長男はやっと父の跡(あと)を次ぐ決心がついた。

❸ 上回る
　A この道は現在工事で封鎖(ふうさ)しているため、上回ってください。
　B 宣伝の効果は我々の予想(よそう)をはるかに上回った。
　C あの山を上回ったところに、静かな温泉地がある。
　D 息子の身長は去年より20センチも上回った。

❹ もてはやす
　A 毎年12月になるとインフルエンザがもてはやされる。
　B 妹は両親にもてはやされて育ったので、わがままだ。
　C 今年、定年退職(ていねんたいしょく)した父は、毎日家で時間をもてはやしている。
　D キャビアは世界三大珍味(ちんみ)としてもてはやされているが、私には味のよさがよくわからない。

❺ 突入
　A 来週でこの店も10周年に突入する。
　B 近所のおばさんはよく突入した個人的な話を聞いてくる。
　C このスパイスをスープに突入するといい香りがする。
　D 公園のベンチで休んでいたら、大型犬が突入してきた。

---

5 挙げられた語の中から一つ選んで、例文を作りましょう。

❶ ちょうど・いわば・まるで：

❷ 継ぐ・相次ぐ・続く：

❸ 伸びる・迂回する・超える：

❹ 持て余す・甘やかす・流行する：

❺ 突進する・投入する・立ち入る：

6 わからない表現があればメモしましょう。

問6 次の文を読んで、❶〜❺に入るものを □ の中から選んで、正しい形で入れなさい。

　人間は「身体感覚」や「感情」の影響を受けながら思考が形づくられているが、AIは今のところ理性的な思考に特化しているので、真の意味で「人間らしい」AIには程遠いのが現状である。人工知能技術が❶_____と人間の知的労働を❷_____に置き換えることができるようになり、失業者が増加して❸_____な不況に突入するのではないかという懸念の声もある。AIが、あくまで人間の業務を❹_____役割に留まるのか、その多くを❺_____しまうのかについては、まだわからないことが多い。

（出典：『日本語で考えたくなる科学の問い〔文化と社会篇〕』（凡人社）Lesson6 本文）

慢性的　　代替する　　容易　　高度化する　　補助する

I. 文字・語彙・コロケーション II. 文型・文法 III. 類義表現

01 を機に

どう使う？ 名詞 ＋ を機に

意味 「Aを機にB」という形で、Aを転換点として、または、機会としてという意味を表す。ある出来事がきっかけとなって、新たな出来事や変化が生じることを表す。

例文
- 日本語能力試験に落ちた。これを機に、今後はまじめに勉強したい。
- タバコが値上がりするのを機に、禁煙することにした。
- 転職を機に、髪をバッサリ切ってイメージを変えてみた。

使い方 「Aを機にB」は、Aがこれまでの状態や状況を変えるのにちょうどよい機会となり、Bの新しい出来事や行為に繋がったというときに用いる。動詞の場合は二つ目の例文のように「の」や「こと」を後接する形で用いることができる。

ポイント 硬い書き言葉やフォーマルな場面において使用される。Aには出来事や行為を表す名詞（例：「転職」「結婚」など）が使われることが多い。類義表現には「をきっかけに（して）」「を契機に（して）」がある。「Aをきっかけに（して）B」は話し言葉でも使用され、「偶然に」というニュアンスがあるが、「Aを機にB」や「Aを契機に（して）B」は話し手の意図性がある場合に使われる。「Aを契機に（して）B」はやや硬い表現である。「Aをかわきり（皮切り）に（して）」はAの部分にイベントや事業、活動を表す内容が来ることが多い。

類義表現 「を契機に（して）」「をきっかけに（して）」「をかわきり（皮切り）に（して）」

02 に値する

どう使う？

名詞／動詞(-る) ＋ に値する

意味 「Aに値する」という形で、あるものについて、Aする価値がある、あるいは、Aするのにふさわしいという話し手の判断を表す。

例文
- 今回の彼女の行動は賞賛に値する。
- 学位を授与するに値する質の高い博士論文である。
- 表彰するに値する人物かどうかは、提出書類から総合的に判断される。

使い方 主に、硬い書き言葉で用いられる。「Aに値する」のAは信頼・尊敬を表す名詞や動詞が多い。否定の形として「に（は）値しない」という表現がある（例：「わざわざ取り上げるには値しない」「その映画は見るに値しない」）。この場合、「する価値がない」「しても得るものはない」という意味を表す。

Lesson 6

ポイント 類義表現として「Aに堪える」「Aに足る」がある。いずれも「する価値がある」という意味を表し、主に書き言葉で用いられる。「Aに堪える」は「観賞するに堪える作品」のように、Aでは様々な動詞が用いられるが、「Aに足る」は「尊敬するに足る」「信頼するに足る」など決まった言い方で用いられる場合が多い。なお、いずれも否定形（「Aに堪えない」「Aに足らない」）で使われることが多い。

例 誠に哀悼痛惜の至りに堪えません。

例 取るに足らないことで一喜一憂しないでください。

類義表現 「に堪える」「に足る」「に足りる」

03 予想・期待外れを表す表現〈わりに（は）・にしては〉

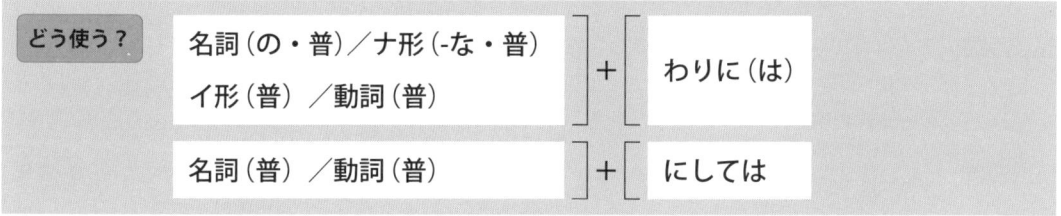

共通点 「Aわりに（は）B」「AにしてはB」はどちらもAで予想や期待されることと異なることがBで起きるという意味を表す点で共通する。

例文
- 彼女は1年間日本に留学した{○わりには／○にしては}日本語がほとんど話せない。（＝1年間も留学したというので、日本語が上手に話せるものと思ったが、ほとんど話せない）
- このカバンは値段{○のわりに（は）／○にしては}丈夫で使いやすい。（＝値段が安いため期待はしていなかったが、丈夫で使いやすい）
- 彼は新入社員{○のわりに（は）／○にしては}、接客の技術が高い。（＝新入社員なのに接客の技術が意外と高い）

使い方 「わりに（は）」は、程度を表す表現と共によく用いられる特徴がある。「にしては」は、自分以外の人物や物事について評価する言い方であり、自分自身についてはあまり用いられない。「これ」「その」といった代名詞と結びついたものとして、「それにしては」と「そのわりには」という表現がある。

例 A：台風が近づいてきてるみたい。
　　B：それにしては静かだね。

ポイント ◇「Aわりに（は）B」は形容詞に接続できるが、「AにしてはB」はイ形容詞にもナ形容詞にも接続しにくい。その点において、大きく異なる。

例 このコーヒーは高い{○わりには／×にしては}あまりおいしくない。

例 幸恵さんはやせている{○わりには／×にしては}よく食べる。

◇「Aわりに（は）B」も「Aにして（は）B」もAを判断の基準として、実際と不釣り合いである場合に用いられるが、意味的には、「AにしてはB」のほうが、印象、予想、期待や標準との差が大きいというニュアンスを帯びる。

例 小学生{○にしては／？のわりには}背が高すぎるよ。

◇上記のニュアンスから、「AにしてはB」はBが事実だとしたらAが順当ではないという疑いがほのめかされることがある（上記の文では、「小学生ではない」ことが暗示されている）。次の例では、富士山に登ることから考えると荷物が少ないという不釣り合いの状況について、「わりには」は客観的に述べているにすぎないのに対して、「にしては」は「富士山に登る」ことを疑っているというニュアンスが含まれる。

例 富士山に登る{○わりには／○にしては}軽装だね。

◇身長、年齢、成績、高さなど基準や程度を表す名詞の場合は、「にしては」は使いにくい。なお、具体的な数値（例：80歳、180cm）の場合はどちらも使える。

例 おじは年齢{○のわりには／？にしては}若く見える。

例 おじは80歳{○のわりには／○にしては}若く見える。

類義表現 「なのに」「にして(も)」

04 補足を表す接続詞〈ちなみに・なお・ただし〉

どう使う？ A　ちなみに／なお／ただし　B

共通点 前の文章で言い足りなかったことについて、関連情報を補足する点で共通する。

例文
・参加費は大人1,000円、子ども500円です。{○ちなみに／○なお／○ただし}未就学児は無料です。
・9月10日に運動会があります。{○ちなみに／○なお／○ただし}、雨天の場合は延期です。
・個人的におすすめのお菓子はチョコチップクッキーです。{○ちなみに／○なお／×ただし}、値段は300円前後です。

使い方 「ちなみに」は話し言葉でも用いることができるが、「なお」「ただし」はやや書き言葉的で改まった印象を与える。また、「ちなみに／なお／ただし」はいずれも必要な情報、役立つ情報を補足する点で共通するが、ニュアンスが少し異なる。「ちなみに」は話題からは外れるが、参考になるような情報を補足する場合に用いられる。「なお」は話題に関連する比較的重要な情報を補足する場合に用いられる。「ただし」は話題について例外や注意点を補足する場合に用いられる。

例 （図書館の係員が説明している場面）
図書館の休館日は毎週の日曜日です。{×ちなみに／○なお／○ただし}、特別展示会がある場合は開館しています。

使い分け ◇「ちなみに」には参考になる情報を求める質問文で用いられるが、「なお」と「ただし」にはこの用法はない。

例 今日は長時間働いてくれてありがとうございました。{○ちなみに／×なお／×ただし}来週の水曜もシフトを入れますか。

◇「なお」には副詞的用法があるが、「ちなみに」「ただし」には副詞的用法がないため、副詞的用法の場合は言い換えることができない。

例 今も{×ちなみに／○なお／×ただし}、その伝統は続いている。

◇「ただし」は前の文の内容から想像されることを一部補足的に否定するものであるため、次のような場合には「なお」と言い換えることができない。

例 明日はレッスンがありません。{○なお／×ただし}、明後日も祝日のためレッスンはお休みです。

類義表現 「ただ」「もっとも」

05 極限を表す取り立て助詞〈すら・さえ・まで〉

どう使う？ 名詞 ＋ すら／さえ／まで

共通点 話し手の驚きやあきれた気持ちを表す点で共通する。

例文
- 彼女とは初対面だったが、好きな音楽やスポーツ、誕生日{○すら／○さえ／○まで}同じだった。
- 田中さんは食事中{○すら／○さえ／○まで}スマホを触っている。
- 残業してうちに帰ったら、子どもだけでなく妻{○すら／○さえ／○まで}寝ていて悲しくなった。
- 彼と別れたことは友人に{○すら／○さえ／×まで}言えなかった。

使い方 「すら」は「さえ」よりも古い表現。「すら」は「さえ」とほとんど置き換えることができ、挙げたものを軽く見るニュアンスがある。「さえ」は「AさえB」のBでは否定的な内容を述べることが多い。「まで」は、社会通念上、予想できないような事物を、当然だと思われる事物に付け加える場合に用いられる。

使い分け
◇動詞（-て）（ⅰ）、動詞（-ます）（ⅱ）、あるいは定型表現（ⅲ）の場合には、「さえ」を用いるのが適当である。

例 （ⅰ）席を代わって{○さえ／×すら}くれない。
（ⅱ）話を聞き{○さえ／×すら}しない。
（ⅲ）父は暇{○さえ／×すら}あれば、日曜大工をしている。

◇「すら／さえ／まで」は依頼や勧誘の発話では用いることができない。その場合、かわりに「でも」が用いられる。

例 食べたことがない料理{×すら／×さえ／×まで／○でも}試してみてください。

例 食べたことがない料理{×すら／×さえ／×まで／○でも}試してみましょうよ。

◇「まで」は、基本的には否定文では用いられず、肯定文で用いられる（ただし、否定するものを付け加える場合は例外）。一方、「すら」と「さえ」は否定文でも用いることができる。

例 もう5回も会っているのに、その人は私の名前{○すら／○さえ／×まで}覚えていなかった。

例 30年ぶりに小学校の同窓会に参加したら、担任の先生だけでなく、クラスメイトに{○すら／○さえ／○まで}名前を忘れられていた。

類義表現 「だに」「さえも」「でも」「だって」

問題

問１ 下線部に入る言葉として最も適切なものをA～Dの中から一つ選びなさい。

❶ 来週の打ち合わせは、できれば彼には出席してほしいが、彼が欠席してもなんとか_____ことはない。

　　A しない　　B ならない　　C 足りる　　D 達する

❷ 彼は経済的に困っているという_____高額な車に乗ったり高級な店で食事をしたり豪勢(ごうせい)な暮らしをしている。

　　A からには　　B ためには　　C わりには　　D ほどには

❸ 「採用する方には12時までに連絡します」と言っていた会社から何の連絡もないということは、_____不採用だったというわけだ。

　　A 要するに　　B 試みに　　C とりわけ　　D かえって

❹ 子どもの頃、ピアノを習いはした_____、今ではすっかり忘れてしまってまったく弾くことができない。

　　A だけど　　B に反して　　C にあたって　　D ものの

❺ 祖父が現役だった時代は、仕事が忙しすぎて、座って食事をする時間_____なかったという。

　　A でも　　B だけ　　C さえ　　D までも

問２ 下線部に入る表現として最も適切なものをA～Dの中から選びなさい。

❶ このレポートは、修士(しゅうし)論文に値する_____。

　　A と言うまでもないほどによくできている
　　B と言えるようによくできている
　　C と言ってもいいほどによくできている
　　D と言えないほどによくできている

---

① 問題文や選択肢の中で、知らなかった語や表現をメモしましょう。

❶

❷

❸

❹

❺

② 次の表現を使って文を作りましょう。

❶ ～に値する：

～と言ってもいい：

言うまでもない：

❷（と）同時に：

〜とされる：

❸ 〜により：

〜を機に：

〜にあたって：

❹ 〜にもかかわらず：

〜に反して：

〜わりには：

❺ ちなみに：

❷ この新薬は治療への効果は高いが、同時に＿＿＿＿＿＿＿＿＿＿。
　A 副作用の心配はほとんどない
　B 副作用の効果は実証されていない
　C 副作用があるかどうかはわからない
　D 副作用も強いとされる

❸ 半年間、＿＿＿＿＿＿＿＿＿＿、私は自信を持って試験に臨めます。
　A 日本語の特別集中講義を受けたことに関して
　B 日本語の特別集中講義を受けたことにより
　C 日本語の特別集中講義を受けたことを機に
　D 日本語の特別集中講義を受けたことにあたり

❹「＿＿＿＿＿＿＿＿＿＿、研究の相談に乗っていただきありがとうございました。」
　A ご多忙な時期であるにもかかわらず
　B ご多忙な時期であるのに反して
　C ご多忙な時期であるわりには
　D ご多忙な時期にあたって

❺「今一番人気があるプリンターはこちらです。＿＿＿＿＿＿＿＿＿＿。」
　A ちなみに、あちらは 19,999 円になります
　B ちなみに、私はうちで犬を飼っています
　C ちなみに、このプリンターを買いますか
　D ちなみに、本日中に配達可能です

| Ⅰ. 文字・語彙・コロケーション | Ⅱ. 文型・文法 | **Ⅲ. 類義表現** |

　日本語の指示詞には「こ」「そ」「あ」で始まる「この／その／あの、こんな／そんな／あんな、これ／それ／あれ」などがあります。これらについて、学習上の難しさとしてよく取り上げられるのは「こ」「そ」「あ」の違いと使い分けです。しかし、例えば、「｛この・こんな・こういう｝本を読んでいるんですか」と聞いて、それぞれの文の意味上の違いがわかりますか。実はそれぞれニュアンスや質問している内容が異なります。このように、指示詞は「この」「こんな」「こういう」のような形式間の使い分けや意味の違いにも注意を払う必要があります。次の練習を通して、もう少し詳しく勉強しましょう。

●「この」と「こういう」

問1 ｛　｝から適切なものを選びなさい。

❶ A：田中先生が紹介してた教科書ってこれだっけ？
　 B：ううん、それじゃない。｛この・こういう｝感じのデザインだったけど。

❷ A：この服かわいい！　高いけど買おうかなあ。どう思う？
　 B：え！　あんた、｛この・こういう｝服、いっぱい持ってるじゃない。

❸ A：ヨーロッパ映画が好きなんだね。何かオススメある？
　 B：私は｛この・こういう｝映画が一番好きなんだけど、一緒に見る？

1　解説を読んで、問1の答えの理由を説明しましょう。

❶ ....
....
....

❷ ....
....
....

❸ ....
....
....

💡　「この」が特定のものに限定して、対象を指示するのに対して、「こういう」はそれに類するより広い範囲を対象として指示します。また、「こういう」は、「こういう感じ」「こういうふうに」「こういう雰囲気」など抽象的な言葉と結びつけて使用することもできます。

② 解説を読んで問2の答えの理由を説明しましょう。

❶
❷
❸

問2 ※の指示に従い、下線部を「この」「こういう」「こんな」を用いて言い換えなさい。

❶ いつか<u>この</u>車に乗りたいなあってずっと憧れていたんです。

→ _____

　　※特定のものではなく、それに類するものを指すように述べる。

❷ （行方不明者の写真を見せて）<u>こんな</u>女性を見かけませんでしたか。

→ _____

　　※似ている人ではなく、特定の人を指すように述べる。

❸ いつまで<u>この</u>本を読んでいるの。

→ _____

　　※つまらないという否定的な評価を表すように述べる。

◉「こんな」「そんな」に代わる表現

③ 解説を読んで問3の答えの理由を説明しましょう。

❶
❷
❸

問3 下線部についてアカデミックな文章ではA、Bのどちらに書き換えるべきか答えなさい。

❶ <u>そんな</u>理由から、本研究では中国語母語話者を調査対象とした。
　　A ああいう　　　　　　B 上記のような

❷ インタビューでは<u>こんな</u>証言が得られた。まず、当時の人々の生活水準は、現在考えられているほど悪くなかったというものである。
　　A 次のような　　　　　B この

❸ <u>こんな</u>結果になった理由として、三つの原因が考えられる。
　　A このような　　　　　B そんな

> 💡 「こんな」「そんな」には話し言葉的なニュアンスがあり、レポートなどアカデミックな文書やビジネス文書などフォーマルな文書では用いられません。代わりに「このような」「そのような」が用いられます。このほか、「上記のような」「先に述べたような」「前述のような」に置き換えることもできます。

Lesson 7

I. 文字・語彙・コロケーション　II. 文型・文法　III. 類義表現

☑ チェックシート

- ☐ 01　開催（する）
- ☐ 02　お世辞にも
- ☐ 03　実情
- ☐ 04　視～
- ☐ 05　善戦（する）
- ☐ 06　見合う
- ☐ 07　特有
- ☐ 08　往々にして
- ☐ 09　遠征（する）
- ☐ 10　参照（する）
- ☐ 11　比例（する）
- ☐ 12　言及（する）
- ☐ 13　確定（する）
- ☐ 14　一連
- ☐ 15　高揚（する）
- ☐ 16　視点
- ☐ 17　鼓舞（する）
- ☐ 18　実態
- ☐ 19　惜しみない
- ☐ 20　構想
- ☐ 21　居住（する）
- ☐ 22　深める
- ☐ 23　見なす
- ☐ 24　推進（する）
- ☐ 25　優位
- ☐ 26　もつれ込む
- ☐ 27　記述（する）
- ☐ 28　内外
- ☐ 29　減少（する）
- ☐ 30　ケチを付ける
- ☐ 31　醍醐味
- ☐ 32　とりわけ
- ☐ 33　担う

01　開催（する）　［かいさい］　アクセント 0　名詞（スル）

展覧会などのイベントや会合を開くこと。

※類義語に「実施」がある。実行するという共通の意味を持つが、「開催」はイベントや会合を「開く」という意味で、「会議、大会、イベント、祭り、コンサート」などについて使われることが多い。それに対して、「実施」は計画や予定を「行う」という意味で、「事業、調査、対策、訓練、活動」などについて使われる。
　例 本年度の入学試験は以下の日程で実施されることが決定した。

例文
- オリンピックの開催にあたって、観光客を受け入れるための準備が進められた。
- 今年の桜祭りは、台風の接近に伴い開催が危ぶまれていたが、晴天に恵まれ無事に開催することができた。

02　お世辞にも　［おせじにも］　アクセント －　慣用表現

「お世辞にも～とは言えない」の形で多く使用される。「状況や状態が、よく言うのが難しいほど悪い」という意味。

※「お世辞」の意味は、口先だけで相手を喜ばせようと、心にもない褒め言葉を言うこと。

※「お世辞」の意味で、外来語の「リップサービス（lip service）」が使われることもある。実行のない、口先だけの言葉という意味。
　例 私は、相手との関係をよくするために、多少のリップサービスは必要だと思っている。

例文
- 弟は子どもの頃から空手を習っているが、お世辞にも強いとは言えない。
- 学生食堂のカレーライスは、お世辞にもおいしいとは言えない味だが、何と言っても値段が安い。

03 実情 [じつじょう] アクセント0 名詞

①物事の実際の状況。
②本当の心情。

※①は「実状」と書く場合もある。
※類義語に「現状」がある。「実情」も「現状」も、状態や状況を表すという意味があるが、「現状」が、今現在の様子だけを表すのに対し、「実情」は、今現在のことのみでなく他にも使用され、外から見ていることとは違う実際の様子、という意味合いを含んでいる。
例 私の実力では、現状を維持するだけで精一杯だ。

例文
①ニュース特集の映像はその国の台風被害の実情を伝え、視聴者を驚かせた。
①彼はデザイナーと名乗ったが、趣味で服のデザイン画を描いているというのが実情であった。
②被災地でボランティア活動を行う際には、被災者の実情を理解して作業にあたるように心がけている。

04 視〜 [し] アクセント− 接頭辞

「視〜」の形で他の語につき、「視力」「視聴」「視座」など目に関連する意味の語を作る。「視界」は「見える範囲」、「視覚」は「目で物を見る感覚」の意味。

※「〜視」(接尾辞)としても使用され、「疑問視」「敵視」「過大視」「異端視」など、そのように見なす、という意味合いの言葉を作る。
例 社長肝いりの企画だが、必要性を疑問視する声も少なくない。
例 ガリレオ・ガリレイは、時に異端視されながらも、地動説を唱え続けた。

例文
・視力が悪くなってきたので、メガネを買うことにした。
・大雨で車のフロントガラスの視界が悪く、前の車両がやっと見える程度であった。

05 善戦(する) [ぜんせん] アクセント0 名詞(スル)

スポーツなどで力をすべて出して最後までよく戦うこと。

※負けたチームの戦いぶりについて使うことが多い。
※類義語に「健闘」がある。どちらも、相手と一生懸命に戦うという意味があるが、「健闘」は、実際の相手だけでなく、挑戦するための努力というような意味合いを含んで、「試験」や「仕事」についても使用される。また、「健闘を祈る」という表現は、これから試合に向かう人に限らず、受験生や転勤する部下などに贈る励ましの言葉としても広く使用される。
例 (受験に際して、恩師の言葉)今日まで努力してきた自分の力を信じて頑張ろう。健闘を祈る！

例文
・大学の野球チームは、初出場ながら善戦し、決勝トーナメントで準優勝した。
・応援していた選手は、世界チャンピオンを相手に善戦したが、最後はKO負けしてしまった。

06 見合う［みあう］　アクセント2　動詞

①【自動詞】二つのもののバランスが取れている。合っているという意味。
②【他動詞】二人以上で、お互いに相手を見る。

※①の意味では「～に見合った～」の形で多く使われる。
　例 今の仕事を続けるなら、仕事の大変さに見合った給料が欲しい。
※①の意味の類義語に「相応」がある。「見合う」と同様の意味を持つが、「相応」には、それにふさわしいという意味合いが加わる。
　例 高額なサービスではあるが、相応の価値はある。

例文　①一人暮らしを始めてから、自分の収入に見合った生活をしなければならなくなった。
　　　②彼女が突然泣き出したので、私と友達はお互いの顔を見合ったまま、何も言えなかった。

07 特有［とくゆう］　アクセント0　名詞・ナ形容詞

他にはない、そのものだけが特に持っているものやその様子。

※「特有な」「特有の」どちらの言い方も可能。また、類義語に「独自」がある。「独自」は、他と違ってそのものだけにあることを表し、自分一人という意味にもなる。
　例 彼は、コーチに頼らず、独自の練習方法でいい結果を出した。
※対義語は「共通」。複数の物事のどれにも当てはまること。
　例 ベトナム人の彼女と知り合った初めの頃、会話のときの共通言語は英語だった。

例文　・「もったいない」という考え方は日本特有のものとする意見もあったが、海外にも広がって今では世界共通語になっている。
　　　・ビルの間を吹き抜ける強い風は、都会に特有な現象の一つと言えるだろう。

08 往々にして［おうおうにして］　アクセント0　副詞

あること（好ましくないこと）がときどき起きる様子。

※「往々にして～」「～ことは往々にしてある」の形で多く使われ、物事の一般的な性質を表すのに使われる。
※「往々」の「々」の部分は、漢字ではなく、踊り字、繰り返し符号、などと呼ばれる記号で、同じ文字を繰り返し表記するときに使用される。

例文　・人間関係においては、往々にして、論理よりも感情が問題になる。
　　　・若者が夜中に自分の将来を考えて漠然とした不安を抱えることは、往々にしてあることだ。

09 遠征（する）［えんせい］ アクセント 0　名詞（スル）

① スポーツの試合、登山、探検などをするために、遠い場所まで行くこと。
② （特に歴史について）敵と戦うために、遠い場所まで行くこと。

※類義語の「遠足」は、英語の picnic の訳語として明治時代から使用されている。遠くに出かけるという意味は共通するが、その目的やかかる時間が異なる。「遠征」が、試合や探検などの目的で、何日、何年とかけて遠出するのに対して、「遠足」は、楽しみのために出かける、日帰りなどの短い遠出という意味。
例 私たちの学校では、年に一度全校で山に遠足に行く。

例文　①サッカー選手だったおじは、海外にも遠征した経験があり、今でも外国語が得意だ。
　　　①登山が趣味なので、今年はヨーロッパに遠征し、アルプス山脈に挑戦したいと思っている。
　　　②ナポレオンは、エジプト遠征に科学者を連れて行き、ロゼッタ・ストーンを発見した。

10 参照（する）［さんしょう］ アクセント 0　名詞（スル）

他のものを見て、比べて参考にすること。

※学術論文では、「詳しくは、○○を参照のこと」という注意書きの表現でよく使われる。
※語源：「参」には、参考にする、という意味があり、「照」は、照らす、という意味がある。二つ併せて、照らし合わせて参考にするという意味の熟語となったとされる。

例文　・歴史書やおとぎ話など多くの資料を参照して、そのゲームの世界観は作られた。
　　　・この商品の詳細につきましては、お手元の補足資料をご参照ください。

11 比例（する）［ひれい］ アクセント 0　名詞（スル）

① 数学で、二つの変数の関係が一つが2倍、3倍となるにつれて、もう一つも2倍、3倍となること。
② 二つの物事の関係が、一つが増減するにつれて、もう一つも増減する関係であること。

※対義語は「反比例」。
例 勤務時間に反比例して、仕事の効率は悪くなると言われている。

※文中「〜に比例して」の形の類義表現に「〜にともなって」がある。「〜に比例して」が、二つの物事の関係の増減の変化について使用されるのに対して、「〜にともなって」では、増減だけでなく、あることが起きたことによって別の変化が起きるという意味合いを含む。
例 食欲の増加にともなって体重も増加している。

例文　①調査の結果、この地域では高齢者の増加に比例して、公園の数も増えていることがわかった。
　　　②お金と幸せが比例関係にあるというのは、悲しい考え方だと私は思う。

12 言及（する）[げんきゅう] アクセント 0 名詞（スル）

話の中に話題として出すこと。

※話がそこまで及ぶという意味。
※語源：「言い及ぶ」。明治時代に「言」と「及」で漢語の形の熟語にしたものとされる。

例文
- 記者会見で警察署長は、犯人の年齢については明確な言及を避けた。
- 江戸の芸術がヨーロッパの絵画に影響を与えたことについては、今まで多くの研究者が言及してきた。

13 確定（する）[かくてい] アクセント 0 名詞（スル）

はっきりと決まること。また、決めること。

※対義語は「未定」。漢文で「未だ定まらず」と読まれ、まだ決まっていない、確定していないという意味。
例 台風で今年中止になったイベントが来年開催されるかどうか、まったくの未定だ。

例文
- あの事件の犯人は、昨日の裁判で有罪が確定したそうだ。
- 日本人がどこから来たのかについては多くの仮説があるが、まだ確定的なものはない。（ナ形容詞）

14 一連［いちれん］ アクセント 0 名詞

①関係のある物事や事件の一続き。
②細いひもで繋いだものの数え方。

※類義語の「連続」は、一連の出来事などが切れ目なく続くことを表す。
例 大人気歌手のコンサートチケットは、連続10回電話してやっと予約が取れた。

例文
- ①地震による一連の被害の中には、火災や建物の倒壊に加え、インターネットや携帯電話の通信不良なども見られた。
- ①その画家が自然をテーマに描いた一連の作品は、今でも高く評価されている。
- ②田舎の家の軒下には、一連の干し柿がつるしてあった。

15 高揚（する）[こうよう] アクセント 0 名詞（スル）

精神や気分などが高まること。

※他動詞としては、「気分を高揚する」「気分を高揚させる」の両方が使われる。また、気持ちを表す「高揚感」も多く使われる。
例 初恋の人と10年ぶりに再会したが、昔の高揚感はもうなかった。
※類義語に「発揚」がある。精神、気分を高めるという意味は共通するが、「発揚」は、奮い立たせるという強い意味合いを含む。「国威発揚」（＝国の威信を奮い立たせて国外に示すこと）など。

例文
- ウォーミングアップ中に応援席からブラスバンドによる校歌の演奏が聞こえると、だんだん気持ちが高揚してくる。
- スポーツ選手の中には、試合前にロックの曲を聞いて、気持ちを高揚させる選手もいるそうだ。

16 視点［してん］　アクセント 0　名詞

①物を見るときに向けた視線の先にあるところ。
②物事を見たり考えたりする立場。観点。

　　※類義語に「観点」がある。「観点」は②の意味とほぼ同じだが、思想など抽象的な物事に対しても使用される。
　　※また、「視座」は、社会や物事を見る姿勢や立場のこと。「視座を高める」（＝今より高いところから物事を見る姿勢を持つようにする）という表現で使用されることが多い。
　　　例 オンライン授業については、教育的な観点から議論を深める必要がある。
　　　例 今回の研修は、視座を高めるよい機会となった。

　例文　①ぼんやり外を見ていたが、声が聞こえたので、視点を彼に移した。
　　　　②頭ごなしに叱る前に、子どもの視点に立って考えることも大事だ。
　　　　②評論の執筆を頼まれたが、なかなか視点が定まらず筆が進まない。

17 鼓舞（する）［こぶ］　アクセント 1　名詞（スル）

人を励まして、気持ちを盛り上げること。

　　※語源：鼓（＝太鼓）を打ち、舞を舞うこと。類義語に「激励する」がある。「鼓舞する」が、戦う気持ちを高めるという意味であるのに対し、「激励する」は、人に言葉をかけて励ますという意味。
　　　例 東京の会社に就職するときに、田舎の両親から激励の手紙を受け取った。
　　※対義語は「抑制」。高まる感情や欲望などを意識して抑えること。
　　　例 青色には食欲を抑制する効果があると言われている。

　例文　・コーチは、試合の前には必ず選手を集め、選手の士気を鼓舞するためにスピーチをする。
　　　　・仕事が大変なときは、家族の顔を思い出し、自分自身を鼓舞して頑張っている。

18 実態［じったい］　アクセント 0　名詞

ありのままの様子。実際の状態。

　　※同音語である「実体」は、物事のその通りの姿、正体という意味。
　　　例 名前だけで実体のない会社を幽霊会社と言い、詐欺などに悪用されることもある。
　　※類義語の「事実」は、「実態」のような、様子や状態という意味は含まず、実際に起こった出来事や実際に存在する物事、事柄を示す。
　　　例 ノンフィクションとは、事実に基づいて書かれた作品のことを言う。

　例文　・被災地の実態は、実際に現地に行かなければわからない。
　　　　・永久凍土の中には、様々な微生物がいることが確認されているが、その実態は未だ不明だ。

19 惜しみない [おしみない] アクセント 4 イ形容詞

(もったいないと思わないで)「精いっぱいに〜する」という意味。

※形容詞として「惜しみない〜」、また副詞として「惜しみなく〜」の形で使われることが多い。
※類義語に「やぶさかでない」がある。「やぶさか」は、物惜しみしたりためらったり、思い切りの悪い様子を表す。「やぶさかでない」の形で用いられることが多く、「ためらわず精いっぱい」「喜んで〜する」という意味。「惜しみない」には含まれない、理解できたので承知する、という意味合いを含む。
例 問題解決のために協力することはやぶさかでない。

例文
・観客はピアニストに対して、惜しみない拍手を送った。
・山田先生は、学生に対して自分が持っている知識を惜しみなく与えるすばらしい先生だ。（副詞）

20 構想 [こうそう] アクセント 0 名詞

芸術作品などを作るときに、前もってテーマや構成についての考えをまとめること。

※類義語に「計画」がある。「計画」が決まったものについて方法や順番を考えるのに対し、「構想」はまだ存在しないものについて考えることを含む。
※また、英語の plan からの外来語「プラン」も類義語。「計画」「構想」「案」「設計図」などの意味。「旅行のプランを立てる」「宿泊プラン」などのように使われる。
例 年末の旅行の計画を立てる。
例 携帯電話の料金プランを見直したいと思い、ネットで調べた。

例文
・その作家は、小説の構想を練るときは、必ず温泉旅館に泊まるそうだ。
・社長は新年のスピーチで、会社を拡大するための事業構想について説明した。

21 居住（する）[きょじゅう] アクセント 0 名詞(スル)

ある場所に家をもって住むこと。

※類義語に「住居」がある。「居住」が住むことを意味するのに対し、「住居」は主に家などの建物を指す。
※また、「居留」は、住居と同様に、住むことを表すが、一時的にその地に住むことや、居留地（条約で認められた、外国人が自由に住むことのできる地区）に住むという意味。
例 彼の住居はこの近くのアパートだ。
例 神戸には、かつて外国人が居留した地域があり、現在でも当時の洋館や街並みを観光することができる。

例文
・昔、この近くは外国人居住区だったため、今でも古い西洋式の建物が多く残っている。
・このコンビニのオーナーは、二階の居住スペースに家族三人で住んでいるらしい。

22 深める［ふかめる］ アクセント3 動詞

あるものの程度を深くすること。

※考えや交流など抽象的なことに使われることが多い。「〜を深める」は他動詞、自動詞は「〜が深まる」。

※類義語の「深化」を、「深める」意味で使用するときは「深化させる」という形になる。「深める」は、話し言葉、書き言葉に限らず広く使用されるが、「深化」は、文章で使用されることが多い。
例 両首脳は対話を深化させ、より強力な信頼関係の構築を目指すことを約束した。

例文
- その大会には世界中の大学生が集まり、スポーツを通じて交流を深めた。
- この授業を通じて、日本社会についての理解を深めることができた。

23 見なす［みなす］ アクセント0(2) 動詞

①本当はそうでないものを仮にそうだと考えること。
②判断して、そうであると決めること。

※①の意味での類義語に「仮定」がある。仮にそうだと考える、仮にそうだと定めるという意味。仮に、というところで共通の意味を持つ。
例 政府は巨大地震に備えるため、震源域を東京直下と仮定し、被害を測定した。

例文
①その学校では、子どもも大人と見なして自分の意見を持つように教育している。
①電車が止まって授業に遅刻したが、先生は出席と見なしてくれた。
②正しい引用をしないで他の人の主張や発見を書いた場合、そのレポートは剽窃と見なされる。

24 推進（する）［すいしん］ アクセント0 名詞（スル）

①ものを前に進めること。
②物事の目的が果たせるように、推し進めること。

※類義語に「促進」がある。物事がはやく前進するように促すという意味。「推進」が、進むように努力するというところに重点が置かれているのに対し、「促進」は、早めるところに重点が置かれている。
例 業績悪化を回復させるために、新商品の開発を促進している。

※対義語は「抑止」。おさえつけて、やめさせること。止めること。
例 地域の犯罪抑止のために、防犯カメラの設置台数を増やした。

例文
①一生懸命漕いで、ボートを推進させる。
②大震災で壊滅状態になってしまった家業を復旧させるための計画を家族一丸となって推進する必要がある。

25 優位［ゆうい］　アクセント1　名詞

地位や位置、立場などが他より上であること。

※「優位に立つ」の形でよく使われる。
※対義語は「劣位」。他に比べて、劣っている位置、低い地位という意味。「優劣」という熟語は、優れていることと劣っていることを表し、「優劣つけがたい」（＝どちらが優れているのか劣っているのか決めるのが難しい）などの慣用表現がある。
例) 最後に残った二つの作品には優劣つけがたく、どちらに一票を入れるか本当に迷ってしまった。

例文
・犬は相手と自分のどちらが優位なのかを判断して、相手に対する態度を決めているそうだ。
・三つの競技で連続して勝利したことで、白組は赤組の優位に立った。

26 もつれ込む［もつれこむ］　アクセント4　動詞

物事の決着がつかず（もつれて）、結果がはっきり決まらないまま次の段階に入ること。

※スポーツの試合や裁判などの戦いについて多く使われる。「延長戦にもつれ込む」「裁判にもつれ込む」など。
※「もつれ込む」は「もつれる」に「込む」（その状態になるという意味）が付いた複合動詞。
※語源：「モツ（持つ）」と「ツレル（連れる）」「モツツレル」が詰まって「モツレル」となったものとされる。互いに持つものが繋がっていくという意味から、絡み合うこと、こじれることの意味に転じたとされる。

例文
・W杯の決勝は激戦になり、同点のまま延長戦にもつれ込んだ。
・交通事故の加害者と被害者との話し合いはうまくいかず、裁判にもつれ込むことになった。

27 記述（する）［きじゅつ］　アクセント0　名詞（スル）

文章にして書いたもの、また書かれたもの。

※類義語に「記載」がある。「記述」が、文章に書くことや書かれたものという意味になるのに対して、「記載」は、書物、書類などに書いたものを載せることで、多くの人の目に触れるようにするという意味がある。
例) 必要事項を記載の上、期限までに提出してください。

例文
・レポートでは、意見の記述と事実の記述をはっきり書き分ける必要がある。
・その本には江戸時代の生活様式がわかりやすく記述されている。

28 内外 ［ないがい］ アクセント1 名詞

①ものや事柄の内側と外側。国内と国外。自国と外国。
②時間や数量を表す語の後に付いて、だいたいそのくらい、その前後という意味を表す。

※類義語に「表裏」がある。表と裏、またその関係にあること、物事の異なる二つの面などを表す。四字熟語の「表裏一体」は、二つのものが矛盾しているように見えても、実は根本のところでしっかり繋がっている、ということを表す。
例 短所も見方によって長所になるというが、これこそ長所と短所は表裏一体ということなのだろう。

例文
①京都は日本国内外を問わず多くの観光客が訪れる有数の観光名所だ。
①コンサートは大盛況で、エントランスの内外は贈られた花でいっぱいだった。
②空港には1時間内外で到着するというのでタクシーに乗ったが、渋滞で2時間もかかってしまった。

29 減少（する） ［げんしょう］ アクセント0 名詞(スル)

数量が減って少なくなること。また、減らして少なくすること。

※対義語に「増加」がある。
例 ウェブに広告を掲載したところ、売り上げが増加した。
※類義語に「縮小」がある。「縮小」は、「減少」のように、少なくなることではなく、縮んで小さくなることや小さくすることを表す。
例 カーナビの地図を拡大・縮小して目的地までの経路を確認した。

例文
・人口の減少によって、自然環境にはよい影響が見られるようになった。
・日本の農業人口の減少を食い止めるには、就業者を増やし、定着させていくことが重要な課題である。

30 ケチを付ける ［ケチをつける］ アクセント － 慣用表現

物事の欠点を探して、悪く言うこと。

※語源：「ケチ」は、不吉なことを意味する「怪事」。もともとは、縁起が悪いことを言うとされる。
※類義語に「難癖を付ける」がある。「ケチを付ける」とほぼ同義に用いられる。
例 企画書に難癖を付けられ、すっかりやる気を失った。

例文
・父は音楽番組を見ると、歌が下手だとか、曲が子どもっぽいとか言って、すぐにケチを付けたがる。
・別にケチを付ける気はないが、彼の服は派手すぎると思う。

31 醍醐味 [だいごみ]　アクセント 3 (0)　名詞

物事の本当のおもしろさのこと。

※語源：仏教で「醍醐」（＝昔の牛乳の精製方法で一番よいもの）を「最上の教え」の意味で使用するようになったもの。最上の物を味わうことから、本当のおもしろさを経験するという意味になったとされる。

※類義語に「持ち味」がある。人物や作品などにある他にはない独特の味わいや趣のこと。
　例)作者の持ち味である丁寧な描写が発揮された、魅力的な作品だ。

例文
- 犯人を予想することは、ミステリー小説の醍醐味の一つだ。
- 詳しい友達と一緒に行ったので、釣りの醍醐味を味わうことができた。

32 とりわけ　アクセント 0　副詞

あるものの中で特にという意味。

※動詞「取り分ける」が副詞になったもの。「全部〜だが、その中でも特に〜」という意味。

※類義語の「特に」「殊に」は、他とは違ってという意味で、「とりわけ」とほぼ同様に使用され言い換えができる。
　例)私は食べ物に好き嫌いがないせいか、外国に行っても特に食べることで困った経験はない。
　例)母は秋の紅葉の中では、殊に銀杏が大好きで、毎年近くの銀杏並木が黄金色に染まるのを楽しみにしている。

例文
- ヨーロッパではスポーツが盛んだが、とりわけ人気なのがサッカーである。
- 今年の冬は、とりわけ寒さが厳しくなるそうだ。

33 担う [になう]　アクセント 2　動詞

自分の仕事として引き受けて、負担すること。（もともとは、物を肩にのせて運ぶという意味）

※「役割を担う」「時代を担う」など、抽象的なものを引き受けるという意味でよく使われる。

※類義語の「担当」は、「担う」が持つ、負担するという意味合いは含まず、その役割を受け持つ、引き受けるという意味。
　例)私は検査を担当した医師から、癌の疑いがあることを知らされた。

例文
- そのキャラクターは物語の中で重要な役割を担っている。
- 子どもたちは、国の明日を担う存在だ。

問題

問1 下線部の読み方として最も適切なものを、A～Dの中から一つ選びなさい。

❶ 善戦したが、力が及ばず負けてしまった。
　　A よしたたかい　　　　　B よしせん
　　C せんぜん　　　　　　　D ぜんせん

❷ 就職活動の面接試験では応募した経緯に言及するのが一般的だ。
　　A げんきゅう　　　　　　B いきゅう
　　C げんおよび　　　　　　D いおよび

❸ 寝不足のせいで、コンテストは芳しくない結果になってしまった。
　　A かばんし　　B ほうし　　C かんばし　　D けいし

❹ 言葉や文化に直接触れ、体験できることが留学の醍醐味だ。
　　A ていこみ　　　　　　　B だいこじ
　　C ちょうごじ　　　　　　D だいごみ

❺ 新商品開発のために、現サービスの利用者の実態を調査した。
　　A じつだい　　B じつたい　　C じったい　　D じっだい

問2 下線部に入る言葉として最も適切なものを、A～Dの中から一つ選びなさい。

❶ 需要に＿＿＿＿＿計画的な生産を行って在庫量の安定を図る。
　　A 見逃した　　B 見かけた　　C 見舞った　　D 見合った

❷ 久しぶりに小学校時代の友達に会って子どもの話で＿＿＿＿＿た。
　　A 盛り上がっ　　　　　　B 吹き上がっ
　　C 持ち上がっ　　　　　　D 伸び上がっ

❸ ウイルス対策用の消毒液やマスクは、生産量が前年を300%も＿＿＿＿＿。
　　A 逆上した　　　　　　　B 上回った
　　C 上がり込んだ　　　　　D 上げ下げした

---

① 漢字の読み方をひらがなで、ひらがなを漢字で書きましょう。

❶ 戦う：
　 善良：

❷ 及ぶ：

❸ 芳香剤：

❹ あじわい：

❺ みのる：
　 実現する：

② 次の語を含む複合動詞を考えて例文を作りましょう。

❶ 見～：

❷ ～上がる：

❸ 上げ～：

❹ 締め〜：

❺ 〜得る：

③ 説明を読んで（　）の中に言葉を書き込みましょう。

✎ 影響を（　　）：
ある行為・物事・発言などによって、相手に働きかけて変えること。

✎ 役割を（　　）：
行うべきことをやり遂げる、やり終えること。

✎ 関心を（　　）：
物事の動向などに注目し、興味を持つこと。

✎ 実力を（　　）：
自身の持っている力を生かすこと。

✎ 声援を（　　）：
声を出して、応援すること。

❹ 人間は自分にとって都合の悪いことを意識から＿＿＿＿＿傾向があるということだ。
　A 締めつける　　　　B 締めくくる
　C 締め切る　　　　　D 締め出す

❺ 才能がなくても、努力すれば技術はいくらでも＿＿＿＿＿。
　A あり得る　　　　　B 耐え得る
　C 高め得る　　　　　D 起こり得る

|問3| ☐ から最も適切な言葉を選び、下線部に正しい形で書きなさい。

❶ 2008年に起きたリーマンショックはアメリカだけでなく、世界中に影響を＿＿＿＿＿。

❷ サッカーチーム内の競争がメンバーの闘争心(とうそうしん)を＿＿＿＿＿と考えられるため、ギリギリまでスターティングメンバーを決めないこととした。

❸ 彼女はアルバイトだが、この店の中心的な役割を＿＿＿＿＿人だ。

❹ 近年、若い女性作家の活躍が目覚(めざ)ましく、世間の関心を＿＿＿＿＿いる。

❺ 職場の同僚と仕事以外の場面(ばめん)で親交(しんこう)を＿＿＿＿＿のはなかなか難しい。

| 担う　　及ぼす　　集める　　鼓舞する　　深める |

❻ 実力に＿＿＿＿＿大学に進学できて、本当によかった。

❼ 後からケチを＿＿＿＿＿ぐらいなら、事前に言ってほしかった。

❽ 地元(じもと)の声援(せいえん)を＿＿＿＿＿、チームは優勝(ゆうしょう)を果(は)たした。

❾ 一連の研究結果を＿＿＿＿＿と、副作用(ふくさよう)が大きい薬だということがわかった。

❿ 今年の入学者は、浪人生(ろうにんせい)が3割を＿＿＿＿＿いる。

| 見合う　　受ける　　付ける　　占める　　総合する |

問4 下線部に最も意味が近いものを、A～Dの中から一つ選びなさい。

❶ 母が心を込めて手作りした料理に<u>まさる</u>ものはない。
　　A 抜き出る　　　　　　B 優れる
　　C あきれる　　　　　　D 気になる

❷ 年齢と経験は必ずしも<u>比例する</u>ものではない。
　　A 比較する　　　　　　B 相応する
　　C 報われる　　　　　　D 値する

❸ 皆の<u>惜しみない</u>努力によって、これまでにない成功をおさめた。
　　A 思う存分　　　　　　B もったいない
　　C 心残り　　　　　　　D かけがえがない

❹ 学校の1限の授業は<u>往々にして</u>遅刻者が多い。
　　A しばしば　　　　　　B 徐々に
　　C だんだん　　　　　　D ほとんど

❺ プロジェクトは<u>概ね</u>予定通り進行（しんこう）している。
　　A かねがね　　　　　　B 要覧
　　C おおよそ　　　　　　D 当然

問5 見出しの表現を使用した文として最も適切なものを、A～Dの中から一つ選びなさい。

❶ 撤廃する
　　A 1996年に留学生の身元（みもと）保証人制度が<u>撤廃</u>された。
　　B 話を聞いて理由が理解できたので5分前の発言（はつげん）を<u>撤廃</u>した。
　　C 諸事情により、今回の旅行ツアーへの参加を<u>撤廃</u>したい。
　　D 事実に相違があったため、契約を<u>撤廃</u>することになった。

❷ 都合がいい
　　A 今月は機械の<u>都合がいい</u>ため、普段より生産率が10％も上がった。
　　B 新メニューを発表して以来、客の集まり<u>都合がいい</u>。
　　C 今日は体の<u>都合がいい</u>ので、いつもより3キロ長く走れそうだ。
　　D <u>都合がいい</u>ことばかり言って誤魔化していると、他の人に信頼されなくなる。

---

④ 類義表現を調べましょう。

❶ ある標準よりよい：
　[　まさる　　　]

❷ 二つのものが一定の関係を持ち、一方の増減につれて他方も増減すること：
　[　比例する　　]

❸ 惜しいと思わずに持っている力のすべてを出す：
　[　惜しみない　]

❹ 物事がひんぱんに起こる傾向があること：
　[　往々にして　]

❺ 細部には触れずに大づかみに物事を捉える様子：
　[　概ね　　　　]

⑤ 挙げられた語の中から一つ選んで、例文を作りましょう。

❶ 解消する・
　撤回する・
　取りやめる：

❷ 具合がいい・
　調子がいい：

❸ お世辞でも・
お世辞ではなく・
お世辞抜きに（して）：

❹ 見込む・例える・
評価する：

❺ つかむ・捉える・
とる：

❸ お世辞にも

　A お世辞にも、本当に心より感謝しています。
　B 実際お世辞にも、プロダクトデザイナーとして彼は最高だ。
　C 彼女の手料理はお世辞にもおいしいとは言えない。
　D そんなことを言ってもらえるなんてお世辞にもうれしい。

❹ 見なす

　A あの人を花に見なすならば、ひまわりだ。
　B 明日までに返信がない場合は、賛成と見なします。
　C コンクールの審査員は彼を奇跡のピアニストとして高く見なした。
　D 今年の売り上げは、昨年の2倍になると見なされている。

❺ キャッチする

　A 後ろから来た人に突然腕をキャッチされてびっくりした。
　B 彼女の描く似顔絵は人の特徴を上手にキャッチしている。
　C 満員電車の中で、財布をキャッチされた。
　D スマートフォンのカメラのおかげで、誰でも奇跡（きせき）の瞬間がキャッチできるようになった。

問6 次の文を読んで、❶～❺に入るものを □ の中から選んで、正しい形で入れなさい。

　2019年秋、ラグビーW杯（ワールドカップ）が日本で開催されました。これまでの日本では、ラグビーは❶_____国民的人気のあるスポーツとは言えず、野球やサッカーに比べれば関心を集めることも少ないのが❷_____でした。ところが、グループステージ全勝でベストエイト入りするなど、日本代表が期待以上の活躍を見せたこともあって、当初(とうしょ)は想像できなかったほどの大盛り上がりとなり、日本代表戦のテレビ❸_____聴率(せん)は40％前後を記録し続けたということです。日本代表の❹_____を、「実力に❺_____ものであり、不自然ではない」と評(ひょう)する専門家も多かったのですが、その一方で、日本チームの活躍を「地の利(り)」によるものだとする声も大きかったようです。

（出典：『日本語で考えたくなる科学の問い〔文化と社会篇〕』（凡人社）Lesson7 本文）

| 善戦　　視　　実情　　見合う　　お世辞にも |

⑥ わからない表現があればメモしましょう。

| Ⅰ. 文字・語彙・コロケーション | Ⅱ. 文型・文法 | Ⅲ. 類義表現 |

01　に限（かぎ）ったことではない

どう使う？　　名詞　＋　に限（かぎ）ったことではない

意味　「Aに限ったことではない」という形で、「Aだけに言えることではない」あるいは「Aだけそうなのではない」ということを意味する。「〜に限る」（＝それだけ）から派生（はせい）した表現。

例文
・ルームメイトが友達と夜遅くまでパーティーをするのは今日に限ったことではない。
・少子高齢化（しょうしこうれいか）が進んでいるのは日本に限ったことではない。
・敬語が正しく使えないのは日本語学習者に限ったことではない。

使い方　「〜（の）は［名詞］に限ったことではない」という形で用いる。「〜（の）は」の部分には、ネガティブな出来事が多い。例えば、犯罪や少子高齢化（しょうしこうれいか）といった社会問題など。

ポイント　「〜に限らない」に比べ、より強調した言い方で、ネガティブな出来事を述べるときに使われやすい。「〜に限らない」にはそのような制約（せいやく）がない。また、「こと」の部分が前後の文脈によって、具体的な名詞に置き換わる場合もある。例えば、「に限った話ではない」「に限った問題ではない」。さらに、「なにも〜に限ったことではない」という形で用いられることもある。この場合、「〜だけではない」という意味を表す。

　　　例 計画案に反対するのは、なにも私に限ったことではない。（＝私だけではない）

類義表現　「に限らず」「に限らない」

02　からして

どう使う？　　名詞　＋　からして

意味　①「〜がそうだから、それ以外ももちろん」という意味、②「〜から考えて」「〜から判断して」という意味を表す。

例文
①店長からして失礼な態度を取り続けているのだから、アルバイトの態度が悪いのも頷（うなず）ける。
①彼女が帰国子女（きこくしじょ）だと聞いて納得した。英語の発音からして他の生徒とは全然違う。
②この本はタイトルからしていかにも売れなさそうだ。
②あの態度からして、彼が私に反感を持っているのがよくわかる。

使い方　用法（ようほう）①は基本、あるいは典型的な例を挙げ、それ以外の物事（ものごと）については言うまでもないという気持ちを表すときに使われる。用法（ようほう）②は「からして」の後には、話し手の判断、評価（ひょうか）、推測（すいそく）などを表す言葉が続く。

ポイント　用法①は基本的、典型的なものを例として挙げ、話し手の評価を表す。用法（ようほう）②はマイナスに評価することを表す内容が多い。「からすると／からすれば」も類似した意味で、同様に話し手の立場

から物事について判断や評価を下すことを表す。

類義表現 「からすると」「からいうと」「からいって」「からみて」

03 （という）ものではない

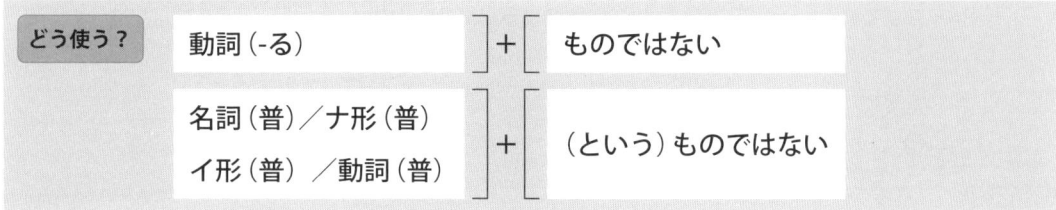

意味 「ものではない」という形で、①「社会的・常識的に考えてするべきではない」という意味を表す。「というものではない」という形で、②「必ずしも〜だとは言えない」という意味を表す。

例文
①人は外見や学歴で判断するものではない。
①そんな軽はずみなことを言うもんじゃないよ。
②高いプレゼントを送ったら、誰でも喜ぶというものではない。
②日本に住めば自然に日本語が話せるというものではない。

使い方 用法①は相手の行為についてそうすべきではないとアドバイスしたり、忠告したりするときに使われる。用法②は普通に考えればそうであるが、100％そうとは限らないということを言うときに使われる。話し言葉では、「ものではない」は「もんじゃない」という形をとる。

ポイント 「ものではない」で取り上げられる内容は、多くの人に共通する認識として示される。そのため、注意や忠告するときの表現として用いられることが多い。相手（聞き手）に対する厳しい態度を示し、相手の気分を悪くする可能性があるため、注意が必要。用法①は「〜ないほうがいい」と、用法②は「とは限らない」「というわけではない」と置き換えられる。形が似ている表現に「ないものだ」があり、相手（聞き手）に対して注意や忠告をする場合には「ものではない」が使用される。

例 人間の気持ちは、わからないものだ。

類義表現 「〜ないほうがいい」「〜とは限らない」「（という）わけではない」

04 のではないか

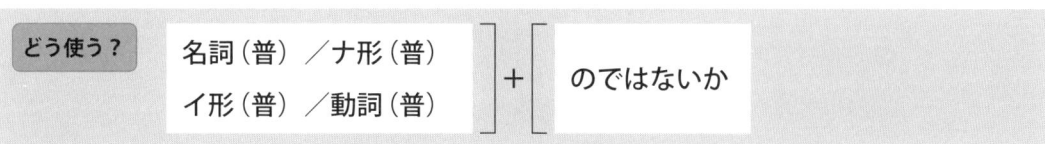

意味 「はっきりと断定はできないが、おそらく〜だろうか」という話し手の推量を表す。

例文
・もしかしてサントスさんは今日来ないのではないか。
・研究方法をもっと詳しく書いたほうがいいのではないか。
・ねぇねぇ、あの二人、もしかして付き合ってるんじゃないの。

・この話、先月放送された内容と同じ**んじゃないか**。

使い方 くだけた言い方になると、「(ん)じゃないか」「(ん)じゃない」「(ん)じゃないの」のような言い方になる。「だろう／でしょう」と共に「のではないだろうか」、または、「と思う」と共に「のではない(だろう)かと思う」という形で使用されることが多い。

ポイント 「のではないか」は「だろう」ほど、話し手の確信の度合いが高くないときに使われる。また、形が近い表現として、「ではないか（じゃないか）」がある。「ではないか（じゃないか）」は話し手の遠回しで消極的な判断を表し、以下の例のように、「彼は間違っていない」と反論したり強く主張したりする際に使われる場合が多い。「のではないか（じゃないか）」は話し手の積極的な同意・判断を表したり、主張をやわらげたりするために使われる。

例 なんでそんなに怒っているの？　彼が言っていることは間違っていないじゃないか。

類義表現 「だろう」

05　比較・対照を表す表現〈にひきかえ・に対して〉

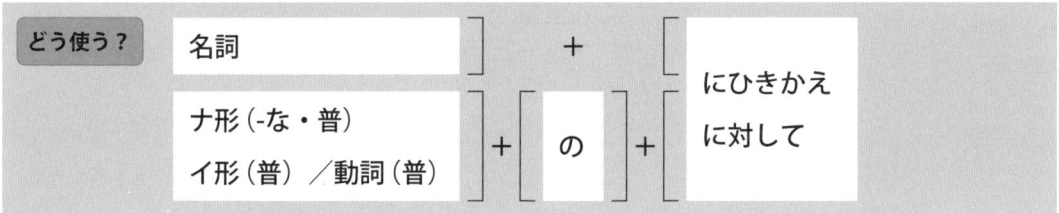

共通点 どちらの表現も正反対の性質や状況を表す。

例文
・父が熱狂的な野球ファンなの{×にひきかえ／○に対して}、母はサッカーファンです。
・帰宅後も子どもの世話に忙しい妻{○にひきかえ／○に対して}、夫はスマホばかり見ている。
・筆記試験はすらすら答えられたの{○にひきかえ／○に対して}、面接試験ではうまく答えることができなかった。

使い方 どちらの表現も書き言葉で使用される。「AにひきかえB」は「AとBのどちらかを持ち上げてほめる」あるいは、「AとBのどちらかの悪い点を出してけなす」場合に使う。「Aに対してB」は客観的に、AとBの違いを比較して他人に説明するときに使われる。話し言葉では「にひきかえ」と「に対して」の代わりに、「が」や「けど」が用いられやすい。

使い分け ◇例文のように正反対の性質や状況を表している場合には置き換え可能。

◇「にひきかえ」は主観的な気持ちが含まれるが、「に対して」は中立的に対比させる場合に使われる。

例 頭がよくてスポーツも万能な姉にひきかえ、私は何をやっても平均レベルだ。

◇正反対の性質や状況を表していない場合には、「に対して」は使えるが「にひきかえ」は使えない。

例 姉が沖縄に旅行するの{○に対して／×にひきかえ}、妹は秋田に旅行する予定だ。

◇また、性質や状況が釣り合っていない場合も「に対して」は使えるが「にひきかえ」は使えない。

例 この皿が500円なの{○に対して／×にひきかえ}、あれは1万円もする。

類義表現 「が」「けど」

問題

問1 下線部に入る言葉として最も適切なものをA～Dの中から一つ選びなさい。

❶ この年_____初めて「忙しい」とは何かがわかった。
　　A にしたら　　B からして　　C にして　　D からには

❷ 失敗はしないですむ_____、誰もしたくないだろう。
　　A ことから　　B ことなら　　C ものから　　D ものなら

❸ 三連休(れんきゅう)でどの店も混んでいるが、それ_____2時間待たされるとは。
　　A に対して　　　　　B にもまして
　　C にひきかえ　　　　D にしても

❹ 仮(かり)に会社が倒産(とうさん)した_____、しばらく生活するぐらいの貯金はある。
　　A としても　　B とはいえ　　C となると　　D ときたら

❺ 皆の前で、大声でミスを指摘(してき)して恥をかかせる_____。
　　A にかぎったことはない　　B なりなんなりだ
　　C なんてあんまりだ　　　　D かもしれない

問2 下線部に入る表現として最も適切なものをA～Dの中から選びなさい。

❶ 専門家の話によると、景気は回復に向かっているように見えるが、_____。
　　A 厳しい状況が続くとのことだ
　　B 厳しい状況が続くとは限らない
　　C 厳しい状況が続くとばかりだ
   D 厳しい状況が続くというところだった

---

① 問題文や選択肢の中で、知らなかった語や表現をメモしましょう。

❶
❷
❸
❹
❺

② 次の表現を使って文を作りましょう。

❶ とのことだ：

ばかりだ：

ところだった：

Lesson 7

❷ が最後：

ずるずる：

❸ に決まっている：

のではないか：

に違いない：

❹ ことはない：

ものがある：

❺ ものだ：

ぐらいだ（くらいだ）：

❷ 父はよく、賭け事は一度手を出したが最後、ずるずる_____と言っている。
　A　止めたくない
　B　止めてもいい
　C　止めるときもある
　D　止められなくなる

❸ （専門家が話している経済番組を見ている）
　男：経済不況の原因は金利の高さにあると言われているけど、それだけではないかもね。
　女：そうね、_____。
　A　いろいろな要素が絡んでいるに決まっているかな
　B　いろいろな要素が絡んでいるとのことかな
　C　いろいろな要素が絡んでいるんじゃないかな
　D　いろいろな要素が絡んでいるに違いないかな

❹ 男：さっきの話、どう思う？
　女：彼の説明には、どうも_____。
　A　納得のいかないことだ
　B　納得のいかないことはない
　C　納得のいかないものがある
　D　納得のいかないものではない

❺ 女：新しい靴だってまた自慢されちゃった。本当によくもあんなに_____。
　男：まあまあ。友達なんだから、そんな言い方しなくてもいいじゃない。
　A　毎週ブランド品が買えるもんだわ
　B　毎週ブランド品が買えるぐらいだわ
　C　毎週ブランド品が買えることだわ
　D　毎週ブランド品が買えるはずだわ

| Ⅰ．文字・語彙・コロケーション | Ⅱ．文型・文法 | **Ⅲ．類義表現** |

　原因・理由を表す文法項目として、初級ではまず「から」と「ので」を勉強します。同じ意味を表すものとして同時に学ぶことが多くありますが、「から」と「ので」の使い分けについて考えたことはありますか。また、同じく原因・理由を表す文法項目として「ため（に）」もあります。この三者はどのように異なり、それぞれどのような場面で用いればよいのでしょうか。上級レベルの基幹（きかん）ともなる事項（じこう）ですので、以下の練習を通して理解を深めましょう。

◉「から」と「ので」

問1 ｛ ｝から適切なものを選びなさい。

❶ A：もう一杯いかがですか。
　　B：あ、おかまいなく。そろそろ帰ります｛んですから・んで｝。

❷ 先生：日本語を勉強しはじめたのはなぜですか。
　　学生：子どもの頃からずっとアニメに関心を持っていた｛から・ので｝です。

❸ 祝日でどこに行っても混んでいるだろう｛から・ので｝、出かけないほうがいい。

① 解説を読んで、問1の答えの理由を説明しましょう。

❶ ＿＿＿＿＿＿＿＿＿

❷ ＿＿＿＿＿＿＿＿＿

❸ ＿＿＿＿＿＿＿＿＿

💡　「から」は「〜からだ／〜からです」という形で用いられますが、「ので」は丁寧体（です・ます）にしなくても丁寧さを表すことができるため（例：体調が悪いので休みます）、「から」よりも比較的丁寧な表現だとされています。また、話し言葉では「〜んで」も多く使用されます（例：友達が来るんで空港に行かなきゃならない）。一方、「から」は、「だろうから」「でしょうから」「のだから」のように、他の表現と共（とも）に使うことができます（例：大変でしょうから提出は来週でも大丈夫です）。

問2 ※の指示に従い、二つの文を「から」または「ので」でつなぎなさい。

❶ いい子だ。おとなしくしなさい。

　→ ＿＿＿＿＿＿＿＿＿＿＿＿＿＿＿＿＿＿＿＿＿＿＿＿＿
　　　※お母さんが子どもに命令するとき

❷ はっきり聞こえない。マイクを使ってください。

　→ ＿＿＿＿＿＿＿＿＿＿＿＿＿＿＿＿＿＿＿＿＿＿＿＿＿
　　　※自分の意見を表に出さずに丁寧に頼むとき

② 解説を読んで問2の答えの理由を説明しましょう。

❶ ＿＿＿＿＿＿＿＿＿

❷ ＿＿＿＿＿＿＿＿＿

Lesson 7

❸

❸ 最近、レポートなどで学校がちょっと忙しい。シフトを減らせないかなと思いまして。

→＿＿＿＿＿＿＿＿＿＿＿＿＿＿＿＿＿＿＿＿＿＿＿＿＿＿＿
※店長にアルバイトのシフトを減らしてほしいと相談するとき

> 「から」は様々な意志表現と共に使うことができます（例：もう暗いから、うちに帰ってきなさい）。「ので」は命令などの強い意志表現と共に使うことができません。そのため、「あなたが悪いので、すぐ謝りなさい」といった表現は不自然な表現になってしまいます。「から」は自分の意見を主張したいときに使われるため、場合によっては我が強い印象を与えます（例：電車が来なかったから遅刻した）。「ので」は「から」よりも丁寧で目上の人に対しよく使用されます（例：来週はどうしてもお伺いすることができないので、再来週でもよろしいでしょうか）。

●「から」「ので」と「ため」

③ 解説を読んで問3の答えの理由を説明しましょう。

❶
❷
❸

問3 下線部に入るものとして、適切なものをAとBから選びなさい。

❶ 日本企業は海外進出を進め、現地のコミュニティと共存する＿＿＿＿、社会貢献活動や地域住民との連携などを促進している。
　　A ので　　　　　　　　B ために

❷ 日本の伝統文化を守り、さらに発展させる＿＿＿＿の取り組みが全国各地において行われている。
　　A ので　　　　　　　　B ため

❸ バイクの利用は青少年層に多く、その事故防止の＿＿＿＿、大学生などを対象にした安全講習会が開催されている。
　　A から　　　　　　　　B ため

> フォーマルな書き言葉では「ので」と「ため」がよく使われるため、これらを上手に使うことがアカデミック・ライティングにおいても重要です。「ので」に比べ「ため」のほうが改まった文章で使われることが多いです（例：静粛を旨とするため、意見徴取の妨害になるような行為は慎んでください）。名詞を前接する場合は「ため」が使われやすいです（例：暴風警報のため）。また、「ため」が動作を表す動詞の辞書形（－る）につく場合は、目的を表します（例：MBAを取るため、アメリカの大学院に留学する）。「ため」は名詞を修飾する節に使うことができますが（例：社会貢献のための寄附金）、「ので」は使えません。

Lesson 8

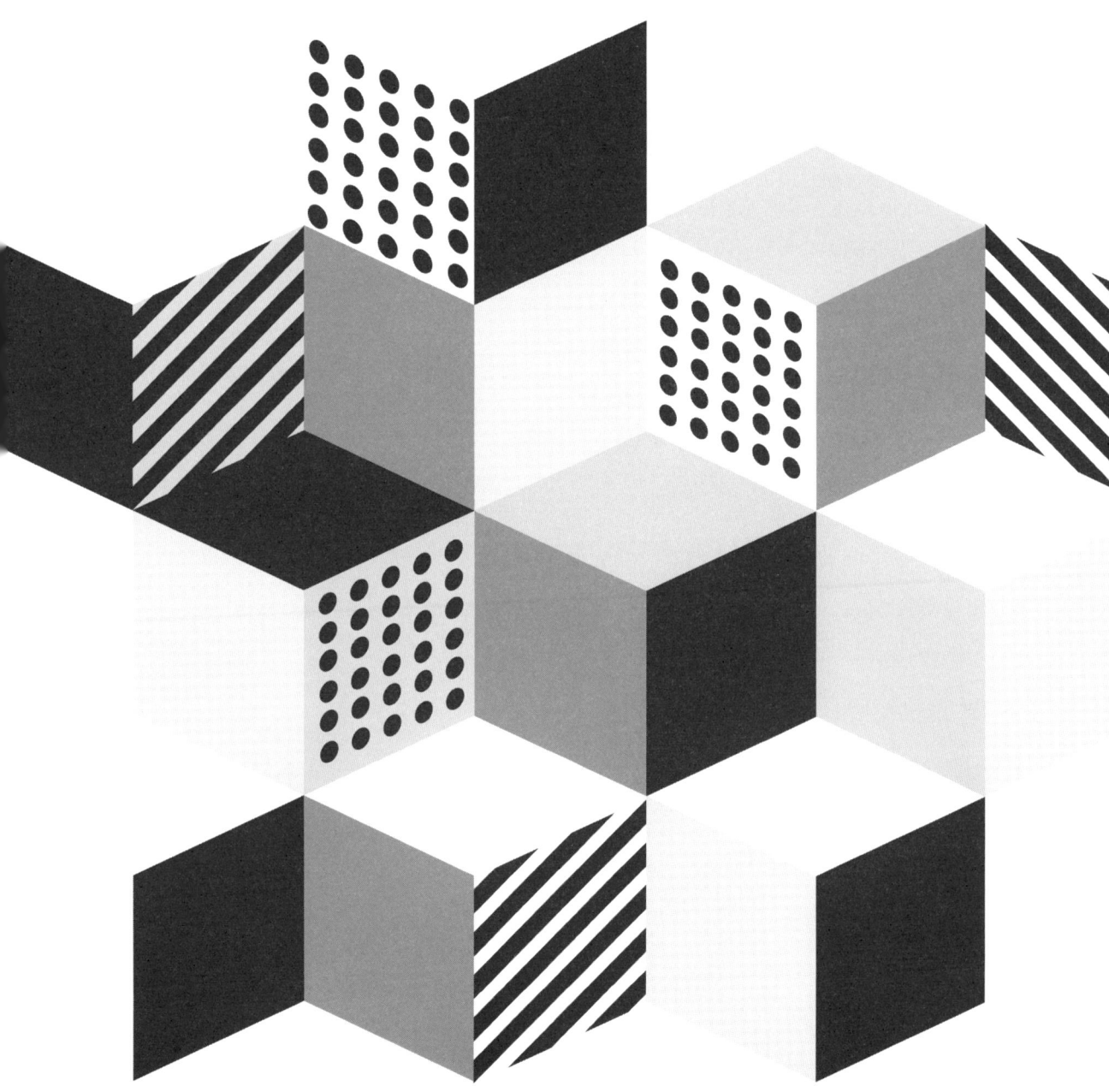

I. 文字・語彙・コロケーション　II. 文型・文法　III. 類義表現

☑ チェックシート

☐ 01 写し取る	☐ 12 歪曲（する）	☐ 23 切り離す
☐ 02 独自	☐ 13 密接（する）	☐ 24 輪郭
☐ 03 虚構	☐ 14 くびれる	☐ 25 映像
☐ 04 余地	☐ 15 実質	☐ 26 類似（する）
☐ 05 キリがない	☐ 16 分泌（する）	☐ 27 結びつける
☐ 06 仕立て上げる	☐ 17 上記	☐ 28 モジュール
☐ 07 馴染み	☐ 18 原則	☐ 29 分担（する）
☐ 08 詳細	☐ 19 調和（する）	☐ 30 自覚（する）
☐ 09 写実的	☐ 20 コントラスト	☐ 31 運用（する）
☐ 10 デフォルメ	☐ 21 背景	☐ 32 美術
☐ 11 階層	☐ 22 分離（する）	☐ 33 スケッチ（する）

01　写し取る［うつしとる］　アクセント４　動詞

①原文の通りにそのまま書き写すこと。
②現物のままの姿、形を描いたり、作ったりすること。

※類義語に「転写」「複写」がある。「転写」は文章や絵などを書き写すという意味。「複写」は、機材を用いて写し取ること。「複写」のかわりに外来語である「コピー」が使われることが多い。
　例 彼はよくアニメのキャラクターをまねして描いているが、まるでコピーしたみたいにそっくりだ。

※また、類義語である「模写」は、美術作品について、作者の技や考え方を理解するために行う練習方法のこと。
　例 美術館では、たくさんの学生が有名な絵画を模写していた。

例文　①私たちが『源氏物語』や『枕草子』など、活版印刷やコピーの技術がない頃の作品が読めるのは、誰かが写し取ったものが今に伝わっているからである。
　　　②私は絵を習っているが、外に出て植物や建物をスケッチブックに正確に写し取る練習が大好きだ。

02　独自［どくじ］　アクセント 1 (0)　名詞・ナ形容詞

① (名詞) 自分一人だけで。
② (ナ形容詞) 他にはなくそれだけにある。

※「独自の意見」「独自な意見」はどちらも使われる。
※②の意味では、外来語である「オリジナル」が使われることもある。
　例 この店では、オリジナルのデザインで、Tシャツを作って販売している。
※類義語に「独特」がある。「独自」が「その人／物なりの」という意味であるのに対し、「独特」は、「他とは違ってその人／物だけの」という意味を表す。普通ではないというニュアンスを含む。
　例 この辺りは、昔からの建物が残っており、独特の雰囲気がある。
　例 薬草を使ったスープは、独特の匂いがするので苦手だ。

例文
① 彼は大学を卒業して就職した後も、独自の研究を続けた。
① 妹は独自の世界を持っていて、ときどき家族が理解できないことを言う。
② 討論会では、学者や識者がそれぞれ独自な見解を述べ、激しい議論が行われた。

03　虚構［きょこう］　アクセント 0　名詞

① 事実でない物事を本当の物事のように、見せかけたり作り上げたりすること。
② 文芸などで、作者のまったくの想像で書いているにも関わらず、実際にあったこと、起こったことのような真実味のある作品のこと。フィクション。

※対義語は「事実」。実際に起こったことや存在するという意味。
　例 事実は小説よりも奇なり、と言うが、本当にその通りで、人の想像をはるかに超えて思いも寄らないことがよく起こる。
※②の意味では、外来語である「フィクション」も使われる。
　例 歴史的事実を扱ったこの映画は、ドキュメンタリーのように見えるが、話の中身はすべてフィクションだ。

例文
① 気に入ったドラマを何回も見ているうちに、虚構の世界の出来事ということを忘れて、現実にもあることだと思い込んでしまうことがある。
① バーチャル・シンガーを初めてネットで見たときには、あまりよい印象ではなかったのに、今ではすっかりその虚構の世界にはまっている。
② 夜も寝ずに読み切った歴史ものの作品が、完全に虚構のストーリーだと知って、私はその作家の想像力のすばらしさに改めて感動した。

04　余地 ［よち］　アクセント 1　名詞

物事をするための余裕、さらに行う機会。

※「余っている場所」「空いている場所」がなく、わずかの隙間もないことを意味する「立錐の余地もない」に由来する。また、「議論の余地がある」は学術論文でよく使われる表現。
　例 この点に関しては、今後さらに議論の余地がある。

※類義語に「余白」がある。「余白」は紙面で、文字や絵などが書かれておらず、まだ白く残っている部分のこと。
　例 彼の教科書の余白には、メモがたくさん書き込まれていた。

例文
- 描かれたイラストから、この子に優れた才能があることは疑う余地がない。
- 新商品の価格設定はいいとしても、デザインについてはまだ検討の余地がありそうだ。

05　キリがない　アクセント －　慣用表現

際限がない。いつまでも満ちることがなく、終わりがない。

※類似の表現に「枚挙にいとまがない」がある。たくさんありすぎて、数え切れないという意味。
　例 値打ちのある本物だからと言われて買った高額の骨董品が、実は偽物だったなどという話は枚挙にいとまがない。

※語源：「キリ（切り）」とは、動詞「切る」を名詞化したもので、限界の意味。「きりなし」「きりもなし」の形で中世から使われるようになった。

※類義語に「際限がない」がある。同じように終わりがないという意味。「際限なく」と副詞の形で使われることも多い。
　例 そのドラマの魅力について、母は際限なく話し続けた。

例文
- 子どもに欲しいものなんか聞いたら、あれが欲しいこれが欲しいと、キリがなくて大変だ。
- このアーティストが本当に好きなので、好きな曲を挙げだしたらキリがない。（＝終わりがないほど、たくさん好きな曲を挙げることができるという意味）

06　仕立て上げる ［したてあげる］　アクセント 5　動詞

①作り上げること。
②その教育をして、その道の一人前に育て上げること。
③本当はそうではない違うことを、本当のことのように作り上げること。でっちあげること。

※②の意味での類義語に「仕込む」がある。いくつか意味を持った語だが、その中に、技術・知識などを教え込むという意味がある。
　例 彼は、一人息子を跡継ぎと決めて、自分の技術を厳しく仕込んだ。

※③の意味での類義語に「捏造」がある。「仕立て上げる」と同様に、でっちあげるという意味。
　例 その昔、製薬会社と大学が薬品の検証データを捏造していたという事件が、世間を騒がせた。

例文
① 私は成人式に祖母が仕立て上げてくれた着物を着て出席した。
② コーチは、私が幼いときから指導し、一人前のサッカー選手に仕立て上げてくださった恩人だ。
③ 共犯者の二人は、彼に罪をかぶせて犯人に仕立て上げる計画を立てていた。

07 馴染み ［なじみ］ アクセント0 名詞

慣れていて、よく知り親しいこと。また、そういう人。

※「馴染みがない」は、人や物事に慣れていない様子や、よく知らず親しみのない様子を表す。
※語源：「馴れ染む」が変化した形である「馴染む」の名詞形。
※動詞「馴染む」の形でも多く使われる。「馴染む」は、慣れて親しみを感じるようになるという意味。
　例 東京に引っ越したが、都会の雰囲気になかなか馴染めないでいる。

例文
・小さい頃から知っていて馴染みがないわけじゃないけど、私はどうも近所のおばさんたちが苦手だ。
・私は関東地方で生まれ育ったので、たこ焼きやお好み焼きをご飯と一緒に食べるという食文化には、まったく馴染みがない。

08 詳細 ［しょうさい］ アクセント0 名詞・ナ形容詞

細かい部分まで詳しいこと。

※類義語に「一部始終」がある。「一部始終」は始めから終わりまでという意味。
　例 彼女が欲しいが、その日にあったことを毎日、一部始終報告するなんて、面倒だと思ってしまう。
※外来語「ディテール」が使われることもある。全体の中の細かい部分という意味。
　例 ディテールまで細かく作られたアニメキャラクターのフィギュアを見つけて、思わず買ってしまった。

例文
・彼女は日本の近代文学について詳細に調べ、レポートにまとめた。
・記者はその記事を書くために、3年かけて詳細な記録を集めた。

09 写実的 ［しゃじつてき］ アクセント0 ナ形容詞

主観は交えずに、物事のありのままを描写している様子。

※類義語に「現実的」がある。「写実的」が、現実をそのまま描写することであるのに対して「現実的」は、物事や考え方が現実に即しているという意味。
　例 今の家は駅から近くて便利だけれど、子どもが生まれたら、現実的に考えて狭すぎると思う。
※外来語「リアル」が使われることも多い。
　例 彼の描く絵は、本当にリアルで迫力がある。

例文
・古い絵巻を見ると、写実的とは言えない絵が描かれていることがある。
・日本で写実的な考えを文学に取り入れたのは、明治時代に『小説神髄』という評論を書いた坪内逍遥だと言われている。

10 デフォルメ　アクセント2 (0)　名詞

絵画、彫刻、漫画などで、頭や目など対象物が意識的に変形されたりして表現されること。（フランス語で、「変形」の意味）

※フランス語では déformer と表記。
※対義語は「写実的」。

例文
・デフォルメは古くは古代エジプトの絵画にも見られる表現技法だそうだ。
・大好きなアニメキャラクターが2頭身にデフォルメされたフィギュアが発売された。

11 階層 ［かいそう］　アクセント0　名詞

①建築物、構造物の上下の重なり。またその個々の層。
②社会の人を職業や学歴などで分けたとき、社会的地位や経済的地位が同じ程度であるとされる集団。

※類義語に「階級」がある。「階層」が社会をつくる様々な層を指すのに対して、「階級」(class) は、より文化的・社会的な集まりを指す。
例 現在でもイギリスでは、公爵、伯爵など貴族階級の呼称が使われている。

例文
①マンションでは、上の階層の生活音に下の階層の住人から苦情が出ることがよくある。
②日本でも社会階層が明確化し、固定化しているという。

12 歪曲（する）［わいきょく］　アクセント0　名詞(スル)

わざと歪めること。また、事実をわざと偽って伝えること。

※類義語に「捏造」がある。「捏造」は、「事実でない事柄を故意に事実であるかのようにつくり上げる」という意味。
例 捏造された証拠によって、彼は逮捕されてしまった。
※また、類義語である「誇張」は事実を実際よりも大きく、または小さく表現すること。
例 彼女はいつも話を誇張するので、信じすぎないように注意したほうがいい。

例文
・私は、ネットの記事の中には核心の部分を歪曲して伝えているものもあるということを、いつも念頭において読むようにしている。
・報道機関が事実を歪曲して報道することは、あってはならないことだ。

13 密接（する）［みっせつ］　アクセント0　名詞(スル)・ナ形容詞

①複数のものが隙間もないほど隣り合ったり向かい合ったりして、接していること。
②関係が普通の程度をこえて、深いこと。

※類義語の「密集」は、大勢の人が集まること。また「密閉」は、ぴったり閉じて隙間がないこと。
例 新型コロナウイルス流行時に世間で盛んに言われた「3密」とは、「密接」「密集」「密閉」の三つを表していた。
※また、類義語である「親密」は、関係が親しく深いこと。
例 親密そうに話していたので、おそらく二人は昔からの知り合いなのだろう。

例文
①私の住む地域は隣近所が密接しているので、防災を考えるといつも不安になる。
②今やマスクは私たちの生活に密接に結びついて、欠かすことのできないものとなっている。

14 くびれる　アクセント0(3)　動詞

ものの真ん中がしばられたように細く狭まっていること。

　※類義語に「引き締まる」がある。「引き締まる」はゆるみがなく、ピンと張っている様子。気持ちや体格について使う。
　　例 コーチが練習に参加する日は、緊張で身が引き締まる。(＝気持ちが引き締まるという意味)
　　例 彼は昔から体操をしているので、引き締まった体をしている。

　例文
　・お土産にもらったひょうたんの入れ物は、くびれたところにきれいなひもが巻かれていて、つるして飾れるようになっている。
　・姉は夏までにくびれた腰を手に入れると言って、スポーツジムに通い始めた。

15 実質 [じっしつ]　アクセント0　名詞

外観や建前ではない、実際の性質や内容。

　※対義語は「形式」。形だけで内容の伴わないもの。
　　例 形式にとらわれた挨拶は抜きにして、本題に入りましょう。
　※類義語に「実際」がある。「実質」が実際の性質を意味するのに対し、「実際」は、頭の中で考えたことではなく現実という意味。「実際には」の形でも多く使われる。
　　例 写真と違って、実際の時計台はかなり小さくてがっかりした。
　　例 彼は友人だと言ったが、実際には彼女とは1回会ったことがあるだけだった。

　例文
　・授業の初めに事務連絡がたくさんあり、本来は90分である授業時間は実質50分ほどになってしまった。
　・1,000円分の割引券があったので、4,000円のセーターが実質3,000円で買えた。

16 分泌(する) [ぶんぴつ]　アクセント0　名詞(スル)

生体の腺細胞が生命を維持していく上で必要な特殊な液を体の内外に排出すること。

　※「分泌」は「ぶんぴ」とも読む。分泌には、汗や涙などを体外に排出する外分泌と、血液中やリンパ液中に排出する内分泌とがある。
　※類義語に「にじみ出る」がある。「にじみ出る」は水などが染みて少しずつ表面に出てくること。
　　例 天気がいい日だったので、散歩しただけで額に汗がにじみ出てきた。

　例文
　・うれしいときや悲しいときに流れる涙も、体の中の腺細胞が分泌する特殊な液の一つだ。
　・ホラー映画を見ると脳の中でアドレナリンが分泌され、その後、ドーパミンが分泌されることで満足感が得られるという。

17 上記 [じょうき]　アクセント1　名詞

記事の中で、上で述べたことや前に書いたことを示すこと。

　※対義語に「下記」がある。「上記」「下記」は上下を指すことから、横書きの文書で使われる。
　　例 当日のスケジュールについては下記の通りです。

　例文
　・上記のように、日本でも移民問題の議論が本格的に行われるようになった。
　・日本のアニメは、上記の放送地域以外でも、インターネットによって世界に広まった。

18 原則 [げんそく]　アクセント0　名詞

特別な場合は例外として、一般に当てはまる基本的な決まりごと、規則。

※「原則として〜」という用い方をすることが多い。この場合、例外もあるという意味合いが含まれることがある。
　例)10月から部活動など課外活動の終了時間は、原則として5時になる。

※類義語に「原理」がある。「原則」が規則やルールについて使うのに対し、「原理」は理論的な法則について使われる。また、物事の基本的な決まりという意味で、強調して「原理原則」と言うこともある。
　例)てこの原理を使えば、重いものでも簡単に持ち上げることができる。
　例)彼はまだ若いので、営業の仕事の原理原則が理解できていない。

例文
- 今回の件は原則からは外れるが、例外として認めることになった。
- この寮では、原則として23時に就寝しなければならない。

19 調和(する) [ちょうわ]　アクセント0　名詞(スル)

①複数のものが、ばらばらになったり、偏ったりすることなく、よく釣り合っていること。
②物事どうしが互いにほどよく混じり合い整っていること。

※外来語の「マッチする」が使われることもある。「マッチする」は常に動詞の形で、話し言葉として使われる。
　例)デパートで部屋の雰囲気にマッチする家具を探した。

※「予定調和(的)」は、物事が予想通りの流れで進み、結果も予想通りであるという意味。もともとは、ライプニッツによる哲学の用語。
　例)その恋愛映画は、話の展開が予定調和的でまったく楽しめなかった。

例文
①近年、都市部でも自然環境と調和したライフスタイルが注目されるようになった。
②地元の合唱団は、男声パートと女声パートの調和がとれた美しい歌声だ。

20 コントラスト　アクセント1(4)　名詞

二つのものを対比したときの違い。色や形、明るさ、味覚などの対比。

※英語 contrast に由来する。
※日本語では「対照」と言う。
　例)会議の直前に配布資料に誤りが見つかり、急いで正誤対照表を作った。

例文
- ポテトチップスにチョコレートをかけたお菓子は、しょっぱさと甘さのコントラストが絶妙で若者に人気がある。
- アンリ・マティスの絵画「赤のハーモニー」では、部屋の中の赤と窓の外の緑色のコントラストが効果的に使われ、見る人の目を引く。

21 背景 [はいけい]　アクセント0　名詞

①写真・絵画などで中心になる題材の背後の景色など。また、演劇などの舞台の背後の光景や様子など。
②人やもの、事件などの背後にある事情や、それを裏で支える事柄など。

※外来語「バック」「バックグラウンド」が使われることもある。
例 写真の中の女の子のバックには、きれいな青空が広がっていた。
例 演劇を見るときは、歴史的なバックグランドについて知っておくと、何倍も楽しむことができる。

例文　①富士山の背景には真っ青な空に白い雲が流れていて、すばらしい写真が撮れた。
　　　②この事件の背景には何やら複雑な事情があるようで、なかなか解決には至らない。

22 分離（する）[ぶんり]　アクセント0　名詞（スル）

①一つのものを分けて離すこと。また、分かれて離れること。
②物質の混合物をそれぞれ分けること。

※対義語は「結合」。また、類義語の「分解」は、一つのものをそれぞれの部分や要素に分けること。また分かれること。
例 打ち上げられたロケットは数秒で爆発して、空中で分解してしまった。
※類義語である「分割」は、全体をいくつかに分けること。
例 高性能のパソコンを分割払いで購入した。
例 容量が大きいので、複数のメールに分割してファイルを送った。

例文　①歩道とサイクリングコースとは花壇で分離されている。
　　　②理科の授業で、しょう油から食塩を分離する実験を行った。

23 切り離す [きりはなす]　アクセント4 (0)　動詞

一続きのものや結びついているものを切って別々に分けること。

※「切り放す」は、動物など繋がれているものを放してやるという意味。
※類義語の「断ち切る」は、繋がりや関係などを断つ、なくすという意味。
例 別れた恋人を思う気持ちはなかなか断ち切れなかった。
※また、類義語の「取り外す」は、もともと設置されているものを外すこと。
例 食器を出し入れしやすいように食器棚のとびらを取り外した。

例文　・アンケートの回答部分は点線にそって切り離して提出してください。
　　　・損得を切り離して考えないと、ボランティア活動はできない。

24 輪郭［りんかく］ アクセント0 名詞

①ものの周囲を縁どっている線。
②物事の大筋。

※外来語の「アウトライン」は、「輪郭」とほぼ同じ意味合いで使用される。②の意味での類義語に「概要」がある。「事件の概要」「物語の概要」「説明書の概要」などのように使われる。

※外来語の「プロフィール」は、もともとの、輪郭を描くという意味から、その人の経歴や人物紹介などを表す。
㋑SNSに詳しいプロフィールを載せると、思わぬトラブルに巻き込まれることがある。

※対義語は「詳細」。細かな点まで詳しいという意味。
㋑メールで、詳細な調査報告が送られてきた。

例文 ①絵本の挿絵などでよく見かける、いわさきちひろ氏の絵は、輪郭線を描かずに水彩絵具をにじませたような独特の技法で描かれている。

②途中から参加することになったプロジェクトなので、その輪郭をつかみたいと思い、さっそく企画書に目を通している。

25 映像［えいぞう］ アクセント0 名詞

①光線の屈折や反射により映し出されるものの姿。
②映画・テレビ・写真などの画像のような、レンズを通して映し出されるものの姿。
③頭の中に浮かぶものの姿。

※類義語に「画像」がある。「画像」は、「映像」同様、光を使って映し出されるものだが、さらに、紙などの媒体に描かれたり印刷されたもの、写された写真なども含まれる。

例文 ①理科の時間に、レンズを使わず光の反射を利用して映像を映し出すというピンホールカメラの工作にチャレンジした。

②テレビで今どきの防犯カメラの映像を紹介していたが、その鮮明さには驚いた。
③私の頭の中には、彼女と過ごした日々が映像となって鮮明に浮かんでいた。

26 類似（する）［るいじ］ アクセント0 名詞（スル）

お互いに似ていること、共通点があること。

※類義語に「相似」「酷似」がある。「相似」は、同じ形のまま拡大または縮小すること、また、形がよく似ていることを表す。「相似形」はお互いに相似している図形のこと。「酷似」は見分けがつかないほど似ているという意味で、否定的な意味合いを持つ。
㋑同じ建築家がデザインしたので、二つのビルの構造は相似している。
㋑A社が発表した新車のデザインは、B社の車と酷似していた。

例文 ・アジアの国々は、食文化において多くの類似点が見られる。
・現代では、国の経済力によらず、世界の都市部での生活様式は類似している。

27 結びつける [むすびつける] アクセント5 動詞

①結んで繋ぎ合わせる。
②複数の物事に繋がりをつける。関係づける。

※自動詞は「結びつく」。
例)地道な基礎研究の成果が、新たな技術の開発に結びついた。

例文 ①風が強い日に強風で飛ばされないように、鯉のぼりの先端はポールにしっかり結びつけておく必要がある。
②成績が下がったのは部活に力を入れているせいだなんて、二つを結びつけて考えるのはやめてほしい。

28 モジュール アクセント2 名詞

英語の module に由来する。いくつかの部品的機能を集め、まとまりのある機能を持った部品や部分のこと、交換可能な要素を指す。

※類義語に「ユニット」がある。「ユニット」は英語 unit に由来し、独立した一つの部分を表す。「ユニットバス」は、工場でバスタブや壁、天井、床などをそれぞれのパーツに分けて製造し、部屋の中で組み立てる風呂場のこと。また、音楽グループが、さらに小さな単位で活動するときに使われることもある。
例)大人気のアイドルグループから、3人組のユニットがデビューすることになった。

例文 ・それぞれ別の機能を持ったモジュールを組み合わせることで、顧客のニーズにあった製品をつくることが可能になる。
・新しい教材では、それぞれの課がモジュールとして独立しており、どこからでも勉強することができる。

29 分担(する) [ぶんたん] アクセント0 名詞(スル)

作業や費用を分けて、その一部を受けもつこと。

※類義語に「手分けする」がある。「手分けする」も「分担」と同じように、分けて担当するという意味。「分担」がそれぞれの受けもつ部分がはっきりしているのに対し、「手分けする」は、協力して一緒にという意味合いが強い。
例)ペットの犬がいなくなったので、家族で手分けして家の周辺を探した。
例)荷物が大量に届いたので、みんなで手分けして部屋に運んだ。

例文 ・新入生歓迎会の費用は、2年生以上の学生で分担することになった。
・プロジェクトを始める前に、改めて各自の役割分担を確認した。

30 自覚（する）［じかく］ アクセント0 名詞（スル）

①自分の今ある立場や、自分の力量、使命、などをはっきり意識して理解すること。
②自分で気づき、知覚でとらえること。
③仏教用語で、自分の迷いを捨て、悟りをひらくこと。

※①の意味では、「自覚を持つ」「立場を自覚する」「自覚が足りない」の形で多く使われる。
例 新人のころは、社会人としての自覚が足りないとよく上司に説教されたものだ。

例文　①私が還暦を過ぎて一番自覚したことは、体力の衰えだ。
　　　②主治医から病名を告げられたが、症状について自覚はまったくなかった。
　　　③毎日、坐禅を組んで修行をしたら、「自覚」の境地に達することができるそうだ。

31 運用（する）［うんよう］ アクセント0 名詞（スル）

ルールやシステム、資金などを生かして働かせること。
※類義語に「運営」「活用」がある。「運用」が物事の機能を上手に生かすことであるのに対し、「運営」は、組織や団体を動かすという意味。また、「活用」は、自分にとって利益があるように上手に使うこと。
例 その企業は社会貢献のために、ボランティア団体を運営している。
例 大学で学んだ知識を活用して、将来は起業したいと考えている。

例文　・我が社でコンピューターシステムの運用を始める上では、専門家にアドバイスを求めるべきだ。
　　　・両親は老後のための資産運用として、アパートの経営を始めた。

32 美術［びじゅつ］ アクセント1 名詞

美を視覚的、空間的に表現した芸術。絵画、書、写真、彫刻、建築、工芸など。
※明治期には「美術」に、小説や詩歌、音楽なども含まれていた。

例文　・美術の授業の思い出といえば、ギリシャ彫刻をひたすら写生したことだ。
　　　・祖父は、絵画や彫刻など美術品の収集が趣味で、膨大なコレクションを残した。

33 スケッチ（する） [アクセント2] [名詞（スル）]

①目の前の風景や動物などを、短時間で大まかな絵にかくこと。写生すること。写生画。
②その場の風景、印象などを写し取るように短い文章にしたもの。
③音楽で、楽想などを大まかに素描したもの。

※①の意味の日本語に「写生」「素描」がある。
※②の意味の日本語に「写生文」がある。
※類義語に「デッサン」がある。「スケッチ」が英語（sketch）由来の外来語であるのに対し、「デッサン」はフランス語（dessin）由来の外来語。細かい使い分けはないが、「スケッチ」が大まかな絵であるのに対して、「デッサン」は製図のように細かいものも含み、「スケッチ」より広い意味を持つとされる。
　例 写実的なデッサンを描くためには、ある程度の知識が求められる。

[例文] ①絵が好きだった父は、よく子どもたちを連れて近くの公園にスケッチに出かけた。
②「千曲川のスケッチ」は、詩人で小説家の島崎藤村が、千曲川周辺の自然や人々の暮らしなどをスケッチしてまとめた写生文だ。
③私は、思い浮かんだ曲をすぐスケッチできるように、小さな五線紙をいつも持ち歩いている。

問題

① 漢字の読み方をひらがなで、ひらがなを漢字で書きましょう。

❶ くわしい：

　委細：

❷ 接する：

❸ 過分：

❹ たぐい：

　にている：

❺ 階級：

② 次の語を含む複合動詞を考えて例文を作りましょう。

❶ 写し〜：

❷ 仕立て〜：

❸ 切り〜：

問1 下線部の読み方として最も適切なものを、A〜Dの中から一つ選びなさい。

❶ その記事を書くために、記者は3年かけて詳細なデータを集めた。
　A じょうさい　　　　B しょうほそ
　C くわほそ　　　　　D しょうさい

❷ 家々が密接する地域では、火災の被害が大きくなる危険性がある。
　A みつせつ　　B みせつ　　C みっせつ　　D みっせ

❸ 悲しいときに涙が分泌される理由は、実はまだ明らかになっていない。
　A ぶんぴつ　　B ぷんひつ　　C ぶんひ　　D ぷんぴつ

❹ 国を問わず、現代では都市に暮らす人々の生活スタイルは類似している。
　A たぐいに　　B るいに　　C るいじ　　D たぐいじ

❺ 卒業論文は、社会階層と教育格差の問題について書きたいと思っている。
　A がいそ　　　　　　B かいしょう
　C かいそ　　　　　　D かいそう

問2 下線部に入る言葉として最も適切なものを、A〜Dの中から一つ選びなさい。

❶ 印刷技術がない時代は、本を手書きで＿＿＿＿ことでコピーを作成していた。
　A 写し出す　　　　　B 写し取る
　C 写し直す　　　　　D 写し続ける

❷ 強盗団は無実の男性を犯人に＿＿＿＿計画を立てていた。
　A 仕立て直す　　　　B 仕立て起こす
　C 仕立て始める　　　D 仕立て上げる

❸ 家庭の教育問題は、経済的状況と＿＿＿＿考えることができない。
　A 切り離して　　　　B 切り出して
　C 切り込んで　　　　D 切り取って

❹ 人間の血液型を性格と＿＿＿＿考えるなんて、科学的ではない。
　　A 結びつけて　　　　　　B 結び直して
　　C 結び続けて　　　　　　D 結び上げて

❺ アナリストは、問題状況から要因を＿＿＿＿分析する専門的な仕事だ。
　　A 取りつけて　　　　　　B 取り込んで
　　C 取り出して　　　　　　D 取り入れて

❹ 結び～：

❺ 取り～：

| 問3 | ▢から最も適切な言葉を選び、下線部に正しい形で書きなさい。

❶ 彼は30歳を過ぎているのに、社会人としての＿＿＿＿＿がまったくない。

❷ 彼女にバレエダンサーとしての才能があることは疑う＿＿＿＿＿がない。

❸ 頭脳明晰とはいえ、瞬時に適切な＿＿＿＿＿を下すのは簡単ではない。

❹ 実家の近所の商店街には、＿＿＿＿＿の店が今でもたくさん残っている。

❺ 人間の欲望は＿＿＿＿＿がないので、今あるもので満足することも必要だ。

| 余地　　切り　　馴染み　　自覚　　判断 |

❻ 祖父の唯一の趣味はヨーロッパの＿＿＿＿品を集めることだった。

❼ 土日は休みなので、作業できるのは＿＿＿＿あと3日しかない。

❽ チームで仕事をするには、役割＿＿＿＿を決めておくことが重要だ。

❾ 新入社員は＿＿＿＿として、全員この研修に参加することになっている。

❿ 自国と日本の＿＿＿＿点を挙げろと言われても、すぐには答えられない。

| 原則　　実質　　類似　　美術　　分担 |

③ 説明を読んで（　）の中に言葉を書き込みましょう。

✎（　　　）を持つ：
自分の置かれた状況や立場などをよく知ること。

✎（　　　）がない：
検討してみる余裕や必要がないこと。

✎ 判断を（　　　）：
目上の人に判断を求めること。

✎（　　　）上：
実質や実際そうであること。

✎（　　　）として：
基礎や土台になる部分という意味。

✎（　　　）を示す：
似ている点を他の人にわかるように見せること。

④ 類義表現を調べましょう。

❶ ありのままの様子：
　[写実的]

❷ 物事が正しくないこと：
　[歪曲する]

❸ よく合っている様子：
　[ハーモニー]

❹ 後ろにあるもの：
　[背景]

❺ 誇張すること：
　[デフォルメ]

⑤ 挙げられた語の中から一つ選んで、例文を作りましょう。

❶ 誤解・フィクション・夢：
　
　
　

❷ 分割・解散・分解：
　
　
　

|問4| 下線部に最も意味が近いものを、A〜Dの中から一つ選びなさい。

❶ 美術館で見た絵のあまりに写実的な描写に、驚いて足が止まった。
　A リアル　　　　　　　B ファクト
　C ナチュラル　　　　　D オープン

❷ 新聞やテレビなどの報道機関は、事実を歪曲して伝えてはならない。
　A のばして　B たたんで　C ゆがめて　D ただして

❸ コンサートは、オーケストラの演奏と歌声のハーモニーがすばらしかった。
　A 調子　　　B 調合　　　C 調和　　　D 調印

❹ この事件の背景には、現代社会における若者の貧困問題があると考えられる。
　A 背筋　　　B 背後　　　C 背広　　　D 背任

❺ 扇子のイラストは、人気歌舞伎役者の顔が大きくデフォルメされて描かれていた。
　A 変形　　　B 改訂　　　C 修正　　　D 加筆

|問5| 見出しの表現を使用した文として最も適切なものを、A〜Dの中から一つ選びなさい。

❶ 虚構
　A この歴史小説は、史実を基にしながらも虚構として書かれたものだ
　B あの二人は小さな虚構が原因で、ついに口もきかなくなってしまった。
　C この映画は、現実と虚構の世界を行き来するITエンジニアの話だ。
　D 毎日好きなことだけして暮らせるなんて、虚構のような話だ。

❷ 分離
　A このドレッシングは分離しやすいので、よく振って使ってください。
　B 大好きなロックバンドが分離して、彼女はショックを受けている。
　C 子どもの頃、父の腕時計を分離して、怒られた記憶がある。
　D パソコンが意外に高かったので、分離で支払うことにした。

❸ 輪郭

　A　兄はレスリングをやっていたので、輪郭ががっちりしている。

　B　メガネを忘れたので、隣の人の顔の輪郭もはっきり見えない。

　C　彼女の誕生日にハートの輪郭をしたペンダントをプレゼントした。

　D　プロテニス選手の輪郭をビデオで見て研究しているが、なかなか真似できない。

❹ 解明

　A　小学生の弟は数学が得意で、中学の教科書の問題でも簡単に解明できる。

　B　生物の授業でさせられたカエルの解明が今でもトラウマになっている。

　C　言いたいことが解明でないと、レポートをまとめることはできない。

　D　現場にまったく証拠がないことから事件の真相の解明には時間がかかりそうだ。

❺ 運用

　A　銀行は顧客から預かった預金を運用し、増やすことで利益を生んでいる。

　B　突然自宅のパソコンが壊れて運用できなくなり、困ってしまった。

　C　図書館を運用するときのルールは、このパンフレットを見てください。

　D　セミナーで聞いた話は、来年の就職活動に運用できるものだった。

❸ フォーム・形・体格：

❹ 解剖・解く・明確：

❺ 活用・利用・使用：

6 わからない表現があればメモしましょう。

問6 次の文を読んで、❶～❺に入るものを □ の中から選んで、正しい形で入れなさい。

　我々の目に見えている❶_____は、一度にその全体像が作り上げられるのではない。人間の視覚機能は、形を認識する、色を感じる、その背景から明るい色と暗い色の❷_____を検知する、類似した色を❸_____など、単純な処理を何層にも組み合わせることで世界を❹_____いる。そして優れた❺_____作品は、誇張的な表現によってこの単純な処理機能をうまく刺激し、強い印象を生み出しているということが知られている。

（出典：『日本語で考えたくなる科学の問い〔文化と社会篇〕』（凡人社）Lesson8 本文　※一部改変）

| 芸術　　映像　　コントラスト |
| 結びつける　　捉える |

| Ⅰ. 文字・語彙・コロケーション | Ⅱ. 文型・文法 | Ⅲ. 類義表現 |

01 上で

どう使う？ 名詞（の）／動詞（-る・-た） + 上で

意味 ①「Aする上で」という形で、Aをする前提となる事柄をBで表す。②「Aした上で」という形で、Aが完了したことを前提にして、Bを行う。③「Aする上で」「A（名詞）の上で」という形で、Aを進めていく過程で、Bを行う。

例文
①学生生活を送る上で、みなさんに注意してほしいことがある。
②お電話で予約をしていただいた上で、ご来店ください。
③作業を進めていく上で、気づいたことがあれば教えてください。

使い方 前提となる条件を表す表現。用法①はBを前提としてAを行うことを表すが、用法②はAを前提としてBを行うことになる。時間的関係で言えば、用法①は「B→A」で、用法②は「A→B」となる。しかし、用法②は条件を表す意味が強く、「AてからB」に比べると時間的前後関係は重視されない。用法③も前提はAであるが、時間的にはAとBが同時並行的である。

ポイント やや硬い表現で書き言葉で主に用いられる。用法①では、「A際にB」との置き換えが可能な場合も多い。用法②は単なる連続的な動作の場合は使いにくい（例：「掃除をし {×た上で／○てから} 洗濯する」）。また、AとBの動作主が異なる場合（例：「彼が印刷し {×た上で／○てから}、彼女が製本する」）やBが無意志的である場合（例：「会場に着い {×た上で／○てから}、忘れ物に気づいた」）も使えない。用法③は原則動詞のル形に接続し、特に「〜ていく」が多い。

類義表現 「A際にB」「AにあたりB」「AてからB」

02 つつある

どう使う？ 動詞（-ます） + つつある

意味 少しずつ変化していく過程を表し、「今まさに〜（変化）している」という意味を表す。

例文
・近年、日本の地方産業は衰退しつつある。
・彼女は頑張ってはいるが、最近は伸び悩みつつある。
・地球温暖化によって、北極の氷は少しずつ溶けつつある。

使い方 変化が進行している様子を表す。「ている」が動作の進行を表すのに対し、「つつある」は変化の進行を表す。

ポイント 硬い表現であり、主に書き言葉で用いられる。「増加／減少／停滞／回復／脱却」といった動詞と使われることが多く、変化の終着点に少しずつ近づいていくことを表現する。動作動詞（動作や行為を表す動詞。例：「走る」「食べる」）では、基本的に「ている」を用い、「つつある」は用いにくい。

「動作動詞＋つつある」を用いると、「犬が {？走りつつある／○走っている}」のように、動作の開始に向けて変化の過程が見られるという意味になり、やや不自然。変化動詞（動作が開始し、ある期間継続して終結するといった展開や対象が変化することを表す動詞。例：「割れる」「開く」）の場合は「つつある」も「ている」も用いることができるが、「つつある」が変化の進行中を表すのに対し、「ている」は現在の状態を表す（例：「脱落者が {増えつつある／増えている}」）。

類義表現 「ている」「し続ける」

03 ざるをえない

意味 「Aざるをえない」で、①選択肢がAしかなく、不本意ではあるがAしなければならないという話し手の諦めの気持ちを表す。②不可抗力的にAという感情を持つことになることを表す。

例文
①子どもだからと甘く見ていたが、ここまでやられるとその力を認めざるをえない。
①手持ちの資金がなくなってしまっては、さすがに断念せざるをえない。
②憧れの大学に両方合格してうれしいが、どちらを選ぶか悩まざるをえない。
②彼女の頑張りを知っているから、自然と応援せざるをえない。

使い方 基本的には用法①になるが、感情・感覚に関する動詞を使うと用法②になることがある。用法①はネガティブであるが、用法②では、ポジティブな内容について使われることが多く、自身の感情・感覚を客観的に述べる用法となる（例：贅沢な悩み、応援したい気持ち）。

ポイント やや硬い表現であり、主に書き言葉で用いられる。用法①も②も「Aずにはいられない」と意味が近い。用法①の場合は、「ざるをえない」が話し手の不本意な気持ちを表すのに対し、「ずにはいられない」は話し手の抑えきれない気持ちを表す。「ざるをえない」はネガティブ、「ずにはいられない」はポジティブな感情を表す。用法②の場合は「ざるをえない」が人間なら誰でもそうなるだろうというような自身を客観的に見た感情を表すが、「ずにはいられない」は抑えられない個人的な感情を表す。用法②の場合は「ざるをえない」も「ずにはいられない」もポジティブな感情を表す。

類義表現 「Aなければならない」「Aないわけにはいかない」「Aを余儀なくされる」「Aずにはいられない」

04 ものだから

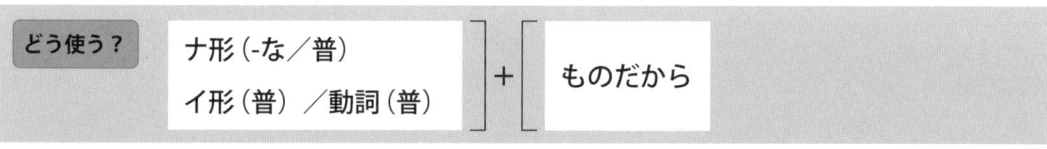

意味 「AものだからB」で、①Aを理由にしてBという自分の行動を正当化する。②Aという驚きや意外さを含む他者が起こした事態によりBが起きる。

例文
①いつも使わない道で来たものだから、到着が遅くなってしまった。
①あまりにこの店のラーメンがおいしいものだから、つい何度も通ってしまう。
②不正を働いたのに理事長が辞任しないものだから、社員の怒りは最高潮に達した。
②彼があまりにも不真面目なものだから、周囲の人から見放されてしまった。

使い方
Aが自分や自分のウチの人間の行動であれば用法①、第三者の行動であれば用法②になる。用法①でも②でも、「～てしまう」と共に使われることが多く、逆に「～だろう／～かもしれない／～にちがいない」といった推量を表す表現とは一緒に使いにくい。

ポイント
やや硬い表現であり、主に書き言葉で用いられる。話し言葉では「AものでB」という形になり、さらに「AもんでB」の形になると話し言葉としてもかなりくだけた印象となる。用法①では、自分の行動の理由を述べるが、個人的な理由で言い訳がましい印象を与えることが多い。用法②では、Aで表される第三者の行動に対して「驚き、意外さ、あきれ」など否定的な感情を表す。したがって、Bの結果が起こってもしかたがない／当然だという評価を与えることとなる。

類義表現
「AだからB」

05　ものだ／ことだ

どう使う？　ナ形(-な)／イ形(-い)／動詞(-る・-た・-ない・普) ＋ ものだ／ことだ

意味
「ものだ」には、①動詞(-る・-ない)に接続し、本質や理想を表す用法、②動詞(-た)に接続し、昔のことを懐かしく回想することを表す用法、③動詞(普)、イ形(-い)、ナ(-な)に接続し、感嘆を表す用法、④ナ形(-な)、イ形(-い)、動詞(普)に接続し、解説を表す用法がある。「ことだ」には、⑤動詞(-る・-ない)に接続し、問題解決のために最も重要な行為を表す用法、⑥イ形(-い)、ナ形(-な)に接続し、感嘆を表す用法がある。

例文
①子どもというのは様々な失敗をしながら学んでいくものだ。
②学生時代によくこの喫茶店でコーヒーを飲んだものだ。
③家にいながら買い物ができるなんて、世の中便利になったものだ。
④副業・兼業に関する制度が政府によって発表された。働き方が多様化したことから設けられたものだとされる。
⑤日本語の上達を望むのであれば、とにかく日本語を使う機会を増やすことだ。
⑥外出を控えている人が多い中で、当ホテルにお越しいただけるのは大変ありがたいことです。

使い方
「ものだ」も「ことだ」も、形式名詞「もの／こと」に基づく表現。「もの」は静的で安定していることから、理想的な状態や本来あるべき行為を表現することに用いられる。一方で「こと」は動的であることから、行動を促す表現に用いられる。

ポイント
やや硬い表現であり、主に書き言葉で用いられる。「ものだ」の用法は多岐にわたるが、最も基本的な用法①は「AはBものだ」でAの理想的な状態や本来行うべき行為を表現する。判断基準として、社会通念や常識を根拠とするが、基本的には個人の価値観に基づくため、他人への強制となり押しつけがましい印象を与えることがある。用法②は動詞のタ形に接続する。「ものだ」の用法③は、「ことだ」の用法⑥と置き換えることが可能な場合もあるが、「ことだ」のほうが古めかしい言い方で使

Lesson 8

われにくい（例：思えば遠くまで来た {○ものだ／?ことだ}）。ただし、例文⑥のように感情形容詞に付く場合は「ものだ」に置き換えられない。用法④は新聞など報道文で用いられる。用法⑤は問題解決のために最も重要な行為を表すが、突き放したやや冷たい言い方と取られることもある。

類義表現　「べきだ」「たほうがいい」「といい」「ばいい」「たらいい」

06　限定を表す取り立て助詞〈だけ・しか・ばかり・こそ・だけしか〉

どう使う？　A　だけ／しか／ばかり／こそ／だけしか　B

共通点　限定を表す表現「だけ・しか・ばかり・こそ・だけしか」は、複数のものや事柄のうちから、ある一つに限定するときに使う。

例文
- 多くの生徒の中で彼 {○だけ／×しか／○ばかり／?こそ／×だけしか} がほめられる。
- 水 {×だけ／○しか／×ばかり／×こそ／○だけしか} 飲まなくても数日は生きられる。
- 彼 {○だけ／×しか／×ばかり／○こそ／×だけしか} が私たちのチームの味方だ。

使い方　限定を表す表現「だけ／しか／ばかり／こそ／だけしか」は、複数のものや事柄のうちから、ある一つに限定するときに使う。限定という点では、それぞれの表現に共通点はあるが、どこに表現のポイントがあるかによって使い分けられる。

使い分け
◇「Aだけ」がAに限定することに表現のポイントがあるのに対し、「しか」は「～ない」に表現のポイントがある。「だけ」は自らの意思でAに限定し、「しか～ない」は「～以外はない」ということを否定的に表す。

　例　この畑ではジャガイモ {○だけ作る／○しか作らない}。

◇「だけ」は自らの意思の限定を表すため、一般的に自らの意思によって行う行為と言えないものには使いにくい。

　例　先月は忙しくて、平均すると4時間 {×だけ寝られた／○しか寝られなかった}。

◇「だけ」と「ばかり」は置き換え可能な場合もある。しかし、「Aだけ」はA以外が存在しないことに表現のポイントがあるのに対し、「Aばかり」はAが多いことに表現のポイントがある。下記の例だと「ゲーム以外は一切しない」ということは考えにくいため、「だけ」は使えない。

　例　彼はゲーム {×だけ／○ばかり} しているから成績が落ちた。

◇「だけしか」は「しか」の強調表現として位置づけられるが、ほぼ置き換え可能であると考えてよい。

　例　水 {○しか／○だけしか} 飲まなくても数日は生きられる。

◇「だけ」と「こそ」は、複数のものや事柄のうちから、ある一つに限定するときに使うという点では共通している。ただし、「Aだけ」はA以外が存在しないことに表現のポイントがあるのに対し、「Aこそ」はAを他のものよりも際立たせる点に表現のポイントがある。下記の例では「地球を救ってくれる英雄」を自称するものは数多くいるが、本物は「彼ら」だけだと際立たせる点に表現のポイントがある。逆に言えば、「地球を救ってくれる英雄」を自称する者が「彼ら」以外に一切存在しないというのは考えにくいため、「だけ」は使いにくい。

　例　彼ら {?だけ／○こそ} が地球を救ってくれる英雄だと言えるだろう。

問題

問1 下線部に入る言葉として最も適切なものをA〜Dの中から一つ選びなさい。

❶ 他人を説得する＿＿＿＿、データを用いて論理的に議論を進めるのが一番効果的だ。

　　A とみて　　　B としたら　　　C とはいえ　　　D とのこと

❷ 今年度、当社は春から夏にかけて注文数が伸びたが、秋口より低迷し、最終的には損失を出す＿＿＿＿。

　　A に通じた　　B に来た　　　C に至った　　　D に着いた

❸ 単なるSNSの書き込みだと思って無視していたら、収まる＿＿＿＿世間を賑わす社会問題に発展した。

　　A どころか　　B ばかり　　　C だけしか　　　D 以上は

❹ 短時間の休息は効率的に仕事を進める＿＿＿＿必須のものであり、多くの企業で推奨されている。

　　A こそ　　　　B ように　　　C すがら　　　D 上で

❺ 世界的な情報技術の革新によって高度通信情報社会への移行が急速に進行＿＿＿＿。

　　A しようとした　　　　　　B してならなかった
　　C しつつある　　　　　　　D しかけている

問2 下線部に入る表現として最も適切なものをA〜Dの中から選びなさい。

❶ いかに社長とはいえ、その独断専行は＿＿＿＿＿＿＿＿＿＿＿＿。

　　A 私たちが認めたようなものだった
　　B 私たちが認めるに至った
　　C 私たちには認めがたかった
　　D 私たちは認めざるをえなかった

---

① 問題文や選択肢の中で、知らなかった語や表現をメモしましょう。

❶

❷

❸

❹

❺

② 次の表現を使って文を作りましょう。

❶ に至る：

〜がたい：

❷ かくなる上は：

かのごとく：

ある意味では：

❸ からには：

ものの：

❹ ことなのである：

ものなのである：

❺ いったい何なのか：

見込みちがい：

いかにも：

❷ あれだけ重い飛行機が自在に空を飛べるというのは、＿＿＿＿＿＿＿＿＿＿。

　A かくなる上は不思議なことだと言える
　B そのようなことでは不思議なことだと言える
　C かのごとく不思議なことだと言える
　D ある意味では不思議なことだと言える

❸ ＿＿＿＿＿＿＿＿＿＿、満足できるレベルには程遠い内容になってしまった。

　A ようやく期日を迎えたからには
　B 何とか期日には間に合ったものの
　C 期日を考慮する必要がなかったため
　D 期日が十分にあったものだから

❹ 用語を定義するというのは、＿＿＿＿＿＿＿＿＿＿。
　A 概念を定義することなのである
　B 概念を定義しなければならない
　C 概念を定義するわけなのである
　D 概念を定義するべきである

❺ ＿＿＿＿＿＿＿＿＿＿。本研究ではこの点を考察する。
　A 言語の本質とはいったい何なのか
　B 言語の本質はよく知られている通りである
　C 言語の本質は見込みちがいだ
　D 言語の本質はいかにもありそうだ

| Ⅰ. 文字・語彙・コロケーション | Ⅱ. 文型・文法 | **Ⅲ. 類義表現** |

> ある出来事Aが別の出来事Bを引き起こすことを予測（よそく）する表現を「条件表現」と言います。日本語の条件表現の代表的なものとして、「と」「ば」「たら」「なら」の四つがあります。話し言葉では「たら」が最も使える範囲が広いですが、書き言葉、とりわけアカデミックな文章では「たら」はあまり使われません。なぜなら、「たら」の文は、「9時になったら始めてください」というように主節（しゅせつ）が命令や意志などを表す内容である場合が多いのですが、命令や意志のような表現は書き言葉では使われにくいからです。また、「たら」の文は「明日、晴れたら出かける」のように、一回的・個別的（こべつてき）な関係を表すので、普遍性（ふへんせい）や客観性（きゃっかんせい）が求められるアカデミックな文章にはそぐわないという理由もあります。アカデミックな文章では代わりに「と」が好まれます（例：数値を計算すると以下の結果となった）。

◉「〜と」「〜ば」「〜たら」「〜なら」

問1 ｛ ｝から適切なものを選びなさい。

❶ A：ただいま。
　B：おかえり。帰って｛来れば・来たら｝まず手を洗いなさい。

❷ A：大阪に行くんですけど、おすすめの食べ物は何ですか？
　B：そうですね。大阪に｛行くなら・行ったら｝、たこ焼きは外せません。

❸ A：なかなか来ませんね。どうしたんだろう。
　B：12時に｛なれば・なったら｝、諦（あきら）めて帰りましょう。

1 解説を読んで、問1の答えの理由を説明しましょう。

❶
❷
❸

> 話し言葉では「たら」が最も広い範囲で使用可能です。例えば、「今週休みが取れたらどこか行かない？」や「12時になったら乾杯しよう」などのように使うことができます。ただし、時間的前後関係がないときは「なら」を使います。例えば、「日本で働きたいなら、日本語をしっかりと身につけたほうがいい」は、「日本で働きたい」ことと「日本語を身につける」ことの間に必然的な前後関係がないため、「なら」が使われます。「なら」はアドバイスしたり、提案したりする文脈や場面で使われやすいです。

Lesson 8　213

② 解説を読んで問2の答えの理由を説明しましょう。

❶ ....

❷ ....

❸ ....

問2 ※の指示に従い、以下のレポート中の文を書き換えなさい。

❶ 組み合わせを変えると、新しい発見があった。

→ _____
※条件表現を含めた接続詞を用いて二つの文に分ける。

❷ 前提(ぜんてい)を明確にする。実験がはかどった。

→ _____
※二つの文を「と／ば／たら／なら」のいずれかでつなぐ。

❸ この条件がなかったら、すぐに解決するのに。

→ _____
※理由の「ため」を使って同じ意味の文にする。

● 「〜たら」に代わる表現 …………………………………

問3 下線部の「〜たら」をアカデミックな文章ではA,Bのどちらに書き換えるべきか答えなさい。

❶ その根拠(こんきょ)を明らかに<u>したら</u>、問題の解決に繋(つな)がる。

　　A することができれば　　　B することにしたなら

❷ 仮説(かせつ)に基づいて検証を<u>したら</u>、予想外の結果となった。

　　A してみたから　　　　　　B してみたところ

❸ 動物は自分とは別種の動物を<u>見たら</u>、防衛本能(ぼうえいほんのう)が働く。

　　A 目にすると　　　　　　　B 目にするなら

③ 解説を読んで問3の答えの理由を説明しましょう。

❶ ....

❷ ....

❸ ....

> 💡 レポートをはじめとするアカデミックな文章では、普遍(ふへん)性や客観(きゃっかん)性が求められるので、「たら」は使わないほうがいいとされます。なぜなら、「たら」は、表現として話し言葉的であるだけでなく、時間的前後関係のある一回的・個別(こべつ)的な関係を表している（例：明日、晴れたら出かける）ため、客観(きゃっかん)的ではないという印象を与えてしまうからです。

参考文献

＜辞書・文法書＞

庵功雄・高梨信乃・中西久実子・山田敏弘［著］白川博之［監修］（2000）『初級を教える人のための日本語文法ハンドブック』スリーエーネットワーク

庵功雄・高梨信乃・中西久実子・山田敏弘［著］白川博之［監修］（2001）『中級を教える人のための日本語文法ハンドブック』スリーエーネットワーク

泉原省二（2007）『日本語類義表現使い分け辞典』研究社

市川保子［編著］（2010）『日本語誤用辞典』スリーエーネットワーク

岡本牧子・氏原庸子（2008）『くらべてわかる日本語表現文型辞典』Ｊリサーチ出版

北原保雄［編］（2010）『明鏡国語辞典 第二版』大修館書店

金田一春彦［監修］秋永一枝［編集］（2014）『新明解日本語アクセント辞典 第2版』三省堂

グループジャマシイ［著］（1998）『教師と学習者のための日本語文型辞典』くろしお出版

小松寿雄・鈴木英夫［編］（2011）『新明解 語源辞典』三省堂

小学館著（2003）『日本国語大辞典 第2版』小学館

友松悦子・宮本淳・和栗雅子（2007）『どんなときどう使う日本語表現文型辞典』アルク

日本語教育学会［編集］（2005）『新版日本語教育辞典』大修館書店

日本語文法学会［編集］（2014）『日本語文法辞典』大修館書店

前田富祺［監修］（2005）『日本語源大辞典』小学館

増井金典（2012）『日本語源広辞典』（増補版）ミネルヴァ書房

村石利夫（1981）『日本語源辞典』日本文芸社

目黒真実［監修］アスク出版編集部［著］（2008）『"生きた"例文で学ぶ 日本語表現文型辞典』アスク

森田良行（1989）『基礎日本語辞典』角川書店

山田忠雄・柴田武・酒井憲二・倉持保男・山田明雄・上野善道・井島正博・笹原宏之［編集］（2011）『新明解国語辞典 第七版』三省堂

『goo 辞書』<https://dictionary.goo.ne.jp/>

『weblio 辞書』<https://www.weblio.jp/>

＜学術書・教科書＞

庵功雄（2017）『一歩進んだ日本語文法の教え方1』くろしお出版

庵功雄（2018）『一歩進んだ日本語文法の教え方2』くろしお出版

庵功雄（2019）『日本語指示表現の文脈指示用法の研究』ひつじ書房

石黒圭（2008）『文章は接続詞で決まる』光文社新書

三枝令子・中西久実子（2003）『日本語文法演習 話し手の気持ちを表す表現 ―モダリティ・終助詞 上級―』スリーエーネットワーク

田中祐輔［編著］川端祐一郎・肖輝・張玥［著］（2019）『上級日本語教材 日本がわかる、日本語がわかる ―ベストセラーの書評エッセイ24―』凡人社

田中祐輔［編著］川端祐一郎・牛窪隆太・陳秀茵・張玥・庵功雄・前田直子［著］（2022）『日本語で考えたくなる科学の問い〈上〉〔文化と社会篇〕』凡人社

名柄迪［編］横林宙世・下村彰子［著］（1988）『外国人のための日本語例文・問題シリーズ6 接続の表現』荒竹出版

前田直子（2006）『「ように」の意味・用法』笠間書院

前田直子（2009）『日本語の複文』くろしお出版

<論文>

庵功雄（1999）「ア系統指示詞の用法に関する一考察」『現代日本語研究』6, 100-114, 大阪大学文学部現代日本語学講座

庵功雄（2009）「推量の『でしょう』に関する一考察 —日本語教育文法の視点から—」『日本語教育』142, 58-68, 日本語教育学会

庵功雄（2016）「『は』と『が』の新しい捉え方についての一考察 —『は』と『が』はこんなに簡単だった！—」『一橋日本語教育研究』6, 1-10, ココ出版

柏崎雅世（2005）「『について』『に関して』—『に対して』を視野に入れながら—」『東京外国語大学留学生日本語教育センター論集』31, 1-16, 東京外国語大学留学生日本語教育センター

田中寛（2018）「『とあって』と『にあって』の意味と用法 —『ある』の後置詞化と状況の指示的特性—」『語学教育研究論叢』35, 1-24, 大東文化大学語学教育研究所

田中祐輔・川端祐一郎（2018）「戦後の日本語教科書における掲載語彙選択の傾向とその要因に関する基礎的定量分析」『日本語教育』170, 78-91, 日本語教育学会

田中祐輔（2018）「第五章 語彙に着目した日本語教科書作成プロセスの歩み」山内博之［監修］岩田一成［編］『現場に役立つ日本語教育研究6 語から始まる教材作り』59-73, くろしお出版

陳秀茵（2018）「話し言葉コーパスにおける『ことになる』の使用実態について」『計量国語学』31(5), 323-337, 計量国語学会

陳秀茵（2021）「ハズダの意味用法と使用実態について」『国文論叢』58, 143-162, 神戸大学文学部国語国文学会

蔦原伊都子（1984）「〜について」『日本語学 特集・複合辞 —文法上の諸問題（現代語法）—』3巻10号, 73-80, 明治書院

坪根由香里（1996）「終助詞・接続助詞としての『もの』の意味 —『もの』『ものなら』『ものの』『ものを』—」『日本語教育』91, 37-48, 日本語教育学会

野田春美（2014）「『はずがない』と『わけがない』—異なりの小さい類義表現のコーパス調査による分析—」『人文学部紀要』34, 29-41, 神戸学院大学人文学部

花薗悟（2004）「『Nを通して』と『Nを通じて』」『東京外国語大学留学生日本語教育センター論集』30, 17-31, 東京外国語大学留学生日本語教育センター

前田直子（2005）「現代日本語における接続助詞『し』の意味・用法 —並列と理由の関係を中心に—」『人文』4, 131-144, 学習院大学

<資料・データ>

国立国語研究所『現代日本語書き言葉均衡コーパス コーパス検索アプリケーション「中納言」』（Version1.1）<https://chunagon.ninjal.ac.jp/bccwj-nt/search>

国際交流基金・財団法人日本国際教育協会［編］（2002）『日本語能力試験出題基準【改訂版】』凡人社

国立国語研究所・Lago言語研究所「NINJAL-LWP for BCCWJ」<https://nlb.ninjal.ac.jp/>

田中祐輔（2016a）『初級総合教科書から見た語彙シラバス公開データ（第2巻 ニーズを踏まえた語彙シラバス）』<http://www.9640.jp/genba/>

田中祐輔（2016b）『日本語教材目録データベース』<http://www.9640.jp/books_716/>

田中祐輔（2018）オーラルヒストリー映像アーカイブ『日本語教育100年史』<https://oralhistory-jle.com/archive/>

松下達彦（2011）「日本語学術共通語彙リスト Version1.01」<http://www17408ui.sakura.ne.jp/tatsum/list.html>（2020年5月3日閲覧）

語彙索引

Lesson＝語が解説されているレッスンの番号を示します。(例：L1 → Lesson1)
No.＝語が Lesson の中で解説される際の順番を示します。(例：05 → 05 番の解説)
◎＝ Lesson の中で詳しく解説されている語を示します。「◎」がついていないものは、関連語句（類義語・対義語・同義語・語源など）として解説されている語を示します。

	Lesson	No.		Lesson	No.
【あ】			多かれ少なかれ [おおかれすくなかれ]	L1	16◎
愛着(する) [あいちゃく]	L2	13◎	大幅 [おおはば]	L4	33◎
アウトライン [あうとらいん]	L8	24	大らか [おおらか]	L2	12
挙げる [あげる]	L3	5◎	興る [おこる]	L6	13◎
欺く [あざむく]	L5	10◎	惜しみない [おしみない]	L7	19◎
あたかも [あたかも]	L6	16◎	お世辞にも [おせじにも]	L7	2
扱いやすい [あつかいやすい]	L1	49	貶める [おとしめる]	L3	21◎
アプローチ(する) [あぷろーち]	L6	10◎	思い [おもい]	L3	33
編み出す [あみだす]	L4	16	思い募る [おもいつのる]	L2	16
誤る [あやまる]	L2	23◎	思いのほか [おもいのほか]	L1	44◎
謝る [あやまる]	L2	23	慮る [おもんぱかる]	L1	4
アライアンス [あらいあんす]	L4	28	織り込む [おりこむ]	L3	26◎
抗う [あらがう]	L5	17◎	折り込む [おりこむ]	L3	26
あるいは [あるいは]	L4	17	オリジナル [おりじなる]	L8	2
安定 [あんてい]	L5	13			
異～ [い]	L2	10◎	【か】		
言い表す [いいあらわす]	L2	29	過～ [か]	L4	26◎
言い換える [いいかえる]	L2	29	改革 [かいかく]	L6	2
言い募る [いいつのる]	L2	16	階級 [かいきゅう]	L5	28◎
言い直す [いいなおす]	L2	29		L8	11
意外と [いがいと]	L1	44	開催(する) [かいさい]	L7	1◎
意外に [いがいに]	L1	44	回収 [かいしゅう]	L5	5
生垣 [いけがき]	L2	20	解除 [かいじょ]	L6	22
いざこざ [いざこざ]	L2	19	解消(する) [かいしょう]	L1	41◎
維持 [いじ]	L3	37	階層 [かいそう]	L5	28
萎縮(する) [いしゅく]	L4	21◎		L8	11
いずれにしても [いずれにしても]	L1	16	解体(する) [かいたい]	L1	39◎
	L1	45	開拓 [かいたく]	L5	2
いずれにせよ [いずれにせよ]	L1	45	概念 [がいねん]	L2	1◎
著しい [いちじるしい]	L5	14◎	概要 [がいよう]	L8	24
一部始終 [いちぶしじゅう]	L8	8	開発(する) [かいはつ]	L5	2◎
一様 [いちよう]	L2	8	外部 [がいぶ]	L4	10
一連 [いちれん]	L7	14◎	外面 [がいめん(そとづら)]	L6	19
一般的 [いっぱんてき]	L3	34	会話 [かいわ]	L3	15
一方 [いっぽう]	L2	21	顔色をうかがう [かおいろをうかがう]	L4	7
偽る [いつわる]	L5	10	顔馴染み [かおなじみ]	L3	12
糸口 [いとぐち]	L6	23	顔見知り [かおみしり]	L3	12◎
インデックス [いんでっくす]	L4	20	関わり [かかわり]	L3	27
写し取る [うつしとる]	L8	1◎	係わり [かかわり]	L3	27
促す [うながす]	L1	28◎	下記 [かき]	L8	17
鰻上り [うなぎのぼり]	L5	1	垣根 [かきね]	L2	20◎
生み出す [うみだす]	L4	1◎	拡散 [かくさん]	L4	22
産み出す [うみだす]	L4	1	確定(する) [かくてい]	L7	13◎
敬う [うやまう]	L1	13	獲得(する) [かくとく]	L1	7
裏付け [うらづけ]	L3	41	確立(する) [かくりつ]	L1	20◎
上辺を取り繕う [うわべをとりつくろう]	L1	9	下降 [かこう]	L1	5
上回る [うわまわる]	L6	34◎	仮説 [かせつ]	L1	23
運営 [うんえい]	L8	31	画像 [がぞう]	L1	29
雲散霧消 [うんさんむしょう]	L1	38		L8	25
運用(する) [うんよう]	L8	31◎	課題 [かだい]	L5	41
映像 [えいぞう]	L1	29	がつがつする [がつがつする]	L1	12
	L8	25◎	活気に溢れる [かっきにあふれる]	L2	37
円熟 [えんじゅく]	L3	7	合体 [がったい]	L1	39
援助 [えんじょ]	L5	31	がっつく [がっつく]	L1	12
遠征(する) [えんせい]	L7	9◎	活用 [かつよう]	L8	31
遠足 [えんそく]	L7	9	仮定 [かてい]	L7	23
往々にして [おうおうにして]	L7	8◎	過不足 [かふそく]	L4	26
横柄 [おうへい]	L5	16	簡潔 [かんけつ]	L6	17
横暴 [おうぼう]	L5	16◎	寛大 [かんだい]	L2	12

語彙索引 217

		Lesson	No.			Lesson	No.
観点 [かんてん]		L7	16	結合（する） [けつごう]		L4	8◎
観念 [かんねん]		L2	1			L8	22
関与（する） [かんよ]		L5	30◎	結実 [けつじつ]		L4	19
寛容 [かんよう]		L2	12◎	原因 [げんいん]		L2	35
関連 [かんれん]		L5	30	厳格 [げんかく]		L2	12
気兼ね（する） [きがね]		L4	7◎			L2	26
起源 [きげん]		L5	22◎	言及（する） [げんきゅう]		L7	12◎
機構 [きこう]		L6	21◎	謙虚 [けんきょ]		L5	16
記載 [きさい]		L7	27	健康 [けんこう]		L4	27
疑似的 [ぎじてき]		L4	18◎	顕在的 [けんざいてき]		L1	31◎
記述（する） [きじゅつ]		L7	27	現実的 [げんじつてき]		L8	9
絆 [きずな]		L3	16	検証（する） [けんしょう]		L1	30◎
期待 [きたい]		L3	20	減少（する） [げんしょう]		L7	29◎
拮抗（する） [きっこう]		L2	28◎	現状 [げんじょう]		L7	3
詰問（する） [きつもん]		L1	15	健全 [けんぜん]		L4	27
規定（する） [きてい]		L3	31◎	原則 [げんそく]		L8	18◎
規程 [きてい]		L3	31	健闘 [けんとう]		L7	5
気取る [きどる]		L1	9◎	厳密 [げんみつ]		L2	26◎
希薄化 [きはくか]		L2	14◎	原理 [げんり]		L8	18
規模 [きぼ]		L2	24◎	行為 [こうい]		L3	22◎
客観 [きゃっかん]		L3	28◎	公開講座 [こうかいこうざ]		L6	5
客観視 [きゃっかんし]		L3	28	好況 [こうきょう]		L6	30
牛耳る [ぎゅうじる]		L5	20◎	後掲 [こうけい]		L3	4
急性 [きゅうせい]		L6	29	講座 [こうざ]		L6	5
急騰（する） [きゅうとう]		L5	1	公式 [こうしき]		L3	6
急落 [きゅうらく]		L5	1	後述 [こうじゅつ]		L4	14
給料 [きゅうりょう]		L5	34	向上（する） [こうじょう]		L4	11◎
強 [きょう]		L2	25	恒常的 [こうじょうてき]		L6	29
共感（する） [きょうかん]		L1	11◎	後進 [こうしん]		L4	3
協業（する） [きょうぎょう]		L4	28◎	構想 [こうそう]		L7	20◎
強硬 [きょうこう]		L4	2	構築（する） [こうちく]		L3	38◎
行政 [ぎょうせい]		L2	5◎	公的 [こうてき]		L3	6◎
共通 [きょうつう]		L7	7	高騰 [こうとう]		L5	1
業務 [ぎょうむ]		L6	32◎	行動 [こうどう]		L3	22
共有（する） [きょうゆう]		L3	8◎	巧妙 [こうみょう]		L5	7◎
極限 [きょくげん]		L2	30	功名 [こうみょう]		L5	7
		L3	29	高揚（する） [こうよう]		L7	15◎
極端 [きょくたん]		L3	29◎	効率 [こうりつ]		L4	9◎
極度 [きょくど]		L3	29	興隆 [こうりゅう]		L6	13
虚構 [きょこう]		L8	3◎	超える [こえる]		L6	34
御しがたい [ぎょしがたい]		L1	49	酷似 [こくじ]		L8	26
御しやすい [ぎょしやすい]		L1	49◎	個々 [ここ]		L3	35
居住（する） [きょじゅう]		L7	21◎	試み [こころみ]		L4	12
居留 [きょりゅう]		L7	21	個人的 [こじんてき]		L3	6
キリがない [きりがない]		L8	5◎	超す [こす]		L6	34
規律 [きりつ]		L3	31	コスト [こすと]		L4	31
切り離す [きりはなす]		L8	23◎	ごたごた [ごたごた]		L2	19
切り放す [きりはなす]		L8	23	誇張 [こちょう]		L8	12
極めて [きわめて]		L2	30◎	殊に [ことに]		L7	32
近年 [きんねん]		L1	1◎	好ましい [このましい]		L2	17
空間 [くうかん]		L3	2◎	小幅 [こはば]		L4	33
偶像崇拝 [ぐうぞうすうはい]		L5	23	コピー [こぴー]		L8	1
くびれる [くびれる]		L8	14◎	鼓舞（する） [こぶ]		L7	17◎
組み合わせる [くみあわせる]		L5	9◎	個別 [こべつ]		L3	35◎
汲む [くむ]		L1	4◎	個別的 [こべつてき]		L3	35
繰り返し繰り返し [くりかえしくりかえし]		L1	42	ご褒美 [ごほうび]		L5	34
繰り返す [くりかえす]		L1	42	ごまかす [ごまかす]		L5	10
繰り広げる [くりひろげる]		L3	13◎	根拠 [こんきょ]		L3	41◎
君臨（する） [くんりん]		L5	20	根源 [こんげん]		L5	22
群を抜く [ぐんをぬく]		L2	31	今後 [こんご]		L1	48
〜系 [けい]		L1	14◎	コンタクト [こんたくと]		L2	11
計画 [けいかく]		L7	20	コントラスト [こんとらすと]		L8	20◎
傾向 [けいこう]		L6	4	コントロール [こんとろーる]		L3	24
形式 [けいしき]		L8	15				
形成（する） [けいせい]		L1	20	**【さ】**			
		L3	11◎	際限がない [さいげんがない]		L8	5
経費 [けいひ]		L4	31	最古 [さいこ]		L5	45
激励 [げきれい]		L7	17	最小 [さいしょう]		L1	26◎
ケチを付ける [けちをつける]		L7	30◎			L2	33

		Lesson	No.			Lesson	No.
最新	[さいしん]	L5	45◎	充実(する)	[じゅうじつ]	L2	4◎
際する	[さいする]	L4	29◎	収集(する)	[しゅうしゅう]	L5	5◎
催促	[さいそく]	L1	28	収拾	[しゅうしゅう]	L5	5
最大	[さいだい]	L1	26	収縮	[しゅうしゅく]	L4	21
		L2	33◎	収束	[しゅうそく]	L4	22
逆らう	[さからう]	L5	17	執着	[しゅうちゃく]	L2	13
先駆け	[さきがけ]	L5	3◎	柔軟	[じゅうなん]	L4	2◎
蔑む	[さげすむ]	L1	13◎	柔軟さ	[じゅうなんさ]	L4	2
昨今	[さっこん]	L1	1	十分	[じゅうぶん]	L2	4
早速	[さっそく]	L5	27	充分	[じゅうぶん]	L2	4
さながら	[さながら]	L6	16	従来	[じゅうらい]	L1	48◎
妨げる	[さまたげる]	L1	28	収斂(する)	[しゅうれん]	L4	22
参照(する)	[さんしょう]	L7	10◎	主観	[しゅかん]	L3	28
斬新	[ざんしん]	L5	45	縮小	[しゅくしょう]	L7	29
賛美	[さんび]	L5	38	出現(する)	[しゅつげん]	L5	25◎
視〜	[し]	L7	4◎	主導(する)	[しゅどう]	L4	32◎
〜視	[し]	L7	4	取得	[しゅとく]	L1	7
シェア	[しぇあ]	L3	8	手法	[しゅほう]	L4	23◎
ジェネレーションギャップ	[じぇねれーしょんぎゃっぷ]					L4	15
		L4	4	瞬間	[しゅんかん]	L1	22
支援(する)	[しえん]	L1	6	順序	[じゅんじょ]	L3	10
		L5	31◎	順応	[じゅんのう]	L2	39
自覚(する)	[じかく]	L8	30◎	順番	[じゅんばん]	L3	10
じきに	[じきに]	L5	27◎			L5	8
自己	[じこ]	L2	36	少〜	[しょう]	L2	32
事後	[じご]	L6	11	上記	[じょうき]	L8	17◎
思考(する)	[しこう]	L3	33◎	証拠	[しょうこ]	L3	41
仕事	[しごと]	L6	32	詳細	[しょうさい]	L8	8
仕込む	[しこむ]	L8	6			L8	24
視座	[しざ]	L7	16	称賛	[しょうさん]	L3	30
支持(する)	[しじ]	L1	6◎	賞賛	[しょうさん]	L3	30
事実	[じじつ]	L7	18	上述(する)	[じょうじゅつ]	L6	35◎
		L8	3	上昇(する)	[じょうしょう]	L1	5◎
自身	[じしん]	L1	18	少数	[しょうすう]	L2	6
事前	[じぜん]	L6	11◎			L6	27◎
自体	[じたい]	L1	18	小数	[しょうすう]	L6	27
事態	[じたい]	L1	18	承認	[しょうにん]	L6	6
従う	[したがう]	L5	17	消滅(する)	[しょうめつ]	L1	38◎
親しみがわく	[したしみがわく]	L1	25			L5	25
親しみを覚える	[したしみをおぼえる]	L1	25◎	正面	[しょうめん]	L5	40
仕立て上げる	[したてあげる]	L8	6◎	小量(少量)	[しょうりょう]	L6	7
下回る	[したまわる]	L6	34	初期	[しょき]	L5	19◎
実験	[じっけん]	L1	23	職務	[しょくむ]	L6	32
実行	[じっこう]	L4	24	所属(する)	[しょぞく]	L1	24◎
実際	[じっさい]	L8	15	庶民	[しょみん]	L5	21
実施	[じっし]	L7	1	進化(する)	[しんか]	L2	38◎
実質	[じっしつ]	L3	46	深化	[しんか]	L7	22
		L8	15◎	真摯	[しんし]	L3	23
実証	[じっしょう]	L1	30◎	真実	[しんじつ]	L8	3
実情	[じつじょう]	L7	3	進展(する)	[しんてん]	L1	19◎
実状	[じつじょう]	L7	3	シンパシー	[しんぱしー]	L1	11
実践(する)	[じっせん]	L1	21	進歩	[しんぽ]	L2	38
		L4	24◎			L4	11
実態	[じったい]	L7	18◎	親密	[しんみつ]	L8	13
実体	[じったい]	L7	18	推察	[すいさつ]	L3	40
指摘(する)	[してき]	L1	8◎	推進(する)	[すいしん]	L1	28
私的	[してき]	L3	6			L7	24◎
視点	[してん]	L7	16◎	推測(する)	[すいそく]	L3	40◎
時点	[じてん]	L1	22◎	数字	[すうじ]	L3	36
指標	[しひょう]	L4	20◎	数値	[すうち]	L3	36◎
司法	[しほう]	L2	5	崇拝(する)	[すうはい]	L5	23◎
市民講座	[しみんこうざ]	L6	5	すぐに	[すぐに]	L5	27
弱／〜弱	[じゃく]	L2	25◎	スケール	[すけーる]	L2	24
写実的	[しゃじつてき]	L8	9◎	スケッチ(する)	[すけっち]	L8	33◎
若干	[じゃっかん]	L3	25◎	杜撰	[ずさん]	L2	26
弱冠	[じゃっかん]	L3	25	廃れる	[すたれる]	L6	12◎
収益	[しゅうえき]	L4	30◎	ずば抜けて	[ずばぬけて]	L2	31◎
終焉	[しゅうえん]	L5	22	スペース	[すぺーす]	L3	2
住居	[じゅうきょ]	L7	21	スランプ	[すらんぷ]	L5	35

語彙索引

語彙	Lesson	No.
成果 [せいか]	L4	19◎
正規 [せいき]	L5	33◎
制御 [せいぎょ]	L3	24
制限 [せいげん]	L2	34
政策 [せいさく]	L1	3◎
制止 [せいし]	L2	34
正式 [せいしき]	L3	6
誠実 [せいじつ]	L3	23◎
成熟（する）[せいじゅく]	L3	7◎
生成 [せいせい]	L3	11
制約（する）[せいやく]	L2	34◎
世代 [せだい]	L4	4◎
世代交代 [せだいこうたい]	L4	4
接触（する）[せっしょく]	L2	11◎
接する [せっする]	L2	11
設定（する）[せってい]	L1	46
	L6	22◎
先駆 [せんく]	L4	3
	L5	3
前掲（する）[ぜんけい]	L3	4◎
前掲書 [ぜんけいしょ]	L3	4
潜在（的）[せんざい（てき）]	L1	31
先述 [せんじゅつ]	L4	14
	L6	35
前述（する）[ぜんじゅつ]	L4	14
	L6	35
先進 [せんしん]	L4	3◎
善戦（する）[ぜんせん]	L7	5◎
前提 [ぜんてい]	L1	47◎
先導 [せんどう]	L4	32
先入観 [せんにゅうかん]	L1	17
専有 [せんゆう]	L3	8
相応 [そうおう]	L7	6
増加 [ぞうか]	L7	29
総合（する）[そうごう]	L1	34◎
相似 [そうじ]	L8	26
創出 [そうしゅつ]	L4	1
創造（する）[そうぞう]	L1	36
	L2	18◎
想像 [そうぞう]	L2	18
想定（する）[そうてい]	L2	22◎
相当 [そうとう]	L4	33
促進（する）[そくしん]	L1	2◎
	L7	24
属する [ぞくする]	L1	24
側面 [そくめん]	L5	40◎
外面 [そとづら（がいめん）]	L6	19
背く [そむく]	L5	17
それとも [それとも]	L1	43
存外 [ぞんがい]	L1	44
【た】		
多〜 [た]	L2	32◎
対応 [たいおう]	L6	25
退化 [たいか]	L2	38
醍醐味 [だいごみ]	L7	31◎
対策 [たいさく]	L6	25
大衆 [たいしゅう]	L5	21◎
対処（する）[たいしょ]	L6	25◎
対照 [たいしょう]	L8	20
題する [だいする]	L3	1◎
対談 [たいだん]	L3	15
滞留 [たいりゅう]	L1	41
大量 [たいりょう]	L6	7◎
多量 [たりょう]	L6	7
対話（する）[たいわ]	L3	15◎
高まる [たかまる]	L2	7◎
高める [たかめる]	L2	7
巧み [たくみ]	L5	7

語彙	Lesson	No.
他者 [たしゃ]	L2	36◎
多種多様 [たしゅたよう]	L2	8
多数 [たすう]	L2	6◎
	L6	7
	L6	27
タスク [たすく]	L5	41
断ち切る [たちきる]	L8	23
他人 [たにん]	L2	36
他方 [たほう]	L2	21◎
騙す [だます]	L5	10
多様 [たよう]	L2	8◎
弾圧 [だんあつ]	L5	26
段違いに [だんちがいに]	L2	31
担当 [たんとう]	L7	33
段取り [だんどり]	L5	8
蓄積（する）[ちくせき]	L2	3◎
知識 [ちしき]	L3	32
秩序 [ちつじょ]	L3	10◎
地点 [ちてん]	L1	22
ちやほやする [ちはほやする]	L6	9
中核的 [ちゅうかくてき]	L3	9◎
忠実 [ちゅうじつ]	L3	23
中心的 [ちゅうしんてき]	L3	9
調和（する）[ちょうわ]	L8	19◎
貯蓄 [ちょちく]	L2	3
陳述 [ちんじゅつ]	L4	6
追求（する）[ついきゅう]	L5	24◎
追究 [ついきゅう]	L5	24
追及 [ついきゅう]	L5	24
追跡 [ついせき]	L5	24
次いで [ついで]	L6	1
通過（する）[つうか]	L5	39
付き合い [つきあい]	L3	14
次ぐ [つぐ]	L6	1◎
継ぐ [つぐ]	L6	1
作り出す [つくりだす]	L1	36◎
繋がる [つながる]	L6	14
募る [つのる]	L2	16◎
強める [つよめる]	L3	17◎
提案 [ていあん]	L2	2
低下 [ていか]	L1	5
	L4	11
定義（する）[ていぎ]	L3	3◎
提言 [ていげん]	L2	2
提示（する）[ていじ]	L6	24◎
提出 [ていしゅつ]	L6	24
提唱（する）[ていしょう]	L2	2◎
定説 [ていせつ]	L1	23
停滞 [ていたい]	L1	19
	L5	35
ディテール [でぃてーる]	L8	8
手掛かり [てがかり]	L6	23◎
適応（する）[てきおう]	L2	39◎
適度 [てきど]	L3	29
敵に回す [てきにまわす]	L1	10◎
手順 [てじゅん]	L5	8◎
デッサン [でっさん]	L8	33
デフォルメ [でふぉるめ]	L8	10
手短 [てみじか]	L6	17
手分け（する）[てわけ]	L8	29
展開 [てんかい]	L3	13
転回 [てんかい]	L5	32
転写 [てんしゃ]	L8	1
転じる [てんじる]	L5	32◎
転ずる [てんずる]	L5	32
伝達（する）[でんたつ]	L3	18◎
同〜 [どう]	L2	10
統合 [とうごう]	L1	34
動向 [どうこう]	L6	4◎

		Lesson	No.			Lesson	No.
当事	[とうじ]	L6	26◎	バックグラウンド	[ばっくぐらうんど]	L8	21
当時	[とうじ]	L6	26	発言（する）	[はつげん]	L4	6◎
踏襲	[とうしゅう]	L6	2	発現	[はつげん]	L5	25
当初	[とうしょ]	L5	36◎	発語	[はつご]	L4	6
		L5	19	発祥	[はっしょう]	L3	44
独自	[どくじ]	L7	7	発生（する）	[はっせい]	L5	43◎
		L8	2◎	発展	[はってん]	L1	19
特質	[とくしつ]	L5	4	発揚	[はつよう]	L7	15
特性	[とくせい]	L5	4◎	甚だしい	[はなはだしい]	L5	14
特徴	[とくちょう]	L5	4	歯向かう	[はむかう]	L5	17
独特	[どくとく]	L8	2	流行り廃り	[はやりすたり]	L6	12
特に	[とくに]	L7	32	反感	[はんかん]	L1	11
特有	[とくゆう]	L7	7◎	半数	[はんすう]	L4	13◎
遂げる	[とげる]	L5	42◎	判定（する）	[はんてい]	L6	18◎
土台	[どだい]	L3	45◎	反応（する）	[はんのう]	L2	9◎
土台からして	[どだいからして]	L3	45	反比例	[はんぴれい]	L7	11
突進	[とっしん]	L6	31	反復	[はんぷく]	L1	42
どっちみち	[どっちみち]	L1	45	汎用性	[はんようせい]	L6	15
突入（する）	[とつにゅう]	L6	31	汎用的	[はんようてき]	L6	15◎
どのみち	[どのみち]	L1	45◎	被～	[ひ]	L1	35◎
乏しい	[とぼしい]	L5	12◎	引き起こす	[ひきおこす]	L1	27◎
乏しげ	[とぼしげ]	L5	12	引き締まる	[ひきしまる]	L8	14
乏しさ	[とぼしさ]	L5	12	引きも切らず	[ひきもきらず]	L4	5
とめどなく	[とめどなく]	L4	5◎	非効率	[ひこうりつ]	L4	9
共稼ぎ	[ともかせぎ]	L4	28	美術	[びじゅつ]	L8	32◎
共働き	[ともばたらき]	L4	28	非正規	[ひせいき]	L5	33
捉える	[とらえる]	L3	43◎	必要	[ひつよう]	L5	6
捕らえる	[とらえる]	L3	43	人見知り	[ひとみしり]	L3	12
トラブル	[とらぶる]	L2	19	ひねり出す	[ひねりだす]	L4	16◎
取り合わせる	[とりあわせる]	L5	9	批判	[ひはん]	L1	8
取り組み	[とりくみ]	L4	12◎	費用	[ひよう]	L4	30
取り憑く	[とりつく]	L4	25◎	表示（する）	[ひょうじ]	L1	32◎
取り外す	[とりはずす]	L8	23	標示	[ひょうじ]	L1	32
とりわけ	[とりわけ]	L7	32	評定	[ひょうてい]	L6	18
				表裏	[ひょうり]	L7	28
【な】				ひょっとすると	[ひょっとすると]	L1	40◎
内外	[ないがい]	L7	28◎	比率	[ひりつ]	L2	27◎
ないし	[ないし]	L4	17	比例（する）	[ひれい]	L7	11◎
内部	[ないぶ]	L4	10	不安にかられる	[ふあんにかられる]	L5	37
内面	[ないめん]	L4	10	不安に苛まれる	[ふあんにさいなまれる]	L5	37◎
		L6	19◎	フィクション	[ふぃくしょん]	L8	3
投げかける	[なげかける]	L6	8◎	不快	[ふかい]	L2	15◎
成し遂げる	[なしとげる]	L6	42	深める	[ふかめる]	L7	22
馴染み	[なじみ]	L8	7	不況	[ふきょう]	L6	30
馴染みがない	[なじみがない]	L8	7	複合（する）	[ふくごう]	L5	15◎
馴染む	[なじむ]	L8	7	複写	[ふくしゃ]	L8	1
なじる	[なじる]	L1	15◎	不景気	[ふけいき]	L6	30
難癖を付ける	[なんくせをつける]	L7	30	不健全	[ふけんぜん]	L4	27
にじみ出る	[にじみでる]	L8	16	不誠実	[ふせいじつ]	L3	23
担う	[になう]	L7	33◎	付属	[ふぞく]	L1	24
認識（する）	[にんしき]	L3	32◎	普遍的	[ふへんてき]	L3	34◎
認定（する）	[にんてい]	L6	6◎	踏まえて	[ふまえて]	L1	47
捏造	[ねつぞう]	L8	6	踏まえる	[ふまえる]	L1	37◎
		L8	12	不愉快	[ふゆかい]	L2	15
濃厚	[のうこう]	L2	14	不要	[ふよう]	L5	6◎
濃密	[のうみつ]	L2	14	不要不急	[ふようふきゅう]	L6	30
能率	[のうりつ]	L4	9	プライオリティ	[ぷらいおりてぃ]	L5	29
望ましい	[のぞましい]	L2	17◎	プラン	[ぷらん]	L7	20
臨む	[のぞむ]	L4	29	降り募る	[ふりつのる]	L2	16
伸び悩む	[のびなやむ]	L5	35◎	プログラミング（する）	[ぷろぐらみんぐ]	L6	20◎
				プログラム	[ぷろぐらむ]	L6	20
【は】				プロフィール	[ぷろふぃーる]	L8	24
バイアス	[ばいあす]	L1	17◎	分解	[ぶんかい]	L1	39
背景	[はいけい]	L8	21◎			L8	22
配布	[はいふ]	L1	33	分割	[ぶんかつ]	L8	22
配分（する）	[はいぶん]	L1	33◎	分析	[ぶんせき]	L1	34
背面	[はいめん]	L5	40	分担（する）	[ぶんたん]	L8	29◎
育む	[はぐくむ]	L5	44	分配	[ぶんぱい]	L1	33
バック	[ばっく]	L8	21	分泌（する）	[ぶんぴつ]	L8	16◎

語彙索引　221

	Lesson	No.
分離 [ぶんり]	L4	8
分離（する）[ぶんり]	L8	22◎
経る [へる]	L5	39◎
変革（する）[へんかく]	L6	2◎
変遷 [へんせん]	L5	13
変動（する）[へんどう]	L5	13◎
方式 [ほうしき]	L4	15◎
報酬 [ほうしゅう]	L5	34◎
方針 [ほうしん]	L1	3
方法 [ほうほう]	L4	15
	L4	23
方面 [ほうめん]	L6	3
暴力的 [ぼうりょくてき]	L5	16
保護（する）[ほご]	L5	11◎
保護者 [ほごしゃ]	L5	11
補佐 [ほさ]	L6	33
保持（する）[ほじ]	L3	37◎
補助（する）[ほじょ]	L5	31
	L6	33◎
没頭 [ぼっとう]	L4	25
程近い [ほどちかい]	L6	28
程遠い [ほどとおい]	L6	28◎
骨組み [ほねぐみ]	L3	42
褒め称える [ほめたたえる]	L3	30◎
保有 [ほゆう]	L3	37
ポリシー [ぽりしー]	L1	3
本質 [ほんしつ]	L3	46◎
【ま】		
枚挙にいとまがない [まいきょにいとまがない]	L8	5
前もって [まえもって]	L6	11
まがい [まがい]	L4	18
または [または]	L1	43
間違える [まちがえる]	L2	23
末期 [まっき]	L5	19
末期 [まつご]	L5	19
マッチする [まっち]	L8	19
マニフェスト [まにふぇすと]	L1	3
まるで [まるで]	L4	16
慢性的 [まんせいてき]	L6	29◎
見合う [みあう]	L7	6◎
見栄を張る [みえをはる]	L1	9
未開 [みかい]	L5	2
見下す [みくだす]	L1	13
未熟 [みじゅく]	L3	7
導く [みちびく]	L3	39◎
密集 [みっしゅう]	L8	13
密接（する）[みっせつ]	L8	13◎
密閉 [みっぺい]	L8	13
未定 [みてい]	L7	13
見なす [みなす]	L7	23◎
ミニマムサイズ [みにまむさいず]	L1	26
ミニマムチャージ [みにまむちゃーじ]	L1	26
ミニマムライフ [みにまむらいふ]	L1	26
民衆 [みんしゅう]	L5	21
無 [む]	L3	19
向こうに回す [むこうにまわす]	L1	10
むさぼる [むさぼる]	L1	12◎
結びつく [むすびつく]	L8	27
結びつける [むすびつける]	L8	27◎
無用 [むよう]	L5	6
銘打つ [めいうつ]	L3	1
明示 [めいじ]	L1	24
明示的 [めいじてき]	L1	31
メカニズム [めかにずむ]	L6	21
設ける [もうける]	L1	46◎
目的 [もくてき]	L4	23
目標 [もくひょう]	L4	20
もしくは [もしくは]	L1	43◎

	Lesson	No.
模写 [もしゃ]	L8	1
モジュール [もじゅうる]	L8	28◎
持ち味 [もちあじ]	L7	31
もつれ込む [もつれこむ]	L7	26◎
もてはやす [もてはやす]	L6	9◎
基づく [もとづく]	L1	37
揉め事 [もめごと]	L2	19◎
問題 [もんだい]	L5	41
【や】		
養う [やしなう]	L5	44◎
やぶさかでない [やぶさかでない]	L7	19
やり遂げる [やりとげる]	L5	42
有〜 [ゆう]	L3	19◎
優位 [ゆうい]	L7	25
優位に立つ [ゆういにたつ]	L7	25
融合 [ゆうごう]	L4	8
優先（する）[ゆうせん]	L5	29◎
誘発 [ゆうはつ]	L1	27
優劣 [ゆうれつ]	L7	25
豊か [ゆたか]	L5	12
ユニット [ゆにっと]	L8	28
由来（する）[ゆらい]	L3	44◎
要因 [よういん]	L2	35◎
擁護 [ようご]	L5	11
要素 [ようそ]	L2	35
抑圧（する）[よくあつ]	L5	26◎
抑止 [よくし]	L7	24
抑制（する）[よくせい]	L1	2
	L3	24◎
	L7	17
予想（する）[よそう]	L2	22
	L3	20◎
予測 [よそく]	L3	20
余地 [よち]	L8	4◎
予定調和（的）[よていちょうわ（てき）]	L8	19
余白 [よはく]	L8	4
予防 [よぼう]	L6	25
世渡り [よわたり]	L3	14◎
弱める [よわめる]	L3	17
【ら】		
礼讃（する）[らいさん]	L5	38◎
来歴 [らいれき]	L3	44
リアル [りある]	L8	9
利益 [りえき]	L4	30
理想 [りそう]	L5	18
リップサービス [りっぷさーびす]	L7	2
立法 [りっぽう]	L2	5
理念 [りねん]	L5	18◎
領域 [りょういき]	L6	3◎
理論 [りろん]	L1	21
	L4	24
輪郭 [りんかく]	L8	24◎
類似（する）[るいじ]	L8	26◎
劣位 [れつい]	L7	25
連続 [れんぞく]	L7	14
連絡 [れんらく]	L3	18
論理 [ろんり]	L1	21
【わ】		
歪曲（する）[わいきょく]	L8	12◎
割合 [わりあい]	L2	27

文法索引

Lesson ＝各文法項目が解説されているレッスンの番号を示します。（例：L1 → Lesson1）
No. ＝各文法項目が Lesson の中で取り上げられ解説される際の順番を示します。（例：05 → 文法の 05 番で解説）
◎ ＝ Lesson の中で詳しく解説されている文法項目を示します。「◎」がついていないものは、類義表現として解説されている項目を示します。

	Lesson	No.		Lesson	No.
上で	L8	1◎	に	L4	1◎
うえに	L5	3◎	に限ったことではない	L7	1◎
および	L3	5◎	に限らず	L2	4◎
かえって	L3	6◎	に限らない	L2	4◎
がたい	L5	6◎	に関して	L7	1
かつ	L3	5◎	に際して	L4	5◎
かねる	L5	6◎	に先立って	L5	4◎
かもしれない	L8	4	にしたがい	L5	2
から	L2	1	にしては	L6	3◎
からして	L7	2◎	に堪える	L6	2
からすると	L7	2	に足る	L6	2
からすれば	L7	2	にちがいない	L8	4
逆説	L3	3	について	L4	5◎
逆説を表す表現	L2	6◎	につれて	L5	2
極限を表す取り立て助詞	L6	5◎	にともなって	L5	2◎
限定を表す取り立て助詞	L8	6◎	にはおよばない	L2	2◎
こそ	L8	6◎	にひきかえ	L7	5◎
事柄を始める局面を表す表現	L5	4◎	にもかかわらず	L1	3◎
ことだ	L8	5◎	に基づいて	L3	2
ことなく	L4	2	に対して	L7	5◎
ことなしに（は）	L4	2◎	ので	L2	1
ことに	L5	1◎	のではないか	L7	4◎
ことには	L5	1◎	のではないだろうか	L7	4
さえ	L6	5◎	のではない（だろう）かと思う	L7	4
さらに	L1	5◎	ばかり	L8	3◎
ざるをえない	L8	3◎	ばかりか	L4	4
しか	L8	6◎		L5	3◎
しかも	L1	5◎	はずがない	L1	4◎
ずにはいられない	L8	3	はずだった	L5	5◎
すら	L6	5◎	ばそれまでだ	L2	3◎
それに	L1	5◎	はもちろん	L4	4◎
対象・関連を表す表現	L4	5◎	はもとより	L4	4◎
だけ	L8	6◎	反事実的な意味を表す表現	L5	5◎
だけしか	L8	6◎	比較・対照を表す表現	L7	5
だけではない	L7	1	比較選択を表す副詞	L3	6◎
ただし	L6	4◎	否定を表す表現	L1	4◎
だろう	L8	4	並列を表す接続詞	L3	5◎
ちなみに	L6	4◎	べきだった	L5	5◎
つつ	L3	3◎	補足を表す接続詞	L6	4◎
つつある	L8	2◎	まで	L6	5◎
ていく	L8	1	までもない	L1	1◎
ている	L8	2	むしろ	L3	6◎
てから	L8	1	ものだ	L8	5◎
できないことを表す表現	L5	6◎	ものだから	L8	4◎
てしまう	L8	4	ものの	L2	6◎
添加を表す表現	L5	3◎	ものを	L2	6◎
とあって（は）	L2	1◎	予想・期待外れを表す表現	L6	3◎
とあってか	L2	1	累加を表す接続詞	L1	5◎
というか	L3	4◎	わけがない	L1	4◎
（という）ものではない	L7	3◎	わけにはいかない	L5	6◎
というわけではない	L7	3	わりに（は）	L6	3◎
といえども	L4	3◎	を介在して	L2	5
同時進行	L3	3	をかわきりに（して）	L6	1
どころか	L5	3◎	を機に	L6	1◎
とはいえ	L1	2◎	をきっかけに（して）	L6	1
とは限らない	L7	3	を契機にして	L6	1
ないほうがいい	L7	3	を経由して	L2	5
なお	L6	4◎	を通じて	L2	5◎
なら	L2	1	を通して	L2	5◎
ならびに	L3	5◎	を通って	L2	5
なんというか	L3	4	を問わず	L2	4
に値する	L6	2◎	をはじめ（として）	L3	1◎
にあたって	L5	4◎	をもとに（して）	L3	2◎
に（は）あたらない	L2	2			

文法索引 **223**

著者紹介

〔編著〕

田中 祐輔（たなか　ゆうすけ）　青山学院大学文学部　准教授

筑波大学日本語・日本文化学類卒業
早稲田大学大学院日本語教育研究科博士後期課程修了　博士（日本語教育学）
日本学術振興会特別研究員、中国復旦大学講師、早稲田大学国際学術院助手、東洋大学講師を経て現職。
東京大学、早稲田大学、一橋大学、東京外国語大学、などにおいて非常勤講師を歴任。
多文化共生・国際文化交流・日本語教育をテーマに、留学生への日本語教育、JSL 児童への日本語教育、日本語教材分析と開発、言語政策、日本語教育史、ビジネス日本語教育、日本文化の海外発信などを研究。
第 32 回大平正芳記念賞特別賞受賞。2017 年度・2023 年度早稲田大学ティーティングアワード総長賞受賞。2018 年度日本語教育学会奨励賞受賞。2019 年度・2021 年度博報堂教育財団研究助成優秀賞受賞。2020 年キッズデザイン協議会会長賞受賞。2020 年度東京大学オンライン授業等におけるグッドプラクティス総長表彰。2021 年 PARENTING AWARD ノミネート。2022 年度岩佐賞受賞。

［主な著書／論文］
『データ科学×日本語教育』(2021, ひつじ書房 , 共著)、『文字・語彙・文法を学ぶための実践練習ノート』(2021, 凡人社 , 共著)、『実践ビジネス日本語問題集［語彙・文法・読解］』(2021, 国際教育フォーラム , 共著)、『上級日本語教材　日本がわかる、日本語がわかる―ベストセラーの書評エッセイ 24―』(2019, 凡人社 , 編著)、『日本語教育への応用』(2018, 朝倉書店 , 共著)、『現代中国の日本語教育史』(2015, 国書刊行会 , 単著)、『日语阅读训练 通过流行语看日本』(2012, 外语教学与研究出版社 , 共著)、「『日本語教育』掲載論文の引用ネットワーク分析―日本語教育研究コミュニティの輪郭描写―」(『日本語教育』178, 2021, 共著)、「戦後の日本語教科書における掲載語彙選択の傾向とその要因に関する基礎的定量分析」(『日本語教育』170, 2018, 共著)

〔著〕

陳 秀茵（ちん　しゅういん）　東洋大学国際教育センター　講師

広東海洋大学外国語学部日本語学科卒業
神戸大学大学院人文学研究科博士後期課程修了　博士（学術）
日本経済大学専任講師を経て、現職。
専門は、現代日本語文法、日本語教育、日本語学、対照言語学。

［主な著書／論文］
『文字・語彙・文法を学ぶための実践練習ノート』(2021, 凡人社 , 共著)、『中国語話者に教える』(2020, webjapanese, 共著)、「ハズダの意味用法と使用実態について」(『国文論叢 鈴木義和先生ご退職記念』58, 2021, 単著)、「ベトナム人日本語学習者への漢字教育に関する研究の現状と課題―今後の研究の方向性と可能性―」(『東アジア日本学研究』3, 2020, 単著)、「話し言葉コーパスにおける「ことになる」の使用実態について」(『計量国語学』31-5, 2018, 単著)、「書き言葉におけるコトニナルの使用実態調査と分析―日本語教育への示唆―」(『日本語 / 日本語教育研究』9, 2018, 単著)、「話し言葉におけるワケダの使用実態調査と分析―日本語教育に向けて―」(『国文学研究ノート』57-1, 2018, 単著)、「平叙のノダの意味用法について―吉田（2000）への検討を通して―」(『日本语言文化研究』第五輯（下）, 2018, 単著)

牛窪 隆太（うしくぼ　りゅうた）　東洋大学国際教育センター　准教授

獨協大学外国語学部卒業
早稲田大学大学院日本語教育研究科博士後期課程修了　博士（日本語教育学）
Waseda Education (Thailand)・タイ早稲田日本語学校副主任講師、早稲田大学日本語教育研究センター助手、関西学院大学日本語教育センター日本語常勤講師・言語特別講師を経て、現職。
専門は、質的データ分析法、教師研究、実践研究。

［主な著書／論文］
『教師の主体性と日本語教育』(2021, ココ出版 , 単著)『文字・語彙・文法を学ぶための実践練習ノート』(2021, 凡人社 , 共著)、『市民性形成とことばの教育―母語・第二言語・外国語を超えて―』(2016, くろしお出版 , 共著)、『実践研究は何をめざすか』(2014, ココ出版 , 共著)、『日本語教育　学のデザイン』(2015, 凡人社 , 共著)、『日本語教育のための質的研究入門』(2015, ココ出版 , 共著)

森 篤嗣（もり　あつし）　武庫川女子大学教育学部　教授

兵庫教育大学学校教育学部卒業
大阪外国語大学言語社会研究科博士後期課程修了　博士（言語文化学）
専門は、日本語学、国語科教育、日本語教育。
2015年度日本語教育学会奨励賞受賞。2017年度独立行政法人日本学術振興会　科学研究費補助金第1段審査委員表彰。
[主な著書／論文]
『日本語の乱れか変化か―これまでの日本語、これからの日本語―』(2021, ひつじ書房 , 共編著)、『超基礎・日本語教育』(2019, くろしお出版 , 編著)、『コーパスで学ぶ日本語学　日本語教育への応用』(2018, 朝倉書店 , 編著)、『授業を変えるコトバとワザ』(2013, くろしお出版 , 単著)、『やさしい日本語は何を目指すか』(2013, ココ出版 , 共編著)

小口 悠紀子（こぐち　ゆきこ）　広島大学大学院　准教授

広島大学教育学部卒業
広島大学大学院教育学研究科博士課程後期修了　博士（教育学）
専門は、第二言語習得、日本語教育、タスクを用いた言語指導（TBLT）。
[主な著書／論文]
「上級日本語学習者の談話における「は」と「が」の知識と運用―未出か既出かによる使い分けに着目して―」(『日本語教育』166, 2017, 単著)、「大学の初級日本語クラスにおけるタスクベースの言語指導―マイクロ評価に基づく考察を中心に―」(『日本語教育』174, 2019, 単著)、『語から始まる教材づくり』(2018, くろしお出版 , 共著)、『超基礎・日本語教育』(2019, くろしお出版 , 共著)、『日本語教育へのいざない―「日本語を教える」ということ』(2019, 凡人社 , 共著)

張 玥（ちょう　ゆえ）　慶應義塾大学　非常勤講師

復旦大学中国言語文学学部卒業。同大学院修士課程修了。
東京大学大学院総合文化研究科言語情報科学専攻博士後期課程単位取得満期退学。公益財団法人東京財団政策研究所を経て、現在、慶應義塾大学、青山学院大学、東洋大学において非常勤講師。
専門は、中国音韻学、歴史言語学、社会言語学、中国語教育、日本語教育。
[主な著書／論文]
『文字・語彙・文法を学ぶための実践練習ノート』(2021, 凡人社 , 共著)、『上級日本語教材　日本がわかる、日本語がわかる―ベストセラーの書評エッセイ24―』(2019, 凡人社 , 共著)、「一八七四年刊『英字入門』に反映した上海語音」(『中国語学』268, 2021, 単著)、「欧文資料から見る20世紀前期上海語の音声・音韻的特徴」(『言語情報科学』15, 2017, 単著)

〔デザイン・装丁〕
松本和晃

〔イラスト〕
456

〔校正〕
田中千鶴子

〔協力〕（五十音順）
江東寧々・Gantumur Manaljav・Nguyen Van Luong・権芸静・曽博文・戴特印颯・福田亜美・町野千晴・万芷晴

表現するための
語彙文法練習ノート〈上〉
— 語 / コロケーション / 慣用句 / 表現文型 —

『日本語で考えたくなる科学の問い〔文化と社会篇〕』 準拠

2022年5月25日　初版第1刷
2023年4月25日　初版第2刷

編著者	田中祐輔
著　者	陳秀茵・牛窪隆太・森篤嗣・小口悠紀子・張玥
装　丁	松本和晃
発　行	株式会社 凡人社
	〒102-0093　東京都千代田区平河町1-3-13
	電話 03-3263-3959
印刷・製本	倉敷印刷株式会社

定価はカバーに表示してあります。乱丁本・落丁本はお取り換えいたします。
＊本書の一部あるいは全部について、著作者から文書による承諾を得ずに、いかなる方法においても無断で転載・複写・複製することは禁じられています。

ISBN 978-4-89358-996-5
©TANAKA Yusuke, CHEN Xiuyin, USHIKUBO Ryuta, MORI Atsushi, KOGUCHI Yukiko, ZHANG Yue
2022　Printed in Japan

日本語能力試験 N1対応

日本語で考えたくなる 科学の問い

「調べる・考える・伝える」ための 探究・活動型日本語教科書

上 ― 文化と社会篇 ―
下 ― 心と身体篇 ―

自然科学・社会科学・人文科学など、広範な学問領域にまたがるテーマを扱っており、分野の垣根を越えて学ぶことのできる構成と内容になっています。多彩なテーマについて、「調べ・考え・伝える」という三つの活動を通して、様々な視点から私たちが生きる複雑な世界を捉え、日本語で考え対話し、他者と協働する力を身につけることができます。

田中祐輔［編著］　川端祐一郎・牛窪隆太・陳秀茵・張玥・庵功雄・前田直子［著］

〈上：文化と社会篇〉
ISBN 978-4-89358-995-8
A5判　390頁　本文2色刷り
定価：3,960円（3,600円＋税）

Unit 1	コミュニティ
Unit 2	ビジネスとテクノロジー
Unit 3	スポーツと芸術

〈下：心と身体篇〉
ISBN 978-4-89358-997-2
A5判　428頁　本文2色刷り
定価：3,960円（3,600円＋税）

Unit 4	ことばの本質
Unit 5	生命と身体
Unit 6	心が持つバイアス

書き込み式　日本語能力試験 N1対応

表現するための 語彙文法練習ノート〈上〉〈下〉

― 語／コロケーション／慣用句／表現文型 ―

『日本語で考えたくなる科学の問い』準拠の語彙文法練習ノートです。「語・コロケーション・慣用句・表現文型」の観点から総計805項目（上巻407項目／下巻398項目）の用例や用法等に関する約31万字（上巻15万字／下巻16万字）に上る詳しい解説と、運用練習するための総計1,607の設問（上巻825問／下巻782問）が設けられています。表現するための語彙と文法に関する知識をさらに伸ばしたい方は是非、本書と併せてご活用ください。

〈上〉　田中祐輔［編著］　陳秀茵・牛窪隆太・森篤嗣・小口悠紀子・張玥［著］
　　　ISBN 978-4-89358-996-5　　B5判　240頁　　定価：1,980円（1,800円＋税）

〈下〉　田中祐輔［編著］　陳秀茵・牛窪隆太・森篤嗣・小西円・張玥［著］
　　　ISBN 978-4-89358-998-9　　B5判　248頁　　定価：1,980円（1,800円＋税）

■ 日本語能力試験 N1レベルの言語知識の定着とアカデミック・ジャパニーズの学習を手厚くサポート。
■ アカデミック場面における高度な日本語の理解力と運用力を高めるための語彙・文法解説と設問を豊富に掲載。
■ 独立した教材として使用することもできます。

書籍のお求め・
お問い合わせは…

〒102-0093　東京都千代田区平河町1-3-13
https://www.bonjinsha.com/

上級日本語教材

日本がわかる、日本語がわかる
ベストセラーの書評エッセイ 24

日本語能力試験 N1 対応

田中祐輔[編著] 川端祐一郎・肖輝・張玥[著]
ISBN 978-4-89358-955-2　B5判　240頁＋別冊32頁　本文2色刷り
定価：2,750円（2,500円＋税）

■ 21世紀最初の10年間に日本で広く読まれたベストセラー書籍15冊を取り上げ、これらの書籍に関する書評（本文・コラム計24本）を通じて日本語を学びます。

▼詳細はこちら

〈テーマ〉
- ユニット1　日本人と日本語
- ユニット2　日本人と地震
- ユニット3　日本人とビジネス
- ユニット4　日本人と文学
- ユニット5　日本人と哲学
- ユニット6　日本人と生活
- ユニット7　日本人と読書

〈レビューする書籍の一例〉
- 北原保雄（編著）『問題な日本語』
- 岩崎夏海『もし高校野球の女子マネージャーがドラッカーの「マネジメント」を読んだら』
- 村上春樹『1Q84』
- マイケル・サンデル『これからの「正義」の話をしよう──いまを生き延びるための哲学』
- 中野独人『電車男』

■ 日本の社会や文化の「今」を取り上げ、自ら考え、発信する力を育成します。
■ 日本語能力試験 N1 合格をめざした学習をサポートします。
■ 活動用ワークシート、補助教材がサポートページからダウンロードできます。

『日本がわかる、日本語がわかる』準拠
文字・語彙・文法を学ぶための
実践練習ノート

日本語能力試験 N1 対応

田中祐輔[編著]　牛窪隆太・陳秀茵・森篤嗣・小口悠紀子・張玥[著]
ISBN 978-4-89358-985-9　B5判　192頁＋別冊32頁
定価：1,650円（1,500円＋税）

▼詳細はこちら

■ 日本語能力試験 N1 に出題されやすい"計700の語彙と文法の説明"、その言語知識の運用力を高めるための"計660の設問"、そして、理解と定着を図るための"約10万字に上る詳しい解説"を掲載。
■ 一冊の独立した教材として使用することもできます。
■ 『上級日本語教材 日本がわかる、日本語がわかる ベストセラーの書評エッセイ 24』と併せて活用するとさらに効果的な学習ができます。

書籍のお求め・お問い合わせは…

〒102-0093　東京都千代田区平河町1-3-13
https://www.bonjinsha.com/

書き込み式 日本語能力試験 N1 対応

表現するための語彙文法練習ノート〈上〉
― 語 / コロケーション / 慣用句 / 表現文型 ―

解答と解説

Lesson 1 1
Lesson 2 4
Lesson 3 7
Lesson 4 11
Lesson 5 14
Lesson 6 18
Lesson 7 21
Lesson 8 25

Lesson 1

I. 文字・語彙・コロケーション

問1 ❶ A　❷ B　❸ C　❹ B　❺ B

> ① 漢字の読み方をひらがなで、ひらがなを漢字で書きましょう。
> ❶ 促す：うながす　進む：すすむ　❷ 配る：くばる　ふりわける：振り分ける
> ❹ せっちする：設置する　❺ 獲る：とる　得る：える

問2 ❶ B　❷ A　❸ A　❹ D　❺ D

> ② 次の語を含む複合動詞を考えて例文を作りましょう。
> ❶ 引き〜：引き締める；気持ちを引き締めて日本語能力試験に臨む。
> ❷ 〜出す：聞き出す；相手の本心を聞き出すためには相手の気持ちに寄り添うことが大切だ。
> ❸ 気〜：気づく；間違いに気づいたら、すぐに報告すべきだ。
> ❹ 〜合う：知り合う；知り合ったときのことは、今でもはっきり覚えている。
> ❺ 繰り〜：繰り越す；今年度の残額を、次年度に繰り越すことができる。

問3 ❶ 共感　❷ 指摘　❸ 仮説　❹ 進展
❺ 確立　❻ 共感を呼んだ　❼ 親しみを覚えた　❽ 敵に回して
❾ 火をつける　❿ 好意を抱き

> ③ 説明を読んで（　）の中に言葉を書き込みましょう。
> ✍ （味）を覚える：体験を通して、その物事のおもしろみがわかるようになる。
> ✍ （印象）を受ける：対象についてある感想やイメージを持つ。
> ✍ （計画）を立てる：物事を行うにあたって、方法や手順などをあらかじめ考える。
> ✍ （違和感）を覚える：周りのものとの関係が合わず、しっくりこないと感じる。

問4 ❶ D　❷ B　❸ D　❹ D　❺ D

> ④ 類義表現を調べましょう。
> ❶ 過去から今のある時点まで：従来、今まで、これまで
> ❷ よくない点や不満な点などを詰問する：なじる、責める、非難する
> ❹ 他人を自分より能力・価値の低いものと見なす：蔑む、軽蔑する、見下す
> ❺ どのような経過を経ても結局は必ずそうなる：どのみち、いずれにしても、どちらにしろ

問5 ❶ A

Bは「この店で二人で食事するには、**少なくとも**一万円の予算は必要だ。」、Cは「**多少**時間に遅れても大丈夫なので、来週の会合には、ぜひご参加ください。」、Dは「今の兄の給料では、もし買えたとしても、**せいぜい**中古の軽自動車ぐらいだろう。」、がそれぞれ適切な形です。

❷ A

Bは「パンダはネコ科に**属している**。」、Cは「その会社は一流の人材を**有している**。」、Dは「この建物は私の祖父が**所有している**。」、がそれぞれ適切な形です。

❸ D

Aは「地震が起きたときは、先生の**指示**に従って避難してください。」、Bは「試験会場に入る際には、受験票を**提示**する必要がある。」、Cは「食堂の案内板にはアルバイト情報の紙が**掲示**されている。」、がそれぞれ適切な形です。

❹ D

Aは「国連の報告書によると、動植物の25％の種が**絶滅**の危機にさらされているという。」、Bは「国会で審議されていた法案は、様々な問題が見つかり**廃案**となった。」、Cは「1か月かけて仕上げた論文のファイルを誤って**消去**してしまった。」、がそれぞれ適切な形です。

❺ C

Aは「早く起きなさい、**さもないと**遅刻するわよ。」、Bは「**あるいは**、彼が既にそのことを知っている可能性もある。」、Dは「行く？　**それとも**行かない？」（※疑問文であるため「もしくは」は不可）、がそれぞれ適切な形です。

| 問6 | ❶ 解体して　　❷ 解消される　　❸ もしくは　　❹ 生み出されて／生み出され　　❺ 思いのほか |

Ⅱ．文型・文法

| 問1 | ❶ B　　❷ A　　❸ C　　❹ A　　❺ C |

1 問題文や選択肢の中で、知らなかった語や表現をメモしましょう。
- ❶ までもない：程度が軽いので〜する必要がない。類義表現に「ことはない」「にはあたらない」「〜ほどのことではない」がある。
- ❷ とはいえ：〜ではあるが、その反面〜。類義表現に「といえども」「にもかかわらず」「ものの」などがある。
- ❸ ようになる：〜という状態・段階になる。類義表現に「ことになる」がある。
- ❹ すら：「こんなことも〜ない」と軽く見る気持ち。類義表現に「さえ」がある。
- ❺ とおりに：〜と同じに、〜のままに。類義表現に「ように」「〜に従い」「〜と同じ」がある。

| 問2 | ❶ B　　❷ A　　❸ D　　❹ A　　❺ A |

2 次の表現を使って文を作りましょう。
- ❶ つまり〜ことだ：今までの話によると、「〜という結論が言える」という意味。二つの表現を組み合わせて使われる場合が多い。また、「ことだ」が単独で使われる場合、「〜したほうがいい」「〜しなさい」の意味を表す。例えば、「もっと日本語が上手になりたければたくさん練習することだ」。

  (その他の表現)：
  人間の心はわからない**ものだ**。／これだけ毎日練習しているのだから、必ず結果は出る**はずだ**。／息子が書道教室に通って半年、やっと漢字が少しきれいに書ける**ようになった**。
- ❷ 一方で：〜という面もあるが、（それとは反対に）〜という面もあるという意味。二つの文をつなぐために使う接続詞的な用法。また、次のような文脈で使うこともできる。「いつでも協力するよと言う一方で、何か頼んだらすぐ断られる」。

〔その他の表現〕：
田中先生がいつも熱心に生徒指導をしているのに対して、鈴木先生は放任主義だ。／納豆は健康にとてもいいと言われる。ところが、実は嫌いな人が多いらしい。

❸ **からといって〜わけではない**：たとえ〜という理由があっても、全部〜とは言えない。「からといって」の文末には「〜とは限らない」「〜わけではない」「〜とはいえない」といった部分的に否定する表現が使われることが多い。

❹ **実は、〜のだ（んだ）**：相手が知らないことだが、打ち明けると納得できることを表す。「実は」は「のだ（んだ）」とよく共起して使われる。

〔その他の表現〕：
来月大学の近くに引っ越すことになった。／昔から語学が苦手だ。だから、十何年英語を勉強してもまったく話せないわけだ。

❺ **ですら**：「名詞＋ですら」という形で、話し手が考える［名詞］の範囲内で最も〜であるものを挙げる場合に使う。ここでは、何でも知っているはずの「神様」でもわからないのだから、普通の人はもっとわからないという意味で使われている。

〔その他の表現〕：
歴史に興味があるなら、きっと奈良を楽しめると思う。

Ⅲ．類義表現

問1 ❶ 昨日、満員電車の中で（私は）足を踏まれた。
❷ （私は）知らない人に頭を叩かれた。
❸ そのコーヒーにはミルクが入っているよ。

① 解説を読んで問1の答えの理由を説明しましょう。
❶と❷は、日本語には可能な限り「もの」が主語の文を避けるという制約があるため、持ち主の「私の足」「私の頭」ではなく「私は足を〜」「私は頭を〜」に変えなければならない。❸のミルクが「入れられている」ことは、他者の行為によってなんらかの影響を受けた被害ではなく、他者の行為による結果の残存である。つまり、誰かがミルクを入れて、その状態が残っていることをニュートラルに表すときには、自動詞（例：入る）を用いるのが自然。

問2 ❶ 使わせてくれた　　❷ 卒業したんですか　　❸ 予想される

② 解説を読んで問2の答えの理由を説明しましょう。
❶は、正しい文と見なすことができる場合もあるが、「私が辞書を忘れたので花子が助けてくれた」という意味を表したい場合には「使わせた」ではなく「使わせてくれた」とする必要がある。「使わせた」と言うと、花子が私の意思を無視して彼女の辞書を使うことを強制したという意味になってしまう。❷は、文脈を見ると「田中さんが卒業したこと」はすでにわかっており、それがいつであるかが問題になるため、「卒業したんですか」に置き換えなければいけない。「去年卒業しましたか」と言うと、卒業したことを知らず、ただ単に卒業したかどうかを聞いているというニュアンスになる。❸の「予想する」「予測する」「思う」「考える」といった思考を表す言葉は、特定の主語（「私」「〜さん」「あなた」など）がない文脈では、受け身形が使われることが多い。

問3 ❶ B　　❷ B　　❸ A

> ③ 解説を読んで問3の答えの理由を説明しましょう。
> ❶は、「全員が」とあるため、「回答してくれた」か「回答した」のみでよい。アカデミック・ライティングでは、書き手への恩恵を表す「てくれる」「てもらう」は一般的には使用されないため、「回答した」が正解である。❷と❸も「てくれる」は使わないため、「示している」「示していない」が正解である。

Lesson 2

I．文字・語彙・コロケーション

問1 ❶ B　　❷ A　　❸ C　　❹ B　　❺ D

> ① 漢字の読み方をひらがなで、ひらがなを漢字で書きましょう。
> ❶ 着る：きる　❷ 行う：おこなう　政：まつりごと　❸ ぼしゅう：募集
> ❹ 厳しい：きびしい　密接：みっせつ　❺ 活気：かっき

問2 ❶ D　　❷ A　　❸ B　　❹ C　　❺ A

> ② 次の語を含む複合動詞を考えて例文を作りましょう。
> ❶ 取り〜：取り扱う；どんな政策でも、多かれ少なかれ社会問題を取り扱っている。
> ❷ 言い〜：言い返す；理不尽なことを言われ続けたら、ストレスが溜まらないように、上手に言い返せばいい。
> ❸ 出〜：出回る；日本では、秋になると、栗味（くりあじ）の商品が出回ることが多い。
> ❹ 〜得る：起こり得る；起こり得るトラブルを予測しその解決案を考えておくと、慌てなくて済む。
> ❺ 〜立てる：盛り立てる；春から夏にかけて、道沿いに咲いている紫陽花（あじさい）が、いつも気分を盛り立ててくれる。

問3
❶ 入り混じる　❷ 想定して　❸ 蓄積されている　❹ 提唱した
❺ 接触する　❻ 溢れて　❼ 集めている／集める　❽ 取る
❾ 得る　❿ 取り除く

> ③ 説明を読んで（　）の中に言葉を書き込みましょう。
> ✐ 期待が（外れる）：予想した通りに進まないこと。
> ✐ 接触を（断つ／絶つ）：他の人と交渉をまったく持たないこと。
> ✐ 活気に（満ちる）：生き生きとした気分、生気がいっぱいになる。
> ✐ 人気を（集める）：世間から評価され、人気になる。
> ✐ 措置を（取る）：解決をつけるために取り計らうこと。

問4 ❶ A　　❷ D　　❸ D　　❹ C　　❺ C

> ④ 類義表現を調べましょう。
> ❶ 程度がはなはだしいこと：極めて、非常に、この上なく

❷ 勢力がほぼ同等のもの同士が、互いに張り合うこと：拮抗する、匹敵する、遜色がない
❸ 抜群に優れている様子：ずば抜けて、際立って、秀でる
❹ 言い合ったり殴り合ったりする状況のこと：揉め事、トラブル、争い
❺ 少なくなったり、効果などがあまり出なくなること：希薄化する、薄める、弱める

|問5| ❶ C

Aは「**精密**機械は、外的環境に強い影響を受ける。」、Bは「**緻密**な頭脳を持っていても、常に正確な判断ができるとは限らない。」、Dは「人口が**過密**な地域では、交通や住宅なども混み合っている。」、がそれぞれ適切な形です。

❷ A

Bは「深夜にたくさん食べることは、健康上**好ましくない**。」、Cは「次に会うのはいつにしましょうか。**ご都合のいい**日をおっしゃってください。」、Dは「父は会社を退職して**念願の**海外旅行に出かけた。」、がそれぞれ適切な形です。

❸ B

Aは「聞こえなかったようなので、大きな声で**言い直した**。」、Cは「この悲しい気持ちはとても言葉で**言い表す**ことができない。」、Dは「文章の大意を100文字以内で**要約する**という課題が出された。」、がそれぞれ適切な形です。

❹ B

Aは「彼は**異なる（違う）**場所にいたので、今回の事件と関係がないことがわかった。」、Cは「同じ大学だけではなく、**他校**の学生と協働することも大事だ。」、Dは「**違う（異なる）**視点で考えてみると、簡単に問題が解決できることがある。」、がそれぞれ適切な形です。「異場所」「異校」「異視点」といった言い方はあまりしません。

❺ D

Aは「警察は、先週起きた火災の出火**原因**を調べている。」、Bは「昔は、車の点検が十分でないことに**起因する**事故が多発していた。」、Cは「無断欠勤の**理由**を聞かれて、彼はだまってしまった。」、がそれぞれ適切な形です。

|問6| ❶ 接触　　❷ 寛容　　❸ 希薄化する　　❹ 募らせて　　❺ 高まる

Ⅱ．文型・文法

|問1| ❶ D　　❷ B　　❸ A　　❹ C　　❺ A

① 問題文や選択肢の中で、知らなかった語や表現をメモしましょう。
　❶ やむをえない：他にどうすることもできない。ここでは「リストラは残念だがしかたがない」という意味。類義表現に「〜ざるを得ない」「〜ほかしかたがない」がある。
　❷ 　とすれば　：ある状況になるともう一つのことが起きる。類義表現に「としたら」「なら」などがある。

❸ __こととする__：〜することに決めるという意味。「ことになる」とほぼ同じ意味だが、「こととする」のほうが少し硬い文で使われる場合が多い。類義表現に「ことに決める」「ことにする」がある。
❹ __〜がち__：〜する傾向があること。Bの「ぎみ」は「風邪ぎみ」のように「〜がはじまる」という意味で、Dの「げ」は「寂しげ」のように形容詞に使うため正しくない。類義表現に他に「〜っぽい」「〜きらいがある」がある。
❺ __にわたって__：〜という長い間、〜という広い範囲というニュアンスを表す。類義表現に「に至るまで」「にかけて」「を通じて」などがある。

|問2| ❶ B　　❷ B　　❸ D　　❹ B　　❺ C

2 次の表現を使って文を作りましょう。

❶**にはならない**：「名詞＋にはならない」という形で使う。そういう状況になることはないという意味。ここの「無駄にはならない」はどんな苦労も無駄になることはないという意味を表す。
(その他の表現)：
このビルは相当な修繕をしなければ、とても住宅として使用**にたえない**（に堪えない）。

❷**ところだった**：〜という状況が違ったら、〜が発生していただろうという意味。ここでは、「寝坊しなければ、交通事故に巻き込まれた」という意味で、つまり実際は起きなかったということを表す。「もう少しで」「あやうく」と一緒に使う場合がある。例えば、次のように使うことができる。「昨夜の地震でタンスの上のものが落ちてきた。もしその部屋で寝ていたらあやうく（もう少しで）大けがをするところだった。」
(その他の表現)：
子どもはすぐ何か壊したりするから、幼児を連れた旅は名所旧跡や美術館巡りなどは望む**べくもない**。／証拠がないため、知らないと言われれば**それまでだ**。

❸**ものでしょうか**：「〜ができないでしょうか」という意味。元々の「ものですか」「ものか」は感情的に強く否定するニュアンスを表すが、「ものでしょうか」は丁寧に依頼する際に文末に使う。
(その他の表現)：
（相手に確認する）現時点でお考えには変わりはないという**ことでしょうか**。／身内でもあるまいし、そんな面倒は見られないよ。／相談してくれればいい**ものを**、一人で悩みを抱えるなんて、さぞかし大変だったことだろう。

❹**のではないか**：肯定的な意味を表す。相手に何か事実確認や了解を得る際に使われる。ここでは、「中国語の発音が難しいと思う。あなたもそう思う？」というニュアンスになる。
(その他の表現)：
なんでそんなに怒るんだ。彼は何も間違っていない**ではないか**。（※Aが名詞とナ形容詞の場合は「Aではないか」が「Aのではないか」と同じ意味にも使われる。それ以外の場合は、「ではないか」は反論を表す）

❺**といっても**：前の文で言及された事実を認めつつ、まだ問題が解決されていないことや、大した程度ではないことを後ろの文で述べる。ここでは、「就職は決まったが、大きな会社ではない」ので、大いに喜ぶべきことでもないというニュアンスが含まれる。

> その他の表現：
> 地震**といえば**／**といったら**、阪神・淡路大震災の恐ろしさは今でも思い出す。／それをプロの作品**というには**お粗末すぎるだろう。

Ⅲ．類義表現

問1 ❶ だと思います　　❷ でしょう　　❸ でしょう

> ① 解説を読んで問1の答えの理由を説明しましょう。
> ❶は、「教室だと思います」を使うと、100%の自信がないというニュアンスが含まれる。「教室でしょう」を使うと、偉そうに聞こえてしまう場合があるので注意が必要である。❷の「あそこ、コンビニがあるでしょう」は、「あなたも見えませんか」と確認するために「でしょう」を使う。❸の「寒かったでしょう」は、❷と同じように確認の用法を表す。「と思う」には、確認の用法がないため、使用できない。

問2 ❶ 難しいでしょう　　❷ 疲れたでしょう　　❸ 徹夜したでしょう

> ② 解説を読んで問2の答えの理由を説明しましょう。
> ❶～❸はいずれも、相手に確認する意味を表すため、「でしょう」を使う。

問3 ❶ B　　❷ A　　❸ B

> ③ 解説を読んで問3の答えの理由を説明しましょう。
> ❶の「のではないでしょうか（のではないか）」は、「と思います」と同じ意味を表し、自分の主張を和らげるために使われる。❷の「のではないかと思います」は、❶とほぼ同じ意味を表し、肯定の意味を表す。❸は、「なくなることはない」という二重否定の形式で肯定を表し、「なくならない」と同義である。

Lesson 3

Ⅰ．文字・語彙・コロケーション

問1 ❶ B　　❷ A　　❸ D　　❹ B　　❺ D

> ① 漢字の読み方をひらがなで、ひらがなを漢字で書きましょう。
> ❶ 熟れる：うれる　　成る：なる　　❷ 序する：じょする　　❸ 絆創膏：ばんそうこう
> ❹ 貶す：けなす　　毀誉褒貶：きよほうへん　　❺ 抑える：おさえる

問2 ❶ C　　❷ D　　❸ A　　❹ C　　❺ B

> ② 次の語を含む複合動詞を考えて例文を作りましょう。
> ❶ （身体を表す言葉）＋動詞連用形：目配り；仕事でチームを統括する際は、一人ひとりへの目配りが大切だ。
> ❷ ～込む：振り込む；指定の口座に代金を振り込んだ後に、商品が発送されることになっている。

Lesson 3

❸ 繰り~：繰り返す；日本の経済は周期的に好況と不況を繰り返している。
❹ ~渡り：綱渡り；不況の影響を受けて資金繰りが悪くなり、毎日が綱渡りの連続だ。
❺ 褒め~：褒めちぎる；父はいつも母が作った料理を日本一だと褒めちぎる。

|問3| ❶ 空間　　　　❷ 認識　　　　❸ 数値　　　　❹ 根拠
❺ 本質　　　　❻ 記録を保持して　　❼ 決意を固めた　　❽ 例を挙げれ
❾ 関係を構築する　❿ 情報を共有して

③ 説明を読んで（　）の中に言葉を書き込みましょう。
✎ （考察）を深める：ある問題について掘り下げて探求すること。
✎ （好意）を示す：恋愛感情や相手を好ましいと思う気持ちを表して見せること。
✎ （真実）を見極める：本当のことを理解するために注意して見ること。
✎ （成果）を挙げる：成功してよい結果を残すこと。
✎ 記録を（塗り替える）：記録を刷新すること。
✎ 決意を（表明する）：決心を人に表し示すこと。
✎ （価値観）を共有する：物事について個人の基本的な考えを他人とわかち合うこと。

|問4| ❶ A　　❷ B　　❸ D　　❹ C　　❺ B

④ 類義表現を調べましょう。
❶ 物事の根本：土台、基礎、基盤
❷ 互いに顔を知っている関係：顔見知り、顔なじみ、知り合い
❸ 文章の中で、その箇所より前に記されていること：前掲、前述、上述
❹ 物事を理解してしっかりつかむこと：捉える、理解する、把握する
❺ なんらかの繋がりがあること：関わり、関連、関係

|問5| ❶ D

Aは「市民団体は、不祥事を起こした企業が機密文書を公(おおやけ)にすることを求めている。」、B「彼はまだ16歳なのに、公然と酒を飲んでいる。」、Cは「これがわが社の公式ホームページです。」、がそれぞれ適切な形です。

❷ C

Aは「彼は推定IQ200の天才で、弱冠(じゃっかん)二十歳で博士号を取得した。」、B「風邪で体調を崩したため、私は少ししかご飯を食べていない。」、Dは「昨日の講演会には約500名の参加者が来場した。」、がそれぞれ適切な形です。

❸ A

Bは「裁判官は常に中立的な立場から事件を審理しなければならない。」、Cは「兄はいつも中途半端なところで諦めてしまう。」、Dは「ここは重要なところなので、必ず試験に出てくる。」、がそれぞれ適切な形です。

❹ D

Aは「**極限**まで追い込まれると、人は潜在能力を発揮することがある。」、Bは「プロの歌手でも、開演前は**極度**の緊張状態に陥るらしい。」、Cは「きれいな花を飾ると、**途端**に部屋の中が明るくなった。」、がそれぞれ適切な形です。

❺ D

Aは「歌舞伎は江戸時代に**発祥した**と言われている。」、Bは「この掛軸は、曽祖父の代から**受け継がれた**ものだ。」、Cは「このバナナはフィリピンから**輸入されて**いる。」、がそれぞれ適切な形です。

|問6| ❶ 成熟する　　❷ 中核的　　❸ 所属して　　❹ 顔見知り　　❺ 繰り広げて

Ⅱ. 文型・文法

|問1| ❶ A　　❷ D　　❸ C　　❹ A　　❺ B

1 問題文や選択肢の中で、知らなかった語や表現をメモしましょう。
- ❶ をはじめとする：代表的な人を「～をはじめとする」で取り上げ、同じグループの他の人々にも言及する際に用いる。「皆様には」「皆には」などを表す表現が後ろの文中に現れることが多い。類義表現に「～を筆頭に」がある。
- ❷ 　それなりの　：「それ相応の」という意味。類義表現に「相応に」がある。
- ❸ 　むしろ　：二つ以上の事柄を比較して、一方を選ぶときに使用する。類義表現に「かえって」があるが、「かえって」は相反する二つの事柄から一方を選ぶときにのみ使用できる。
- ❹ 　かつ　：AとBの事柄が同時に成り立つことを表す。類義表現に「その上」「しかも」があり、「迅速で、（その上／しかも）丁寧な梱包で届いた」というように言い換えることが可能である。
- ❺ 　としても　：「実際は～ではないが、もしそうなっても」という意味で使う。「例え～としても」「仮に～としても」などと一緒によく使われる。類義表現に「～と仮定しても」がある。

|問2| ❶ B　　❷ A　　❸ D　　❹ A　　❺ B

2 次の表現を使って文を作りましょう。
- ❶ つつ（も）：逆接の意味と同時進行の意味を表すことができる。ここでは、「述べているが、思っていない」という逆接の意味を表す。また、逆接の意味を表す場合は、「～つつも」の形が使われることもある。
  その他の表現：
  期待せ**ずして**意見が合う。（※「ずして」は「しないで」という意味を表す）
- ❷ ～にせよ～にせよ：いくつか例を挙げて、「そのどちらの場合でも」という意味を表す。ここでは、「参加してもしなくても」という意味を表す。「～にしろ～にしろ」「～にしても～にしても」と用法は同じ。
  その他の表現：
  その件についてはそもそも打診されていないから、拒否**するもしないも**ないのだ。（※打診されていないため、拒否することも賛成することも何もできない／必要がないという意味）

❸ AでもBでもなく：「〜は単なるAでもBでもなく」という形で「〜はAやBとは異なり」という意味を表す。「〜は単純に考えればAやBであると思われがちだが、実は違う」というニュアンスを含む。
その他の表現：
最近の若者はスマホ**ばかり**いじって、読書離れの傾向がある。／彼女は落ち着いている**というか**、おとなしい**というか**、あまり話さない。

❹ 〜として：「〜の立場で」「〜の資格で」という意味。
その他の表現：
無断欠勤なんて社会人に**あるまじき**行動だ。／震災で家族を亡くした子どもが苦しむ姿を見**てはいられなかった**。

❺ めぐって：「〜について」という意味。あることに対して、議論、争いなどが起きていることを説明するときに用いる表現。
その他の表現：
どこで落としたかもわからなかった財布が、**めぐりめぐって**私のところに戻ってきた。（※「めぐりめぐって」は多くのところをめぐっていて、最終的にという意味を表す）

Ⅲ．類義表現

問1 ❶ ようにして　　❷ ようにして　　❸ ようになって

① 解説を読んで問1の答えの理由を説明しましょう。
❶は、機材がスムーズに動かない状態から動く状態に変化させ、意志的に調整したという意味を表す。後ろにある「〜ておく」は「する」と一緒に使うことからも「ようにする」が正解であることがわかる。❷は、毎日「論文を読むようにしている」という形で習慣的に論文を読んでいるという意味を表す。❸は、「スムーズにできるようになってきた」は、それまでにはできなかった状態が現在できる状態になったことを表す。

問2 ❶ 終わらせるように　　❷ 待機するように　　❸ 正しいように

② 解説を読んで問2の答えの理由を説明しましょう。
❶と❷の「ように」は、いずれも間接引用をする際に動詞の前につける用法。「と」を使うと直接引用になるが、「ように」を使う場合は間接的な引用になる。後ろには「命じる」「言う」「伝える」などの動詞が接続する。❸の「ように」は、「感じる」「思う」「思える」「見える」といった動詞と共に使われ、不確かな推定の意味を表す。

問3 ❶ A　　❷ B　　❸ A

③ 解説を読んで問3の答えの理由を説明しましょう。
❶の「ことにする」は、話し手や書き手が主体的に決めたことを表すため、「Aことに決める」と同じ意味。❷の「説明するようにした」は、話し手や書き手が意志的に行った行為であり、「話すように努めた」と同じ意味を表す。❸の「ように」は、例示の意味を表し「みたいに」の意味に近い。

Lesson 4

I．文字・語彙・コロケーション

問1 ❶ B　❷ D　❸ B　❹ A　❺ D

> ① 漢字の読み方をひらがなで、ひらがなを漢字で書きましょう。
> ❶ 協力：きょうりょく　業：わざ／ごう　❷ 謝る：あやまる　ごかい：誤解
> ❸ 兼任：けんにん　❹ 収まる：おさまる　しゅうそく：収束
> ❺ ちぢめる：縮める　萎む：しぼむ

問2 ❶ D　❷ B　❸ B　❹ C　❺ A

> ② 次の語を含む複合動詞を考えて例文を作りましょう。
> ❶ 生み〜：生みつける；庭の花壇の菜の花には、毎年白い蝶々がやってきて卵を生みつけていく。
> ❷ 取り〜：取りまとめる；膨大な情報量なので、上司に提出する前に資料に取りまとめたほうがいい。
> ❸ 〜出す：編み出す；自社独自の塗装技法を編み出すのに10年かかった。
> ❹ 〜込む：頼み込む；最初は話も聞いてもらえなかったが、何度も頼み込んでやっと商談にこぎつけた。
> ❺ 〜つく：巻きつく；垣根の柵に巻きついた朝顔のつるに、毎朝美しい花がたくさん咲いている。

問3 ❶ 発言する　❷ 実践する　❸ 主導する　❹ 向上させる
　　　❺ 結合される　❻ 解消された／解消した　❼ 採る
　　　❽ 維持する　❾ 実証される　❿ ひねり出す

> ③ 説明を読んで（　）の中に言葉を書き込みましょう。
> ◊ 問題を（解く）：わからなかったことを明らかにして結論を出す。
> ◊ 方策を（講じる／立てる）：物事を処理するための手段や方法を考えること。
> ◊ 効果を（上げる）：効果をより高くすること。
> ◊ アイデアが（浮かぶ／思い浮かぶ）：アイデアが自然に頭の中に現れること。
> ◊ 不満を（解消する）：不満や悩みを忘れるために行動すること。

問4 ❶ B　❷ D　❸ A　❹ C　❺ C

> ④ 類義表現を調べましょう。
> ❶ 一つの立場や考え方だけでなくその場に応じた処置・判断ができる様子：柔軟、適応性がある、こだわらない
> ❸ 何かをしよう、または達成しようとするまじめで良心的な行動：取り組み、努力、試み
> ❹ あることを知っていれば行わないような物事を意図的に行うこと：あえて、わざわざ、知りつつも
> ❺ 相手として時間を割くこと：構う、相手にする、付き合う

Lesson 4

問5 ❶ B

Aは「体だけでなく、心の健康を保つこともとても大切だ。」、Cは「どんなに疲れていても、健やかな子どもの寝顔を見ると癒される。」、Dは「堅実な彼は、老後のために、若い頃から貯金をしている。」、がそれぞれ適切な形です。

❷ C

Aは「インターネットの普及は、世界のあり方をひっくり返す革命的な出来事だった。」、Bは「1796年に誕生したワクチンは人類の疾病予防に革新的な変化をもたらした。」、Dは「彼の奇抜なファッションは前衛的すぎて誰からも受け入れられなかった。」、がそれぞれ適切な形です。

❸ C

Aは「いつもお気遣いいただきまして、ありがとうございます。」、Bは「こんなに気軽に本格的なビストロの味を堪能できるなんて思いもよらなかった。」、Dは「私のことなら気にせず楽しんできてください。」、がそれぞれ適切な形です。

❹ D

Aは「ノートパソコンと言っても、いろいろな種類がある。」、Bは「来週の試験の出題範囲は100ページから150ページまでだ。」、Cは「SDカードのメモリー容量がいっぱいになってしまった。」、がそれぞれ適切な形です。

❺ A

Bは「体重が軽すぎる場合、栄養不足の可能性が考えられる。」、Cは「天井が低すぎる／あまりに低いと、部屋が暗く感じる。」、Dは「部屋が狭すぎるので、本を置いたら、他の荷物はほとんど入らない。」、がそれぞれ適切な形です。「過軽」「過低」「過狭」は一般的に使われない表現です。

問6 ❶ 健全　　❷ に際して　　❸ 収益　　❹ 主導　　❺ 大幅に

Ⅱ．文型・文法

問1 ❶ D　　❷ C　　❸ B　　❹ D　　❺ B

1 問題文や選択肢の中で、知らなかった語や表現をメモしましょう。
  ❶ 　ぬきにして　 ：「～を入れないで／考えないで」という意味。ここでは、「硬い話はしない」という意味を表す。類義表現に「～はおいておく」がある。
  ❷ 　とおもいきや　 ：「～と思ったが、意外に～」という意味。ここでは、「雪が降ると思ったが、意外にもまったく降らなかった」などのニュアンスを帯びる。類義表現に「予期せずして」「まさか」などがある。
  ❸ 　ずにはいられない　 ：「どうしても～しないといけない／どうしても～してしまう」という意味。ここでは、「どうしても、自然に女性の感情に共感してしまう」という意味を表す。類義表現に「ざるをえない」「てならない」がある。

❹ **〜だのなんだの（と）**：いろいろな例を挙げる場合に使われる「〜だの〜だの」という文型の慣用的な表現として使われる。「あれこれ不満や非難じみたことを言ってうるさい」という、話し手のマイナスな評価を伴う。ここでは、「就活が大変だ」の他にも文句（例：給料が低い）を言っていることを暗示している。類義表現に「〜やら」がある。

❺ **〜ように**：「〜ことを目的にして〜する」という意味を表す。また、「よう」という省略形で用いられることもあり、その場合は強調するニュアンスが含まれる。ここでは「悔やむことがないことを目的にして、好きなことをする」という意味になる。類義表現に「ために」がある。

| 問2 | ❶ B　　❷ B　　❸ D　　❹ A　　❺ A

2 **次の表現を使って文を作りましょう。**

❶ **しかたがない**：避けられない事態に直面するときに、その状況を受け入れながら発する日本語の慣用句。類義表現には「しょうがない」「やむをえない」がある。ここでは、遅刻が多すぎるので文句を言われても受け入れるしかないという意味を表す。

（その他の表現）：
上司にちょっと怒られただけで、そこまで落ち込む**にはあたらない**よ。／経営悪化のため、人員の絞り込みを**せざるをえない**企業が続出した。

❷ **もの**：現在の状況の背景説明として使われる場合が多い。やや甘えて自分の話を主張するときに使う。Cの「はず」はこれから行われる行事について、「きっと行われると思う」と強く主張するニュアンスになるが、男性の会話と呼応していない。Dの「こと」は感動や疑問を表す。「きれいな花だこと」のような文脈で使われる。

（その他の表現）：
久しぶりの連休だから、どこに行っても混んでいる**はず**。（＝きっと混んでいると思う、「はずだ」の「だ」が省略された形）。／子どもの年齢に応じて与える食物の材料と調理法に気をつける**こと**。（＝大事なのは〜ことだ、「こと」は「ことだ」の「だ」が省略された形）

❸ **わけがない**：「〜は考えられない、絶対に〜ない」という意味。ここでは、「絶対にあたらない」という意味を表す。また、Aの「わけではない」は完全な否定ではなく、一部許容できる部分があるというニュアンスを含む（例：お酒が嫌いなわけではないが、普段はあまり飲まない）。「こんなの」という言葉から、男性のマイナス評価のニュアンスが感じとれるため、A「わけではない」は正しくない。Bの「わけにはいかない」とCの「わけではない」は文の意味にふさわしくない。

（その他の表現）：
チームメイトが頑張っているのに、自分だけがここであきらめる**わけにはいかない**。

❹ **とても〜ない**：「とても」は程度の高さを表し肯定的な文脈で使う場合が多いが、否定形と一緒に使う場合は「絶対に無理だ」という意味を表す。ここでは、「絶対に取れない状況である」という意味を表す。Cの「無駄だ」も否定的な意味を表すが、「したい気持ちはやまやま（いっぱい）だ」というポジティブな言い方から、「時間が無駄だ」は正しくないことがわかる。

（その他の表現）：
参加したいのは**やまやま**ですが、あいにくその日は先約が入っているんです（＝ぜひ参加したいが、実際はできない）。

❺ないまでも：「Aでなくても、すくなくともB」という意味。ここでは、「絶対に成功するとは言えないが、少なくとも確率は高いと思う」という意味を表す。

III．類義表現

問1 ❶が　❷は　❸が

　1 解説を読んで問1の答えの理由を説明しましょう。
　❶は「メール」を修飾する節の中の主語を表すため「が」が適切である。❷は「田中さんは〜鈴木さんは〜」のように対比しているため「は」が適切である。❸の「誰」は疑問詞であるため「が」が使われる。

問2 ❶が　❷が　❸は

　2 解説を読んで問2の答えの理由を説明しましょう。
　❶の「知らない人」は、この会話では初めて出現する人物であるため、「は」ではなく「が」が正解である。❷は「誰が」と聞かれた場合の回答として「〜が」と答えるのが自然である。❸は「来る」人物と「盛り上げる」人物とが同じであるため「は」が使われる。

問3 ❶「助詞がない形**は**」→「助詞がない形**が**」
　　　❷「幼児期から日本に滞在している子ども**が**」→「幼児期から日本に滞在している子ども**は**」
　　　❸「本レポート**は**」→「本レポート**では**」

　3 解説を読んで問3の答えの理由を説明しましょう。
　❶は、節の中で使われているため「が」のほうが自然である。❷は、「幼児期から日本に滞在している子ども」が主節の主語となっているため、「は」を使うのが一般的である。❸は、「は」と「が」の使い分け問題ではないが、アカデミック・ライティングでよく起こる間違いである。「では」「には」など「は」と他の助詞とを一緒に使う場合に、ほかの助詞が脱落しやすいため注意する必要がある。

Lesson 5

I．文字・語彙・コロケーション

問1 ❶B　❷D　❸A　❹D　❺B

　1 漢字の読み方をひらがなで、ひらがなを漢字で書きましょう。
　❶いそぐ：急ぐ　❷巧み：たくみ　神妙：しんみょう
　❸びんぼう：貧乏　まずしい：貧しい　❹耳鼻科：じびか　ぎゅうどん：牛丼
　❺詐欺：さぎ

問2 ❶C　❷B　❸A　❹B　❺D

　2 次の語を含む複合動詞を考えて例文を作りましょう。
　❶〜合わせる：つなぎ合わせる；短い動画をつなぎ合わせて、イメージ動画を制作した。

❷ ～付け	：	取り付け；うちは古いタイプのビルなので、エアコンの室外機の取り付けはとても面倒だった。
❸ 伸び～	：	伸び上がる；猫は伸び上がって窓から外を見ている。／伸びきる；セーターを洗濯したら伸びきってしまった。
❹ ～出す	：	書き出す；アイデアをノートに書き出した。／さらけ出す；人前で自分の弱点をさらけ出すのは勇気の要ることだ。
❺ ～つく	：	くっつく；2匹の猫がくっついて寝ている。／思いつく；何もいいアイデアが思いつかない。

問3 ❶ 変動　❷ 気持ち　❸ 理念　❹ 先駆け　❺ 特性
　　　❻ 苛まれて　❼ 抗って／抗い　❽ 崇拝する　❾ 牛耳って　❿ 関与した

③ 説明を読んで（　）の中に言葉を書き込みましょう。
　◇（昼）を欺く：夜なのに明るくて昼間かと間違えるほどだという意味。
　◇（肩）を持つ：対立している両者の一方の味方をするという意味。「強いほうの肩を持つ」のように使うことができる。
　◇気持ちを（切り替える）：何かする際に、それまでの気持ちとは別の気持ちで臨むこと。
　◇不安に（苛まれる）：不安な気持ちに苦しむこと。
　◇グループを（牛耳る）：力を使って支配し、好きなように動かすこと。
　◇運命に（抗う）：運命づけられた物事を覆せるように努力すること。

問4 ❶ A　❷ B　❸ C　❹ B　❺ D

④ 類義表現を調べましょう。
　❶ 乱暴な態度：横暴、無礼、無法
　❷ 社会集団の中のレベル：階級、階層、層
　❸ 物事の順番：手順、段取り、順序、進め方
　❹ 対価として支給される金銭：報酬、謝礼（礼金）、給与、給料、手当
　❺ 社会の大多数の人たち：大衆、民衆、一般、市民、庶民、世間

問5 ❶ A

Bは「論文は、先行**研究**を踏まえた上で書かなければならない。」、Cは「GPS機能を使えば、どこに逃げても簡単に**追跡**できてしまう。」、Dは「殺人事件の**捜査**にあたって、警察署内に本部が設置された。」、がそれぞれ適切な形です。

❷ B

Aは「ある日突然、父は市議会議員選挙に**出馬**すると言い出して、仕事を辞めてしまった。」、Cは「子どもを**出産**した社員が職場に復帰するための環境を整備する必要がある。」、Dは「高校生の彼は、去年アジア大会に**出場**し、今後の活躍が期待されている。」、がそれぞれ適切な形です。

❸ D

Aは「通報してから30分後に、雪山で遭難した登山者を**救助**するためのヘリコプターが到着した。」、Bは「生徒会長の候補者演説を聞いたが、どの意見も**賛同**できないものだった。」、Cは「ディベートではテーマについて**賛成**派と反対派に分かれて議論する。」、がそれぞれ適切な形です。

❹ C

Aは「強風の影響により空港で待たされたが、5時間後、**ようやく**飛行機の搭乗手続きが始まった。」、Bは「この伝言メッセージを聞いたら、**すぐに**携帯に連絡してください。」、Dは「母は寝ないで姉の帰宅を待っていたが、**ついに**姉は朝まで帰ってこなかった。」が、それぞれ適切な形です。

❺ D

Aは「空港を占拠した犯人グループは、警官隊によって**制圧**された。」、Bは「厳しい法律をつくることで犯罪をある程度まで**抑止**することが可能になる。」、Cは「多くの公共交通機関では火薬など危険物の持ち込みは**制限（禁止）**されている。」が、それぞれ適切な形です。

| 問6 | ❶ 厳密　❷ 側面　❸ 課題　❹ 養って　❺ 最新 |

Ⅱ．文型・文法

| 問1 | ❶ A　❷ C　❸ C　❹ B　❺ D |

① 問題文や選択肢の中で、知らなかった語や表現をメモしましょう。
- ❶ ＿＿に対する：「それに向けての」という意味。類義表現に「における」「に関する」がある。
- ❷ ＿＿に見られる：「～を例として挙げる」という意味。類義表現に「における」「による」「に発する」などがある。
- ❸ ＿＿ばかりか：「～するだけでなく、さらに」という意味。類義表現に「～するだけでなく」「～する上」がある。
- ❹ ＿＿になぞらえる：「～に見立てて行動する」という意味。類義表現に「に例えて」がある。
- ❺ ＿＿に基づく：「～を基準として行動する」という意味。類義表現に「～を基に」「～に従い」がある。

| 問2 | ❶ D　❷ A　❸ B　❹ C　❺ C |

② 次の表現を使って文を作りましょう。
- ❶ **～にすぎない**：増加もしくは減少したとしても、目標値には遠く及ばない。「ようやく」や「やっと」などの副詞と共に用いられることが多い。例えば、「ビジネスにとって大切なのは『プロセス』であり、儲かるかどうかはその結果にすぎない。」のように使うことができる。ここでは、女性管理職は増えたものの、まだ全体の2割にしか達していないという数値の低さを表している。

  （その他の表現）：
  一部の発展途上国では経済発展により貧困問題が解消されつつある。**それに対して**、過労や少子化といった先進国同様の社会問題が広がりを見せている。／彼は留学に行くために自分の意思で仕事をやめた。**したがって**、会社側に何か問題があったわけではない。

- ❷ **なければならない**：社会常識や事柄の性質から見て、そのような義務・必要性があることを表す。ここでは、「ために」が目的を表し、新しい機械を使いこなすために操作方法を理解する必要があるという意味を表す。

  （その他の表現）：
  欠席の場合は早めに連絡す**べきだ**。／簡単な掛け算なら、電卓を使う**までもない**。

❸ **ことなく**:「~という可能性があるにもかかわらず、その事態が生じずに問題がなかった」というときに使う。ここでは、天気が悪かったため飛行機が遅れるだろうと思ったら、定刻に出発したという意味。「ことなく」は硬い書き言葉で使われる場合が多い。「こともなく」は話し言葉でも使われる。

❹ **~ような**:~が後ろに接続する名詞の例示となる。「犬のような生き物」の場合、「生き物」は「犬」の上位概念で、「犬」はその例示となっている。「次のような問題」は「数ある問題のうちの例」という表現で、学術論文でよく使われる。

[その他の表現]:
国際援助とは、現地の生活**に即した**情報やノウハウを集めて専門家を派遣したり経済援助をしたりすることだ。／夜中に目が覚め、将来の事が急に不安になる**みたいな**経験は誰でも一度はあるだろう。

❺ **であるかのように**:実際には事実(真実)ではないことを大げさに言うこと。「まるで」と共起しやすい。ここでは、大して珍しい現象ではないが一大事のように取り上げるという意味を表す。

[その他の表現]:
こんな根も葉もない噂は、信じる**に足らない**。

Ⅲ. 類義表現

問1 ❶ して　　❷ 来るし　　❸ 見て

1 解説を読んで問1の答えの理由を説明しましょう。

❶は、結婚してからアメリカに住んでいるという友達を表す。「友達」を修飾する節で使われるため、「し」は使えない。❷は、連体修飾節ではないため、一般的に理由を表す「し」を用いることができる。❸は、「映画を見る」ことと「食事をする」ことは時間的な前後の順序があるため「し」は使えない。

問2 ❶ 父は私にとって近くて遠い存在だ。
❷ 雨が降っているし、駅も遠いし、本当に疲れた。
❸ 子どもじゃあるまいし、自分で判断できる年齢なんだから、そんなことは自分で決めなさい。

2 解説を読んで問2の答えの理由を説明しましょう。

❶は、「近い存在だと感じると同時に遠くも感じる」という意味を表す。「し」にはそのような二つの属性がともに両立する用法が存在しない。❷は、原因や理由を並べて述べることを表す。「雨は降っているわ、駅は遠いわで本当に疲れた」のように「わ」を使うこともできる。「わ」は「し」と似たような機能があるが、「わ」はあまり望ましくない理由を並べる際に使われることが多い。また、この「わ」は、助詞「は」と混同されがちであるが、内閣訓令「現代仮名遣い」においては、「は」でなく「わ」で表記すると注意書きがある。❸は、「子どもじゃない」「自分で判断できる年齢だ」「自分のことだ」など、たくさんの理由の中から一つ挙げて述べられているため、「し」が最適。さらに、後ろの流れを見ると、「~し~から」という形が多く用いられるため、「し」が適切であることがわかる。

問3 ❶ A　　❷ B　　❸ B

3 解説を読んで問3の答えの理由を説明しましょう。
❶と❸は、アカデミックな場面で書かれるレポートなどの場合には「し」は使わない。代わりに、「だけでなく」「可能性が否定できない」などが適切である。❷は、否決された理由として「問題が見られる」ことを述べている。アカデミックな文章では「〜ため」がよく使われる。「て」は、原因理由を表すこともできるが、文末に感情を表す言葉が多い（例：合格できて、本当にうれしい）。また、「〜から」でも文法的には正しいが、アカデミックな場面では「ため」のほうがより適切。

Lesson 6

Ⅰ. 文字・語彙・コロケーション

問1 ❶ C　　❷ A　　❸ D　　❹ A　　❺ B

1 漢字の読み方をひらがなで、ひらがなを漢字で書きましょう。
❶ 域内：いきない　❷ 遂行：すいこう　❸ 膨らむ：ふくらむ
❹ 廃棄：はいき　撤廃：てっぱい　❺ 興奮：こうふん

問2 ❶ B　　❷ B　　❸ A　　❹ B　　❺ C

2 次の語を含む複合動詞を考えて例文を作りましょう。
❶ 投げ〜　　　：投げつける；悔しさのあまり、キャプテンは帽子を地面に投げつけた。
❷ 振り〜　　　：振り落とす；彼女は背中についている毛虫を必死に振り落とそうとした。
❸ 取って／取り〜：取り戻す；昨夜、危篤状態だった祖父が意識を取り戻した。
❹ 繋ぎ〜　　　：繋ぎ止める；客を繋ぎ止めるには、流行を先取りしなければならない。
❺ 〜替える／換える：買い換え(る)；携帯の修理に行ったら、店員に買い換えを勧められた。

問3 ❶ 変革　❷ 講座　❸ 動向　❹ 業務　❺ 注目
❻ 対策を提示して　❼ スキルを認定して　❽ システムを設定し
❾ 優劣を判定する　❿ トラブルに対処する

3 説明を読んで（　）の中に言葉を書き込みましょう。
・（被害）をもたらす：相手に損害や危害を与えること。
・（真意）を探る：本当の意図を探し求めること。
・（課題）に取り組む：解決すべき問題にあたること。
・（基準）を設定する：物事の基本とする標準を作り定めること。
・トラブルに（巻き込まれる）：ある問題や事態に引き入れられること。
・優劣を（つける）：どちらがよりよいか判断すること。

問4 ❶ C　　❷ D　　❸ B　　❹ A　　❺ B

4 類義表現を調べましょう。
❶ 広く適応できること：汎用的、普遍的、多角的
❷ 短くまとめること：手短に、簡単に、さっさと

❸ 事件を解決するためのきっかけ：手掛かり、糸口、ヒント
❹ ある目的のために近づくこと：アプローチする、接近する、迫る
❺ 経済状況が悪い様子：不況、不景気、スランプ

| 問5 | ❶ C

Aは「父は**まるで**鬼のように厳しく私を育てた。」、Bは「僕がパリに留学していた頃、彼女も**ちょうど**パリで音楽の勉強をしていた。」、Dは「私にとって日本は、**いわば**第二の故郷だ。」、がそれぞれ適切な形です。

❷ A

Bは「不良品を扱ったデパートにクレームの電話が**相次いだ**。」、Cは「前の方に**続いて**ご入場ください。」、Dは「長男はやっと父の跡を**継ぐ**決心がついた。」、がそれぞれ適切な形です。

❸ B

Aは「この道は現在工事で封鎖しているため、**迂回して**ください。」、Cは「あの山を**越えた**ところに静かな温泉地がある。」、Dは「息子の身長は去年より20センチも**伸びた**。」、がそれぞれ適切な形です。

❹ D

Aは「毎年12月になるとインフルエンザが**流行する**。」、Bは「妹は両親に**甘やかされて**育ったのでわがままだ。」、Cは「今年、定年退職した父は、毎日家で時間を**持て余して**いる。」、がそれぞれ適切な形です。

❺ A

Bは「近所のおばさんはよく**立ち入った**個人的な話を聞いてくる。」、Cは「このスパイスをスープに**投入する**といい香りがする。」、Dは「公園のベンチで休んでいたら、大型犬が**突進して**きた。」、がそれぞれ適切な形です。

| 問6 | ❶ 高度化する　❷ 容易　❸ 慢性的　❹ 補助する　❺ 代替して

Ⅱ．文型・文法

| 問1 | ❶ B　❷ C　❸ A　❹ D　❺ C

① 問題文や選択肢の中で、知らなかった語や表現をメモしましょう。
  ❶　〜ないことはない　：「〜という可能性があるかもしれない」という意味。類義表現に「とすると」「なくもない」がある。
  ❷　　わりには　　　：「〜のことから考えて当然であると予想される結果と合っていない」という意味。類義表現に「〜こととは不釣り合いに」がある。
  ❸　　要するに　　　：「ここまで述べてきたことをまとめれば」という意味。類義表現に「一言で言えば」「つまり」などがある。
  ❹　　ものの　　　　：「〜の事柄は一応事実であるが、実際はそのことから想定される通りにはいかない」という意味。類義表現に「だが」「しかし」「ものを」「のに」がある。

❺ _____さえ_____：極端なものを取り出して「他のことはもちろん」という意味。類義表現に「〜も（〜ない）」がある。

問2 ❶ C　　❷ D　　❸ B　　❹ A　　❺ D

② 次の表現を使って文を作りましょう。
❶ 〜と言ってもいい：評価を述べるときに使用する。「〜と同等に」という意味。「〜と言っても過言ではない」という言い方もある。
(その他の表現)：
新発売のタブレットは形は変わらないが、注目**に値する**機能が多く搭載されている。／**言うまでもない**が、若いうちにいろいろなことを経験しておくとよい。

❷ （〜と）同時に：二つの状態や出来事が同じタイミングで成立することを表す。類義表現に「〜と共に」がある。
(その他の表現)：
京都の清水寺の舞台には釘が一本も使われていないことで、木造建築物の奇跡**とされている**。

❸ 〜により：原因・理由を表す用法。「〜によって」の形でも用いられる。
(その他の表現)：
日本語の勉強**を機に**、日本のマンガとアニメに興味を持つようになった。／これから、就労ビザを申請する**にあたって**、必要な書類の説明をします。

❹ 〜にもかかわらず：「〜の事態からは予想されることと異なる結果になる」という意味で用いる。話し手の驚きや不満、非難などの気持ちを表すときによく用いられる。類義表現に「〜のに」がある。
(その他の表現)：
地元住民の反対意見**に反して**、リゾート開発が進められた。／このラーメン屋は有名な**わりには**、大しておいしくない。

❺ ちなみに：簡単な補足などを付け加えるときに使用する。補足ではない重要な情報を提示するときや、前の話題と関連のないことには使わない。類似表現に「ついでに言うと」がある。

Ⅲ．類義表現

問1 ❶ こういう　　❷ こういう　　❸ この

① 解説を読んで問1の答えの理由を説明しましょう。
❶と❷は、具体的にどのデザイン、どの服かを言う場合は「この」を使うが、ここでは「こういう」を用いて、デザインの属性と服の属性を説明し、それに類するものという意味を表す。❸は、一番好きな映画はこれだという意味を表すため、「この」を使う。

問2 ❶ こういう　　❷ この　　❸ こんな本

② 解説を読んで問2の答えの理由を説明しましょう。
❶では、「この」は特定の車を指すが、「こういう」を使うとそれに類するものを指すことになる。

❷では、特定の女性を指すため「この」を使う。❸では、話し手の否定的な評価を伴い「こんな本をずっと読まないでください」というニュアンスが含まれる。

|問3| ❶ B　　❷ A　　❸ A

③ 解説を読んで問3の答えの理由を説明しましょう。
❶と❷と❸のいずれも問題文で「こんな」が使われているが、「こんな」は話し言葉的で話し手の否定的な評価を伴う場合が多い。そのかわりに、アカデミック・ライティングでは❶「上記のような」、❷「次のような」、❸「このような」を用いるのが一般的である。❶について、「あ」(例:「あの」「ああいう」など)は、話し手・聞き手の双方が知っている(記憶中に存在する)物事を指すため、不特定多数の読み手に向けたアカデミックな文章では一般的には使われない。❷について、後ろの文に「まず」があるため、一つだけではないことがわかる。「この」を使うと限定してしまうため、「次のような」のほうが適切。❸について、「そんな」は「こんな」同様、話し言葉的であるため、アカデミックな文章では使用しないことが望ましい。

Lesson 7

Ⅰ. 文字・語彙・コロケーション

|問1| ❶ D　　❷ A　　❸ C　　❹ D　　❺ C

① 漢字の読み方をひらがなで、ひらがなを漢字で書きましょう。
❶戦う：たたかう　　善良：ぜんりょう　　❷及ぶ：およぶ　　❸芳香剤：ほうこうざい
❹あじわい：味わい　　❺みのる：実る　　実現する：じつげんする

|問2| ❶ D　　❷ A　　❸ B　　❹ D　　❺ C

② 次の語を含む複合動詞を考えて例文を作りましょう。
❶見〜　：見かける；毎日朝早く出かけて夜遅くまで残業しているから、近所の人の姿を見かけることはほとんどない。
❷〜上がる：持ち上がる；就職活動がうまくいかなかったせいで、家族の中で大学院進学の話が持ち上がった。
❸上げ〜　：上げ下げする；冬は暖房の温度を上げ下げして室温や湿度に気をつけると体によい。
❹締め〜　：締めくくる；厳しいことを言うときは、ほめ言葉で締めくくったほうが受け入れられやすい。
❺〜得る　：あり得る；不況がこのまま続くと、経済状況は数十年前に戻ってしまうこともあり得る。

|問3| ❶及ぼした　❷鼓舞する　❸担う　❹集めて
❺深める　❻見合う/見合った　❼付ける　❽受けて/受け
❾総合する　❿占めて

③ 説明を読んで(　)の中に言葉を書き込みましょう。
✎影響を(与える)：ある行為・物事・発言などによって、相手に働きかけて変えること。

Lesson 7

> ♦ 役割を（果たす）：行うべきことをやり遂げる、やり終えること。
> ♦ 関心を（寄せる）：物事の動向などに注目し、興味を持つこと。
> ♦ 実力を（発揮する）：自身の持っている力を生かすこと。
> ♦ 声援を（送る）：声を出して、応援すること。

問4 ❶ B ❷ B ❸ A ❹ A ❺ C

> ④ 類義表現を調べましょう。
> ❶ ある標準よりよい：まさる、<u>優れる</u>、<u>超越する</u>
> ❷ 二つのものが一定の関係を持ち、一方の増減につれて他方も増減すること：比例する、<u>相応する</u>、<u>釣り合う</u>
> ❸ 惜しいと思わずに持っている力のすべてを出す：惜しみない、<u>思う存分</u>、<u>力の限り</u>
> ❹ 物事がひんぱんに起こる傾向があること：往々にして、<u>ちょくちょく</u>、<u>しばしば</u>
> ❺ 細部には触れずに大づかみに物事を捉える様子：概ね、<u>おおよそ</u>、<u>だいたい</u>

問5 ❶ A

Bは「話を聞いて理由が理解できたので５分前の発言を<u>撤回した</u>。」、Cは「諸事情により、今回の旅行ツアーへの参加を<u>取りやめたい</u>。」、Dは「事実に相違があったため、契約を<u>解消する</u>ことになった。」、がそれぞれ適切な形です。「撤廃」は、それまで行われてきた制度や法規などを取りやめること。「解消」は、それまでの関係、状態や約束を取りやめること。「取り下げる」「撤回する」は一度提出したり公示したりした意見や書類などを取り消すこと。

❷ D

Aは「今月は機械の<u>調子がいい</u>ため、普段より生産率が10％も上がった。」、Bは「新メニューを発表して以来、客の集まり<u>具合がいい</u>。」、Cは「今日は体の<u>調子がいい</u>ので、いつもより３キロ長く走れそうだ。」、がそれぞれ適切な形です。「都合がいい」はある物事をする際の状況が好ましい様子を表すときに使われる場合が多いのですが、D「都合がいいことばかり言う」とは、自分にとって好ましい状況に導くように話すという意味で、マイナス評価のニュアンスがあります。

❸ C

Aは「<u>お世辞ではなく</u>、本当に心より感謝しています。」、Bは「実際<u>お世辞抜きに（して）</u>、プロダクトデザイナーとして彼は最高だ。」、Dは「そんなことを言ってもらえるなんて<u>お世辞でも</u>うれしい。」、がそれぞれ適切な形です。「お世辞にも」は「お世辞にも～ない」という形で否定的に用いられます。

❹ B

Aは「あの人を花に<u>例える</u>ならば、ひまわりだ。」、Cは「コンクールの審査員は彼を奇跡のピアニストとして高く<u>評価した</u>。」、Dは「今年の売り上げは、昨年の２倍になると<u>見込まれている</u>。」、がそれぞれ適切な形です。「XをYに見なす」は事実がそうであってもなくても、XをYだと判断する意味。「例える」は、XをわかりやすくXを説明するために、相手も知っているYを引き合いに出すという意味。「診断する」は医師の判断に使われる。「見込む」は予想して望みをかけること。

❺ D

Aは「後ろから来た人に突然腕を**つかまれて**びっくりした。」、Bは「彼女の描く似顔絵は人の特徴を上手に**捉えている**。」、Cは「満員電車の中で、財布を**とられた**。」、がそれぞれ適切な形です。

問6 ❶ お世辞にも　　❷ 実情　　❸ 視　　❹ 善戦　　❺ 見合った／見合う

II. 文型・文法

問1 ❶ C　　❷ D　　❸ D　　❹ A　　❺ C

① 問題文や選択肢の中で、知らなかった語や表現をメモしましょう。

❶ ＿＿にして＿＿：「～になってようやく」という意味。ある段階に達したときを表す文法。主に時間や年齢、回数などを表す名詞と共に使う。類義表現に「やっと」「はじめて」がある。

❷ ＿＿ものなら＿＿：実現が難しい物事に対して、希望や願望を表す。後ろには「～たい」「～ほしい」など願望や命令を表す言葉が多い。類義表現に「できれば」「可能なら」などがある。

❸ ＿＿にしても＿＿：「～とは認めるが、～はできない」という意味。ここでは、「混んでいることはわかるが、2時間も待たされるなんて信じられない」という意味を表す。類義表現に「とはいえ」「からといって」「ところで」などがある。

❹ ＿＿としても＿＿：「もし～が起こったという場合でも、～」という意味。ここでは、「会社が倒産した場合でも、生活はできる」という意味を表す。類義表現に「にしても」「にしたって」「にしろ」などがある。

❺ なんてあんまりだ：「～ということはひどい」という意味で、前の文で言及されていることや状態をひどく思っていることを表す。ここでは、「大声で指摘し恥をかかせる」のはひどいという意味を表す。類義表現に「なんてむちゃくちゃだ」「なんてひどい」などがある。

問2 ❶ A　　❷ D　　❸ C　　❹ C　　❺ A

② 次の表現を使って文を作りましょう。

❶ **とのことだ**：「～と聞いた／～そうだ／～と言っていた」という意味。ここでは「～によると」と呼応して、「専門家」から聞いた話を説明している。「～ということだ」という形で使われる場合もある。

(その他の表現)：
就職してから運動する機会が減り、体重が増える**ばかりだ**。／目覚し時計が壊れたせいで寝過ごしてしまって、もう少しで試験に遅れる**ところだった**。

❷ **が最後**：「～したら、～のような悪い結果になる」という意味。例えば、「ビジネスでは、信頼関係を失ったが最後、取り戻すのは極めて難しい。」といった文脈で使うことができる。ここでは、「一度、賭け事（ギャンブル）をするようになったら、止められなくなる（悪い結果が生じる）」という意味。

(その他の表現)：
もっと早くやらないといけないと思いながら、**ずるずる**締め切りの前日まで引っ張って徹夜で済ませた。

❸ **のではないか**：「そうかもしれない」という意味。「かな」と一緒に使うと、番組が言っている理由の他にもいろいろな要素が絡んでいると自分の意見を表し、相手（ここでは専門家）に同意できない場合に会話を和らげるために使う表現。ここでは、「そうね」で男の人の意見に賛成し、「他にもいろいろな理由があるかもしれない」と自分の意見を表す。Aの「に決まっている」は自分の意見を強く主張することを表すため、「かな」のニュアンスと合わない。Bの「とのこと」は伝聞を表し、男の人の発話への返答としてふさわしくない。Dの「いろいろな要素が絡んでいるに違いないかな」はAと同様に、自分の意見を強く主張することを表すため、「かな」のニュアンスと合わない。

（その他の表現）：
明日までに500ページの本を読み終えなければならないなんて、どう考えても無理**に決まっている**。／あのレストランはいつ行っても行列ができているから、おいしい**に違いない**。

❹ **ものがある**：〜という感じがするという意味。ここでは「どうも」と呼応して、原因や理由ははっきりわからないが、納得できないと感じているということを表す。また、類似表現に「〜ところがある」がある。「〜ところがある」は「あの子はよくいたずらをしているが、実は優しいところがあります」のように「〜という一面がある」という意味を表す。ここでは、「納得のいかないところがある」という言い方もできるが、少しニュアンスが変わる。

（その他の表現）：
できることをすべてやったから、失敗しても悔やむ**ことはない**。

❺ **ものだ**：「感心・あきれ」を表す。ここでは、「よく〜もんだ」という形で、女の人のあきれた気持ちを表す。「あんなに毎週ブランド品を買うとは、本当にあきれる」という意味。

（その他の表現）：
大学の近くのイタリアンはパスタもピザもおいしい。毎日通いたい**ぐらいだ（くらいだ）**。

Ⅲ. 類義表現

問1 ❶んで　❷から　❸から

① 解説を読んで問1の答えの理由を説明しましょう。

「から」と「ので」とは意味が極めて近いが、使える文体、文脈や組み合わせて使える表現が異なる。❶〜❸はその例。❶について、話し言葉では「んで」が多く使われる。また、この問題では「んですから」ではなく、「から」なら正解になり得るが、「んですから」は丁寧体（です・ます）と接続できない（×ですんですから）ことに注意が必要。❷について、「から」は「からです」という用法があるが、「ので」には「のでです」という用法がないため、ここでは「から」が正解となる。❸について、「から」は「だろうから」「でしょうから」のように、他の表現と共に使うことができるが、「ので」は「だろうので」「でしょうので」の形では使うことができないため、「から」が正解。

【問2】 ❶ いい子だからおとなしくしなさい。
❷ はっきり聞こえないので、マイクを使ってください。
❸ 最近、レポートなどで学校がちょっと忙しいので、シフトを減らせないかなと思いまして。

> ② 解説を読んで問2の答えの理由を説明しましょう。
> ❶の「ので」は、命令などの意志表現とはあまり一緒に使われないため、「から」が正解。ただし、次のような例外もある。「(駅の構内放送)かけ込み乗車は危険なので止めましょう」。❷では、「から」を使うと、頼み方が自己中心的になり、「私がはっきり聞こえない」という印象を与えてしまうため、「ので」が正解。❸の「ので」は、「から」より丁寧で目上の人に対して使用することができるため、正解。

【問3】 ❶ B　❷ B　❸ B

> ③ 解説を読んで問3の答えの理由を説明しましょう。
> ❶は、前の部分「現地のコミュニティと共存」が後ろの部分「社会貢献活動や地域住民との連携などを促進している」の目的にあたる。したがって、「ために」が正解。❷は、名詞「取り組み」を修飾する名詞修飾節(例：社会貢献のための寄附金)なので、「～ので＋の＋名詞」は使えない。したがって、「ため」が正解。❸は、目的を表す「ため」が正解である。また、接続について、「から」は「の」の後ろに接続することができないが、「ため」は接続することができる。

Lesson 8

Ⅰ. 文字・語彙・コロケーション

【問1】 ❶ D　❷ C　❸ A　❹ C　❺ D

> ① 漢字の読み方をひらがなで、ひらがなを漢字で書きましょう。
> ❶ くわしい：詳しい　委細：いさい　❷ 接する：せっする　❸ 過分：かぶん
> ❹ たぐい：類　にている：似ている　❺ 階級：かいきゅう

【問2】 ❶ B　❷ D　❸ A　❹ A　❺ C

> ② 次の語を含む複合動詞を考えて例文を作りましょう。
> ❶ 写し～　：写し出す；昔は写真は真実を写し出すと言われたが、今では写真を修正することができるようになってしまった。
> ❷ 仕立て～：仕立て直す；オーダーメイドで作ったスーツは、体型の変化に合わせて仕立て直すことができるので、長期間着ることができる。
> ❸ 切り～　：切り出す；彼女は別れ話を切り出した。／切り上げる；今日は4時に仕事を切り上げて忘年会の準備をしよう。
> ❹ 結び～　：結び直す；ランナーたちはレースが始まる前に、靴紐を結び直した。
> ❺ 取り～　：取り込む；雨が降ってきたので、洗濯物を部屋に取り込んだ。

Lesson 8

問3 ❶ 自覚　❷ 余地　❸ 判断　❹ 馴染み　❺ 切り　❻ 美術
❼ 実質　❽ 分担　❾ 原則　❿ 類似

> ③ 説明を読んで（　）の中に言葉を書き込みましょう。
> ♪（自覚）を持つ：自分の置かれた状況や立場などをよく知ること。
> ♪（余地）がない：検討してみる余裕や必要がないこと。「検討の余地がない；議論の余地がない。」
> ♪ 判断を（仰ぐ）：目上の人に判断を求めること。「不明な点については、上司の判断を仰ぎましょう。」
> ♪（事実）上：実質や実際そうであること。「神様の存在を証明することは事実上不可能だ。」
> ♪（基本）として：基礎や土台になる部分という意味。「この教材を通じて基本としての言語スキルを身につける。」
> ♪（類似点）を示す：似ている点を他の人にわかるように見せること。「相違点と類似点を示して比較する。」

問4 ❶ A　❷ C　❸ C　❹ B　❺ A

> ④ 類義表現を調べましょう。
> ❶ ありのままの様子：写実的、リアル、リアリティのある、現実的
> ❷ 物の形を正しくないものにすること：歪曲する、ゆがめる、でっち上げる、偽装する
> ❸ よく合っている様子：ハーモニー、調和がとれた、溶け込んだ、なじんだ
> ❹ 後ろにあるもの：背景、背後、バック、裏手、BGM（音楽）
> ❺ 誇張すること：デフォルメ、変形された、大げさな、オーバーな、わざとらしい

問5 ❶ C

> Aは「この歴史小説は、史実を基にしながらも**フィクション**として書かれたものだ。」、Bは「あの二人は小さな**誤解（嘘）**が原因で、ついに口もきかなくなってしまった。」、Dは「毎日好きなことだけして暮らせるなんて、**夢**のような話だ。」、がそれぞれ適切な形です。

❷ A

> Bは「大好きなロックバンドが**解散**して、彼女はショックを受けている。」、Cは「子どもの頃、父の腕時計を**分解**して、怒られた記憶がある。」、Dは「パソコンが意外に高かったので、**分割**で支払うことにした。」、がそれぞれ適切な形です。

❸ B

> Aは「兄はレスリングをやっていたので、**体格**ががっちりしている。」、Cは「彼女の誕生日にハートの**形**をしたペンダントをプレゼントした。」、Dは「プロテニス選手の**フォーム**をビデオで見て研究しているが、なかなか真似できない。」、がそれぞれ適切な形です。

❹ D

> Aは「小学生の弟は数学が得意で、中学の教科書の問題でも簡単に**解くことが**できる。」、Bは「生物の授業でさせられたカエルの**解剖**が今でもトラウマになっている。」、Cは「言いたいことが**明確**でないと、レポートをまとめることはできない。」、がそれぞれ適切な形です。

❺ A

Bは「突然自宅のパソコンが壊れて**使用**できなくなり、困ってしまった。」、Cは「図書館を**利用**するときのルールは、このパンフレットを見てください。」、Dは「セミナーで聞いた話は、来年の就職活動に**活用**できるものだった。」、がそれぞれ適切な形です。

|問6| ❶ 映像　　❷ コントラスト　　❸ 結びつける　　❹ 捉えて　　❺ 芸術

Ⅱ．文型・文法

|問1| ❶ B　　❷ C　　❸ A　　❹ D　　❺ C

① 問題文や選択肢の中で、知らなかった語や表現をメモしましょう。
- ❶ <u>としたら</u>：「もし〜なら」で仮定を表す。類義表現に「とすると」「とすれば」がある。
- ❷ <u>に至る</u>：検討の結果や、たどり着いた結論を表す。類義表現に「に達する」がある。
- ❸ <u>どころか</u>：「〜だけでなく、さらに」という意味。類義表現に「〜ばかりか」「〜する上」がある。
- ❹ <u>上で</u>：「〜をするときに」という意味。類義表現に「過程で」「〜に際して」がある。
- ❺ <u>つつある</u>：〜という事態が進んでいるという意味。類義表現に「〜している」がある。

|問2| ❶ C　　❷ D　　❸ B　　❹ A　　❺ A

② 次の表現を使って文を作りましょう。
- ❶ **〜がたい**：「〜することは難しい」という意味。主に書き言葉に使われる硬い表現。
  - その他の表現：
  - 話し合いの末、当初の計画通りで進めていく**に至った**。
- ❷ **ある意味では**：特定の観点に立っているものの、どういう観点かを明示せず漠然としているという意味。類義表現に「ある種の」など。
  - その他の表現：
  - 「人生にはもう悔いがない。**かくなる上は**（＝こうなってはもう）、余計な悩みが生まれる前に往生したい」と祖父はいつも口にしている。／今日のインドやバングラデシュは、まるで製造工場の代名詞である**かのごとく**（＝かのように）受け取られている。
- ❸ **ものの**：過去の出来事や現在の状況に続けて「〜だがしかし」と逆接を表す。主に書き言葉で使われる硬い表現。
  - その他の表現：
  - やると決めた**からには**、最後までやり遂げなければならない。
- ❹ **〜ことなのである**：「〜は」の主部を受けて、「AはBだ」のように抽象概念を言い換える用法。学術論文でよく使われる。具体物や習慣であれば「〜ものなのである」が使える。
  - その他の表現：
  - 生命は意外としぶとく、かなりの適応力を備えている**ものなのである**。

❺いったい何なのか：追究すべき課題を反語的に差し出す表現。学術論文において研究課題を提示する際によく使われる。

(その他の表現)：
見込みちがいにより大きな赤字を出してしまった。／その絵画には小鳥や植物が色彩豊かに描かれ、**いかにも**明るく華やかな印象だ。

III. 類義表現

問1 ❶ 来たら　❷ 行くなら　❸ なったら

① 解説を読んで問1の答えの理由を説明しましょう。
❶は、帰ってきた後に手を洗うという時間的前後関係を表すため、「たら」が正解。「来れば」ではそのような時間的関係を表すことができない。❷の前後文脈は時間的な関係がないため、「なら」を使う。❸は、12時になった後に帰るという時間的前後関係があるため、「たら」が適切。

問2 ❶ 組み合わせを変えた。すると、新しい発見があった。
❷ 前提を明確にすると、実験がはかどった。
❸ この条件があるため、すぐには解決しない。

② 解説を読んで問2の答えの理由を説明しましょう。
❶について、現在の文脈に合わせて、条件表現を含めた接続詞「すると」が自然である。❷は、「すれば」や「したら」でも日本語としては成立するが、アカデミックな場面では「と」のほうが望ましい。❸は、日本語で対偶と呼ばれる関係になる。ちなみに、アカデミックな文章では、「から」や「ので」よりも「ため」がよく使われる。

問3 ❶ A　❷ B　❸ A

③ 解説を読んで問3の答えの理由を説明しましょう。
❶について、「〜が起こると常に〜も起こる」という一般的な関係を表す際は「ば」を使うことができる。また、この文では「すれば」を使うこともできる。それに対して、「AするならB」はAするためにBがいい、おすすめだとアドバイスや提案をする際に用いられ、文脈にふさわしくないため、不正解。❷について、「たら」は「から」に置き換えられず、そのかわりに「たところ」に置き換えられる場合が多い。「たところ」は「〜たら〜になった」という意味を表すため、正解。❸は、「目にすれば」や「目にしたら」でも日本語としては成立するが、「目にすると」が望ましい。なぜなら、一般的な真理だからである。また、「目にするなら」は、前件を仮定したときの話し手の判断の帰結ではないため、この文では用いることはできない。